KB259936

오늘의
금강경

《 金剛般若波羅蜜經 》

오늘의 금강경

류종민 강해

운주사

머리말

『금강경』 강해를 한다고 하지만, 부처님 말씀을 형용한다는 것이 마치 중생의 눈과 말로 달그림자를 좇아 천강에 비친 천 개의 달을 각각 형용하고 있는 것은 아닌지 부끄러울 뿐입니다. 그러나 자기 마음의 강에 비친 그 달을 간절히 형용하다 보면 하늘의 달과 다르지 않음을 보게 될 날이 있을 것입니다.

그 비추어진 표면이 적적하여 명경과 같을 때 문득 하늘의 달을 볼 것입니다. 형용할 길 없는 달의 원융한 빛이 당신을 비출 때, 없어진 당신의 크고 텅 빈 그릇 속에서 항상 비친 그 달이 하늘의 달과 다르지 않았음을 볼 것입니다.

달은 항상 그곳에 있고 지금도 또 앞으로도 천 개의 강에 비칠 것입니다. 지상의 모든 생명이 그 빛과 하나였음을 깨닫게 될 때까지.

『금강경』 강해를 해온 지 어언 20여 년, 매년 되풀이되는 강해이면서도 매번 다른 느낌이고, 해설자도 그만큼 달라지는 느낌입니다. 그러나 처음 강해가 어떤 내용인지 저는 모릅니다. 물론 저장된 녹음을 들어보면 알겠지만, 그러기에 앞서 오늘 해야 할 『금강경』을 생각합니다. 달라지는 것이야 유위세계의 어떤 것도 마찬가지지만, 저도 어제의 저가 아니며 세상도 그러합니다. 강은 같은 강인데 어제의 강이 아니며,

오늘의 강에 비친 달 또한 그러합니다.

그러나 거금 2,500여 년 전 부처님이 띄우신 뗏목은 오늘도 부지런히 사람들을 저 언덕으로 실어 나르고 있습니다.

그곳에는 가끔 저 언덕에서 이 언덕으로 오는 사람도 보입니다. 그들은 다 대보살이시며, 이 세계를 있는 대로 정토로 만들고자 하는 대원력의 사람들입니다. 저는 감히 저 언덕으로 건너지도 못 했으면서 이 원력의 사람들 틈에 끼어 그 원력을 흉내 내고 있습니다. 그러나 언젠가 저도 왕래 없는 그 세계에 가 있을 것을 확신하기 때문에 이 뗏목을 오늘의 뗏목으로 만드는 일에 전력을 기울이는 것이며, 이것이 오직 부처님 시봉하는 가장 중요한 일이라고 믿고 있을 뿐입니다.

보통의 근기로는 이 뗏목으로 사나운 강물 줄기를 거슬러 저 언덕에 쉽게 닿지 못합니다. 그러나 어려움을 이겨내는 인내심만 있으면 분명히 이 뗏목으로 강을 건널 수 있을 것입니다.

그 언덕이 어떤 곳인가를 사량하고 분별할 필요는 없습니다.

인류가 끊임없이 추구해 오늘날 어렵게 닿은 언덕, 자유와 평등의 언덕, 풍요한 물질과 복지의 언덕, 이곳에서 우리는 마음의 안정을 찾고 진정한 평화의 기쁨을 누리고 있는지.

문명의 발달로 세계는 좁아지고 기술은 높아져서 누릴 수 있는 복락은 무한히 커진 듯하나, 과연 그러한지 묻게 됩니다.

진정한 자유와 평등의 진리, 평화의 기쁨을 우리는 아뇩다라삼먁삼보리에서 찾을 수 있으며 멸도滅度와 해탈의 언덕에서 그 참 모습을 만날 것입니다.

그 언덕에는 이미 멸도되고 해탈된 중생은 없다고 하셨으니, 언덕의 경계도 언덕을 넘은 주체와 대상도 그곳엔 없는 것이며, 그러한 분별이 남아 있으면 보살이 아니라고 하셨습니다.

'나'라고 인식해온 이 높고 견고한 언덕을 넘고 건너면 내가 없는 그곳에 모든 것이 빛나고 있습니다.

표현할 길 없는 기쁨과 평화와 광명의 모습으로……

부처님은 모든 중생이 한 마음 바쳐 이곳에 이르기를 오늘도 기다리고 계시니, 금강반야의 뗏목으로 오늘 하루도 그곳으로 향하는 기쁨을 다 같이 누리시기를 부처님 전에 발원합니다.

끝으로 이 책 발간을 문자로 도와주신 예솔모 서경애 보살님과 물심양면으로 지원해주신 백 교수님과 운주사 김시열 사장님의 출판에 깊이 감사드리며, 미급한 사람이 만든 이 책을 부처님께 바칩니다.

불기2556년 2월 지강 류종민 합장

1부 평화와 자유-열반적정의 길

금강반야송

1.
고요한 기원정사 밝은 도량에
정오의 햇빛 같은 부처님 말씀
긴 시간의 강 따라 오늘 닿았네
마음의 창을 열고 보게 하시네
아홉 종류 중생 마음 항복 받아서
미망의 마음방에 햇빛 가득해
내가 없는 도리를 보게 하셨네
머묾 없는 보시행을 하게 하시네
비어 있는 모든 모양 여래의 모습
참마음 참모습을 보게 하시네

2.
한량없는 시간 동안 보지 못했던
정오의 햇빛 같은 부처님 말씀
함이 없는 법 속에서 무량히 퍼져
위없는 바른 지혜 보게 하시네
머묾 없이 깨끗한 이 마음 내어
온 생명 밝음으로 향하게 하니
다툼 없는 기쁨 속에 가득 찬 평온

자비의 수레 위에 흘러넘치네
중생의 옷 벗으면 부처님 모습
참마음 참모습을 보게 하시네

『금강경』의 요의와 수행[*]

I. 머리말

세존께서 큰 깨달음(大覺)을 이루고 나셔서 중생을 깨우쳐 주시기 위해서 원래 각자가 가지고 있는 보물을 어떻게 발견하고, 그것을 활용해서 자신과 주위가 밝고 풍요해질 수 있도록 하려면 어떻게 해야 되는가를 일러주신 말씀이 많으시지만, 그 중에 『금강경』은 어떤 위치와 뜻을 갖고 있고 그 밝음의 내용과 수행은 어떤 것인가를 찾아보려 한다.

세존께서 말씀하신 것이 그 시간과 장소와 모인 대중의 근기에 따라 다르시고, 또 청중이 순숙해진 정도에 따라 여러 방편으로 말씀하셨지만 말씀하신 바 없다 하셨고, 들은 중생이 없다 하셨고, 법이 있지 아니함으로 수기를 받으시고 아뇩다라삼먁삼보리를 얻었다고 하셨으니, 그 이름이 그저 그러할 뿐이라고 하셨다. 우리가 불법, 불법 하지만 『금강경』에 "불법자佛法者는 즉비불법卽非佛法"이라고까지 하셨으니, 얼마나 제 궁리와 생각과 지견知見에 떨어지는 것을 경계하셨든가!

세상에 종교가 많지마는 스스로를 벗어던지는 이러한 말씀을 자신

___

* 1991, 교불련 논집 3에 게재

있게 할 수 있는 종교가 얼마나 있겠는가?

그래서 그 말씀은 있는 그대로를 말씀하신 것이며, 여어자如語者, 실어자實語者, 불이어자不異語者라고 하셔서 언어의 표현이 갖고 있는 한계와 참된 모습의 실체에 일치되지 않음이 없도록 여러 말씀으로 반복해 깨우쳐 주고 계시는 것이다.

『금강경』은 세존께서 49년 동안 설법하신 가운데 21년의 비중을 두셔서 말씀하신 중후반부의 600부 반야부에서도 눈 박힌 곳이며 거의 노년기에 가까운 순숙하신 때의 말씀이시니, 아마 그때 듣고 있던 제자나 청중의 근기도 보통 상승上乘이 아니셨을 것이다. 『금강경』 자체가 갖고 있는 말씀의 기운이 워낙 밝아서 "이 경이 있는 곳은 부처님이 계시거나 그 존중제자가 있는 것과 같다(若是經典所在之處 則爲有佛 若尊重弟子)"라고까지 하셨다. 그래서 계법季法 말세에 만나기 어려운 이 『금강경』을 접하는 인연을 "한 부처님이나 두 부처님이 아니라 삼, 사, 오불에 선근을 심은 인연(不於一佛二佛三四五佛而種善根)"이라 하고, 또 "이 경의 뜻이 불가사의해서 과보도 불가사의한데 어떤 사람은 말세에 이 경의 말씀을 듣고 여우와 같은 의심을 낼 것(狐疑不信)"이라고까지 하셨던 것이다.

"오직 마음의 본바탕을 밝혀서 덧없는 유위有爲의 세상을 이렇게 보면(應作如是觀) 흔들림이나 움직임이 없으리라(如如不動)" 하셨는데, 선가禪家에서 모든 경전을 마음 닦는 방편으로 보아 소중히 하지 않으면서도 이 『금강경』만은 소의경전으로 중시하는 것은, 반드시 이 경으로 인해 6조대사가 출현하신 연고만은 아닐 것이다. 머무를 바 없이 마음을 내어 자재롭게 활용하기 전에 마음을 어떻게 항복받으며 마음을 어떻게 머무르는가의 문제를 가장 중요하게 다루고 있기 때문이다.

이제 『금강경』의 눈 박힌 곳을 수행의 법과 함께 찾아보기로 한다.

II. 수행으로 본 경의 요의

『금강경』의 4구게를 들라면 "범소유상 개시허망 약견제상비상 즉견여래(凡所有相 皆是虛妄 若見諸相非相 則見如來)"가 아니면 제32분의 "응작여시관應作如是觀"의 4구게를 든다.

그러나 불법이 마음을 항복받는 것을 가장 큰 수행과제로 한다면, 여기에 선행되는 부분이 소명태자昭明太子가 유별한 '32분 중의 「대승정종분大乘定宗分」 제3분'이 될 것이다.

『금강경』이 대승경전이라면 그 중의 정종正宗이 수보리 존자가 질문한, 마음을 항복받는 데 대한 세존의 대답이신 것이다.

그 마음을 항복받는 데 대한 경구는 생략한다. 여기서 구류중생은 현상계의 외양에 존재하는 것이지만 이것은 생성된 원인이 그러한 마음이므로, 이러한 마음을 제도해 밝히면 그러한 중생은 원래의 마음속에 없었던 것이므로 제도 받은 대상도 제도한 주체도 없다는 것이다. 그래서 아我, 인人, 중생衆生, 수자壽者의 4상四相을 떠난 상태가 아니면 보살이 아니라고 하신 것이다.

이것을 백성욱 박사님은 '마음의 모든 분별과 궁리를 부처님께 바치라'는 법으로 간명하게 표현하셨다. 『금강경』의 마음 닦는 수행과 「대승정종분」과 바치는 법은 같은 맥락을 갖고 있다. 실천궁행의 방법이 어렵고 먼 것만이 아니라는 것을, 이 방법을 통해 마음이 제도되고 밝아지면 터득할 수 있다.

외부 현상의 원인을 짓는 내부의 근본 마음이 밝아지면 세상의 원초를 보는 눈이 개안開眼되어 달라진다.

우리가 소위 지식이라 일컫는 모든 후험적(a posteriori) 집적들이 실상을 직시하지 못하는 장애가 되고 한계의 틀이 될 때, 근원적으로 우리가 잘못되었다고 성찰省察함으로써 선험(a priori)으로 통찰하는 일이 실상을 바로 보는 방법일 것이고, 자기의 궁리와 분별을 여래의 광명에 바쳐서 제도됨으로써 생긴 지혜를 백성욱 박사님은 종합적 즉각卽覺이라고 표현하셨다.

그것은 우리가 사량할 수 없는 새로운 세계의 창출과 같은 것인데 그 비유를, 5와 7을 합하면 전혀 5와 7과는 관계없는 새로운 12의 세계가 탄생함과 같고, 그러한 세계는 분석을 필요로 하지 않는다고 하셨다. 분석으로는 그러한 세계는 창출되지 않기 때문이다. 나라고 하는 아상我相의 틀과 집착의 굴레를 벗어버리면 자기 생각의 틀에서 이탈할 수 있다. 그것이 원초의 생각이 되려면 우선 자기의 모든 분별의 지식과 지견知見을 바쳐서 자기의 한계를 벗어나 밝아져야 한다.

마음을 항복받는 일 다음에 『금강경』「묘행무주분妙行無主分」 제4분은 마음의 머무름에 대한 응답이신데, 상에 주하지 아니한 무주상無主相 보시바라밀로 표현하셨고, 마음을 밝히는 데 이 제일바라밀을 실천덕목의 으뜸으로 잡으셨다. 지혜는 그것만으로 의미가 있는 것이 아니라 복 짓는 마음과 쌍수가 되어야 하고, 또 그럼으로써 살아 있는 지혜가 될 것이므로 보시바라밀의 공덕을 드셨고, 그것이 조건이 없는 무주상이 되어야 한다고 하신 것이다.

어디에도 머무를 바 없는 무집착의 마음이야말로 최상의 자유로운 마음이며 그 마음의 본체에 가장 평안함을 주는 밝은 마음일 것이다.

제4분의 무주상보시도 바치는 법과 맥락을 연결해 보면 한결 수행하기가 좋다. 즉 그 행위를 부처님께 바쳐 자기 속에 남기지 말 것이며, 자기가 했다는 마음을 부처님 시봉하기 위해서 했다는 마음으로 바치면 좋을 것이다.

자기가 했다는 마음이 남아 있으면 자칫 아·인·중생·수자의 사상이 되고, 거기에 소응되는 결과가 없을 때 원망하는 마음이나 진심이 생기기 쉽다. 그러한 것은 묘행妙行이 못 되어서 마음공부 하는 데는 도움이 안 되는 것이다.

제5분도 "약견제상비상若見諸相非相"이 "만일 모든 상을 상 아니게 볼 것 같으면"인데, 네가 네 머릿속으로 상相이라고 본 것은 모두 상이 아니므로 네 머릿속에서 지은 분별상分別相인 전도망상을 다 바치고 나면 즉견여래則見如來, 즉 "여래의 광명을 볼 수 있는 것이다"라고 할 수 있을 것이다. 물론 '범소유상 개시허망'이란 모든 유위상有爲相을 지칭하는 전제가 있지마는, 영원한 것이라고는 하나도 없는 유위세계의 모든 상을 바로 보는 여리실견如理實見의 눈을 뜨게 하고 유지하게 하는 데도 바치는 법의 수행은 좋은 것이다.

「장엄정토분莊嚴淨土分」 제10분에서 그 마음이 맑고 깨끗해 색성향미촉법에 주하지 않고 머무름 없이 그 마음을 자유롭고 활달하게 활용하는 장면에서도 바치는 법을 쓰면 수행이 간명하다. 그러지

않고 머무를 바 없이 마음을 발하는 것은 대근기大根機가 아니고서는
실로 어려운 것이다.

우선 그 전제가 되는 것이 한 마음이 깨끗해진 청정심이니, 바치지
않고서는 염착되기 쉬운 세상의 일을 하면서 청정심을 유지하기가
힘들 것이다.

그것은 「이상적멸분離相寂滅상」 제14분에 "신심이 청정하여 즉생실
상則生實相하면 당지시인當知是人은 성취제일희유공덕成就第一希有功
德"이라 했는데, 물론 여기서 청정淸淨은 『금강경』을 얻어 듣고 신심이
청정해진 것을 말하지만 바쳐서 그 마음이 깨끗이 비어 있으면 이상적
멸의 청정이며, 그러면 곧 실상實相의 세계를 만나고 생명 원래의
빛과 광명을 회복해 가져 자연히 희유공덕을 성취하는 결과가 될
것이다. 물론 이 실상은 무위無爲의 참 실상이므로 상相이라 할 것도
없는, 이름이 실상인 것이다.

그러나 생명의 실상은 빛이며, 광명이 진면목眞面目이며, 한 마음을
바쳐서 청정한 이 실상세계를 접하기만 하면 세상에서 성취하는 모든
공덕은 부수적인 것이며, 자연히 오는 것이며, 당연히 오는 것일
뿐인 것이다.

「불수불탐분不受不貪分」 제28분에 "보살의 소작복덕所作福德을 불
응탐착不應貪着일세, 시고是故로 설불수복덕說不受福德"에서도 그 마
음을 바쳐 공덕이나 복덕에 대해서도 불응탐착이 되어야 할 것이다.

참으로 나라고 하는 것을 다 바쳐 없는 것인 줄 안다면 진시보살眞是菩
薩이라 할 수 있는데, 「구경무아분究竟無我分」 제17분에 "통달무아법자
通達無我法者인데는 여래설명진시보살如來說名眞是菩薩"이라 하신 것

이 이 말씀이다.

III. 바치는 법

『금강경』의 마음을 항복받는 일과 머무르는 일에 백성욱 박사님의 바치는 법을 연류시켜 몇 가지를 주석하였다.

그러면 바치는 법은 어떤 것인가?

바치는 법은 단적으로 말하면 원래 빛과 광명의 속성을 지닌 생명, 즉 중생이 광명이 아닌 모든 것을 부처님께 바쳐서 여래의 밝음에 해탈됨으로써 미망의 어둠에서 벗어나 광명 자체로 돌아가라는 것이다. 물론 이러한 광명은 상대적인 것이 아닌 여래의 밝음 그 자체이므로 제 생각으로 분별하는 그런 광명이 아닌 것이다.

생명의 속성이 빛이라면 아상我相의 자기 생각에 뿌리를 두고 있는 사상四相과 법상法相 아집과 국집의 껍질과 한계 속에 숨어 있는 마음들을 바쳐서 깨끗이 비우지 않고는 다시 빛이 들어갈 틈도 자리도 없음으로 빛의 속성을 회복해 가질 수가 없을 것이다.

빛은 이것저것으로 꽉 차 있는 곳에는 머무를 수 없으며, 투명하거나 아무것도 없는 곳에만 머무를 수 있다. 내 생각의 광 속에 많은 것을 잔뜩 쌓아 놓고서야 어떻게 빛을 받아들일 수가 있겠는가.

우리는 누구와 대화를 할 때 자기가 지니고 있는 여러 어둠의 잔해와 독소를 무절제하게 늘어놓음으로써 공해를 일으키는 사람을 본다. 본인으로서는 그것으로 시원해질지 모르나, 그러한 방법이 잘못되면 주위를 어둡게 하며 그 기운은 오염으로 남는다. 안 그래도 공해가 심한 오늘날 이러한 방법으로 토설을 하는 것은 문제의 근본 해결이 되지 못할 뿐 아니라 독소의 잔해만 남기기 쉽다. 파사현정破邪顯正의 행위는 이런 것이 아니다.

공해를 일으키지 않고 스스로를 정화시킬 수 있는 가장 좋은 방법의 하나가 바치는 법인데, 이것을 『금강경』 독송과 병행해서 수행하면 더욱 상승의 효과가 있다. 이 법이 숙련되면 자기만을 정화시키는 것이 아니라 주위를 다 밝게 할 수 있으며, 자기와 인연 닿는 중생 내지 그 이상을 다 밝게 고양시킬 수 있다. 길을 가면서도 이 길을 가고 오는 모든 사람이 다 밝아지기를 발원하면서 부처님께 바치고, 버스나 전철을 타면 버스나 전철을 탄 모든 사람이 다 밝아지기를 발원해 바치고, 어느 처소, 어느 장소에서도 그 마음을 연습할 수 있다. 고속도로를 달리면서 눈에 보이는 마을을 향해서도 그 마음을 연습할 수 있고, 비행기를 타고 가면서 공중과 지상과 수중에 있는 모든 생명체가 다 밝아지기를 발원하며 그 마음을 바칠 수 있다.

기차를 타고 가면서는 이 기차를 제작하고 운행하고 이용하는 모든 사람이 다 밝아져 부처님 시봉 잘하기를 발원해서 바칠 수 있다. 음식을 들기 전에는 이 음식에 관련된 모든 사람이 다 밝아지기를 발원해서 바치며, 몸이 아플 때는 이런 부위가 아픈 모든 중생이 다 이 고통에서 해탈해서 밝아지기를 발원하며 바치는 것이다.

이것은 내가 아프면서도 동시에 모든 사람이 아픔에서 해탈해 밝아지기를 발원해서 바칠 수 있으므로 반드시 내가 정화되고 밝아 있는 순간에만 할 수 있는 것은 아니다. 아픔으로써 더 여실히 바칠 수 있으며 고통스러울 때 더 많이 바칠 수 있으나, 이것이 점점 습관이 되면 이러한 어둡고 어려운 증세 자체가 없어지므로 환희심만으로 바치게 되는 것이다.

어두운 기운이 축적해서 폭발하는 것이 어떤 형태의 재앙인데, 전쟁이나 천재지변 등 지상의 모든 재앙이 소멸되고 전 중생의 마음이 밝아져 사바정토를 실행하는 데 부처님 시봉 잘하기를 끝없이 발원하는 것이다.

그런데 대저 그 마음이나 생각을 바친다면 바치는 대상이 있어야 할 텐데, 이 바치는 법을 일러주신 백성욱 박사님은 "미륵존여래불 해라" 하고 간명하게 일러주셨던 것이다.

왜 세존의 마음을 가장 잘 밝히신 『금강경』을 읽으면서 미륵존여래불을 하라고 하셨는가? 그것은 바쳐 보면 스스로 알게 될 것이라고 하셨다.

당대의 세존이셨던 석가모니부처님께서 이제 오실 부처님으로 수기를 주셨던 미륵존여래불께 한 마음을 바쳐서 어둠을 해탈하고 밝아진다는 것은 시대의 변천과 오늘의 상황에서는 당연한 것이며 이상할 것이 하나도 없다.

부처님의 아뇩다라삼먁삼보리는 다를 것이 없지만 그 시대와 환경과 인류에 따라서는 그 맡으신 바 소임이 다를 수 있는 것이며, 또 다를 수밖에 없을 것이다.

이제 올 시대의 인류와 환경은 거금 삼천 년 전의 시대상황과는 많이 다른 것이며, 세존께서는 이미 이것을 아시고 당래불께 수기와 소임을 주셨던 것이다. 그런데 『금강경』에서도 이미 말씀하셨듯이 오늘날의 바른 믿음(正信)은 얼마나 희유希有한 것인가. 여래의 밝음에 계합하는 일을 이루어 열반에 들기란, 또 제상諸相을 비상非相으로 보아 즉견여래則見如來하기란, 선근을 심어 믿음을 갖는다고는 하나 얼마나 희유한 것일까.

6도度를 닦아 부처님 전에 복을 짓고 혜를 닦는 일이, 『금강경』 독송과 부처님을 향해서 한 마음을 바치지 않고서는 오늘날의 상황에서는 참으로 어려운 일이 아닐까 한다.

IV. 맺음말

물론 종교를 현대사회에 맞춰서 여러 문제들을 성찰하고 풀이할 수도 있으며 사회학, 윤리학, 심리학, 교육학, 경제학과 현대의 제 과학에 맞추어 조명하고 연구해야 될 여러 과제들이 많다. 그러나 불교의 근간인 마음의 수행을 바탕으로 하여 이러한 보조 학문이나 제 문제가 응용으로 활용될 수 있어야 되지 않을까 생각한다.

현실이 급박하다 하여 원초를 떠나 그 많은 문제를 다 해결하려 드는 구체적 해결사로써의 소임보다 ― 물론 그러한 측면의 과업도 중요하지만 ― 본래의 면목을 더욱 절실하고 충분하게 수행하고 체득해서 응용력을 넓힘으로써 응무소주應無所住 이생기심而生其心의 적극성을 발휘할 수 있을 것으로 본다.

『금강경』에 "일체법一切法이 개시불법皆是佛法"이라 했으니 세상의 모든 일이 불법 아닌 것이 없으며, 보살은 일체의 중생을 이익 되게 하기 위해서 보시한다 하였으니, 일체 중생의 일에 연루되지 않는 제일바라밀은 없는 것이다.

그러나 대승경전인 『금강경』에는 소승사과의 수행 결과를 표현한 것이 있으니, 마지막의 아라한과는 무쟁삼매無諍三昧의 내적 다툼이 없는 사마디의 경계며 이를 '시락아란나행是樂阿蘭那行'이라 하였다. 역시 분주함이 없고 갈등이 없는 세계의 즐거움을 말씀하신 것이라, 이제 올 세계는 내적으로 그러함과 같이 외적으로도 갈등과 다툼이 없는 복지의 정토가 되어야 할 것이다.

또한 법이 있음이 없어 아뇩다라삼먁삼보리를 얻고 상相을 여읨으로써 밝음을 증득했는데, 그렇다고 근본이 없다는 단멸상斷滅相을 지을까 경계하셨으니, 끊을 것도 없앨 것도 없는 무단무멸無斷無滅의 말씀으로 세간과 출세간의 근본과 나타난 상을 함께 소홀이 하지 않도록 또한 주의를 주고 계신 것이다.

보살이 그 지은 바 복덕에 탐착하지 않으니, 보살은 일체법에 자기가 없는 줄을 알아서(知一切法無我) 득성어인得成於忍이 되면 비로소 보살의 과위에 있다고 할 것이다. 그러므로 그 일체의 복덕은 중생에게 회향되어 있는지라, 보살지의 복덕과 지혜가 바로 중생의 복덕과 지혜가 되는 것이다.

그러므로 도업道業에 정진하는 '밝은 이'가 많이 출현하는 것은 한 개인의 문제가 아니라 전 중생의 요익饒益에 관계되는 문제이며, 소승 대승을 떠나 이제 올 사회와 세계 속의 근원적 힘이 될 것임을 믿는다.

경의 해제와 결집

『금강반야바라밀경』이라고 하는 것은 산스크리트 원어로는 바즈라 체디카 프라냐 파라미타 수트라Vajracchedikā Prajñā Pāramittā Sūtra로 되어 있는데, '바즈라 체디카'라고 하는 것은 원래 '능단금강能斷金剛'이라고 번역을 해야 됩니다. '체디카'가 무엇이냐 하면 끊어낸다는 뜻인데, '바즈라'를 금강석으로 번역했을 때는 모든 사물을 가장 강하고 확실하게 끊어낼 수 있는 그런 물질이 금강석이니까 가장 견고한 상징적 물질, 보석으로써의 금강이 되겠으며, '바즈라'를 번개라고 번역을 하거나 벼락으로 보는 이도 있는데, 그럴 때는 삿된 번뇌를 모두 다 쳐부수어 버리는 가장 강력한 그런 힘이 되겠지요.

내 속에 삿된 것이 있으면 이런 것이 세상 밖으로 나가 삿된 소견을 만들어 낼 테니까 그것을 끊어 버린다는, 이렇게 진실된 자기의 면모를 발견하게 하는 가장 강력한 표상으로서 '바즈라'를 생각할 수도 있습니다.

그러니까 '체디카'는 굳이 번역할 필요가 없다고 여긴 거죠. 금강석이나 번개나 전부 다 끊어 버리는 하나의 역할을 하는 형용사같이 본다면 중요한 것은 다음에 나오는 '프라냐Prajñā', 곧 반야인데, 이 반야는 바로 그렇게 해서 얻어진 참된 지혜라고 할까요. 내가 분별하고 내가 사량하고 내가 내다본 그런 소견의 자기 지혜가 아니고, 이 내용에 들어가게 되면 사상四相이 나오는데, 아·인·중생·수자의 사상이 없어진 원래의 밝은 자리의 지혜이니, 세상의 보통 지혜하고 다르죠. 그래서 프라냐를 음사해서 반야라고 쓰는 겁니다.

'파라미타Paramita'는 그런 세계로 건너간다는 뜻의 도피안到彼岸입니다. 건너가는 데 비유되는 것을 벌유자, 즉 뗏목으로 봐서 『금강경』도 뗏목이라 할 수 있습니다. 뗏목 없이는 중생으로서는 파라미타(바라밀)를 하기 힘들기 때문에 뗏목을 타야 된다고 하셨고, 부처님이 말씀하신 모든 경의 내용도 뗏목에다 일단 비유를 하셨습니다. 그 말씀을 '수트라Sūtra', 곧 경經이라고 하는데, 하나하나를 나무껍질이라든가 그런데다 써서 실로 엮어서 결집한 것을 부처님 말씀으로서 경이라고 했지요.

이 「금강반야바라밀경」이라고 하는 이것이 한자로 번역된 것은, '요진 삼장법사 구마라집 봉소역' 하고 경 앞에 나오는데 내역을 말씀드리자면, 부처님이 일단 구시나가라에서 열반하신 후에 제자들이 부처님 생전 시에는 경을 결집해서 기록한 것이 없으니까 우리가 부처님 말씀을 모아서 결집을 해야 되겠다 해서, 그 결집을 하는 시기가 제1결집, 제2결집, 제3결집까지 이어집니다. 그 열반하신 바로 그 다음해에 가섭으로부터 많은 사람들이 모였다고 하는데 천여 명까지라고 하지마는 어떤 사람은 5백 명 정도라고도 합니다.

그렇게 부처님 말씀을 결집하는 중 『금강경』의 맥락은 초기결집의 삼먁Samyak 아가마Āgama에서 보인다고 합니다. 삼먁은 아뇩다라삼먁삼보리에서 나오는 삼먁과 같습니다. 삼먁은 바르다, 정확하다,

또 모두가 함께 한다, 보편이며 올바르다 등 여러 가지 뜻이 있는데, 아가마가 바로 아함경입니다. 우리가 부처님의 고집멸도 사성제를 설하신 약 12년간의 초기경전을 아함경이라고 부르는데, 아함경 중에도 『잡아함경』이라고 번역된 것이 있습니다.

삼먁을 왜 잡雜이라고 번역했는지에 대해, 조금 부드럽지 못하지 않느냐, 우리가 잡이라고 하면 여러 가지가 섞여 있는 것을 애기하는데, 그렇게 하지 말고 차라리 합이라든가 정아함경이라든가 이렇게 하면 삼먁의 뜻이 올바르게 전달되지 않았을까 생각하는 그런 분도 있습니다. 『잡아함경』을 니까야로 보면 상윳따니까야samyutta Nikāya에 해당되지요.

그래서 『잡아함경』 제2결집에서부터 점점 진화돼서 여러 아함부가 합해지는데 제2결집만 해도 부처님이 열반하신 지 거의 1세기 이후, 백 년 이후에 이루어집니다.

그럼, 그때 이미 그 성문·연각 분들은 돌아가셨다고 봐야 합니다. 그때 그 결집의 경이 어떻게 해서 시작이 되느냐 하면 '여시아문'으로 시작되지만, 이미 아난 존자도 그때는 다 세상에 없을 때이죠. 그럼 어떻게 되느냐. 부처님이 깨달으신 그 정신은 그 이후에 면면히 살아서 움직이게 됩니다. 점점 더 심오하고 점점 더 확대되어서 그 정신이 연구되고 증장되게 되죠.

이것이 인류문화가 오늘날 계속 발달되어지는 어떤 기초력이기도 합니다. 사실은 지금도 계속 인류문화는 발전해 가죠. 어떤 한 이설理說이 생기게 되면 그 이설은 그냥 끝나는 게 아니고 그것이 씨가 되어서 자꾸 발전해 가는 거죠.

예를 들어서 그 전에 있었던 인도 사상인 브라만교의 토양이었던 베다경전과 우파니샤드 같은 경우는 약 기원전 15세기경부터, 즉 서력 기원 1,500년 전부터 그 이후 2세기까지 약1,700년간 발전해 온 것입니다. 이러한 결집은 할 때마다 경이 발전해 가는 겁니다. 그 정신이 점점 더 심오해지고 확대되어 나가는 겁니다.

그 예전에 성문·연각들이 상좌부를 이루고 있을 때는 '내가 이렇게 직접 들었다'라고 하는 그걸로 상좌부를 이루었지만, 상좌부가 계속될 수는 없었지요. 아쇼카왕이 인도를 통일하고 나서 불교는 그때 굉장히 전성기를 이루었죠. 그 후 마우리야왕조가 끝날 때쯤에는 불교가 조금 쇠퇴기에 들어갑니다. 이때 저쪽에서 있던 토속종교를 브라만교가 흡수해서 힌두교를 만들어냅니다. 그래서 어떻게든 불교를 흡수하자, 석가모니부처님도 우리 힌두교단의 한 성자로 모시자, 이렇게 하다 보니까 그만 점점 토속종교와 합쳐진 힌두이즘이 강세를 이루게 됩니다. 다시, 이렇게 해서는 불교가 쇠퇴해서 안 되겠다, 부처님 사상을 발전시키자 하는 대승불교 운동이 일어나게 됩니다.

이것이 제3결집에 상당한 대승의 보살정신으로 발전하게 되는데 그 초기가 바로 『금강경』입니다.

부처님 열반하신 후로 보면 거의 한 3세기가 지났다고 볼 수 있습니다. 성문·연각에서는 고집멸도 사성제를 위주로 해서 나를 제거한다, 물론 그게 무아입니다만, 나를 제거한다는 것이 바로 아·인·중생·수자를 제거하고 그렇게 해서 상락아정常樂我淨의 열반에 이르는 것이겠지만, 대승보살정신으로 봐서는 그것이 좀 더 전 중생을 이롭게 하는 위이익일체중생爲利益一切衆生, 요익중생하는 그 방향으로 나가야 되겠다, 이렇게 되면서 불법이 발전하게 되는 계기가 됩니다.

중국에 이 불법이 전래된 것은 거의 한 5백 년이 지난 뒤였습니다. 왜 그런고 하니 부처님이 열반하신 후에 그쪽 히말라야 산을 넘기가 힘들었기 때문입니다. 그쪽을 넘어서 저쪽 타림분지가 있는 타클라마칸 산맥, 요즘엔 그것을 천산산맥이라고 합니다만, 이것이 두 갈래로 갈라져서 한쪽은 위로 올라가는 북쪽이 있고, 또 남쪽으로도 있는데, 그 가운데 커다란 분지가 있어서 사막지대를 이루는 타림분지가 있습니다. 그게 사람이 살기 힘들지만 오아시스가 있어서 여러 왕국이 형성되고 평화로운 나라를 만들었습니다. 여러 나라가 많이 있었는데 36나라가 있기도 하고 50국이 있었다고도 하는데, 오아시스 왕국을 만들었지요.

그 중에 대월지국이 강성했고 또 구차왕국이 있었는데, 구차왕국도 여러 오아시스 왕국 중의 하나였습니다. 그 왕국에 구마라얀(鳩摩羅炎, Kumārāyaṇa)이라고 하는 인도의 스님이, 스님이라고 완전히 말할 수 없지마는 상당히 정진하신 분이 구차왕국 왕의 누이동생(공주)과 결혼해서 구마라지바를 낳습니다.

여기 나오는 삼장법사 구마라지바(鳩摩羅什, Kumārajīva), 곧 구마라집은 어머니를 따라서 7살에 출가를 합니다. 이미 아버지 나라의 인도어에 능통했고 또 월지국이라고 하는, 지금의 위구르에 카차라고 하는 도시가 서역에 해당되는데, 이 나라의 언어도 자기가 태어난 나라니까 당연히 잘하죠. 또 중국의 영향을 많이 받고 실크로드가 생겨서 교역의 중간지가 되었기 때문에 3개 국어에 능통했어요.

이때 중국에서는 한나라가 망하고 5호16국이 성행하게 되었어요. 진한시대에는 강력한 대제국을 이룩했지만 5호16국 때에는 서로 난립해서 정벌한 나라가 힘을 얻게 되는데, 거기에 전진前秦왕 부견符堅이라고 있었습니다. 아마 제가 알기에는 고구려에 불교를 처음 전한 소수림왕 때의 왕이 이 사람이 아니었나 합니다. 불교를 숭상한 전진왕 부견이 그쪽 대월지국을 정벌하면 그 유명한 구마라집이라고 하는 불경에 능통한 사람도 모셔올 수가 있지 않겠느냐, 그런 생각을 했어요. 물론 다른 정치적 야망도 있었겠지만. 그래서 전진왕 부견의 부하가 여광呂光인데, 여광을 시켜서 정벌을 하게 합니다. 구마라집을 납치하는 겁니다. 모시고 오는 거지만 일종의 중국 쪽으로 납치하는 겁니다.

그때 구마라집의 나이가 40세 정도 됩니다. 그 정도 되지만 그때는 구차국에서도 상당한 학승으로 유명한 지위에 있었죠. 그런데 이쪽 중국으로 오고 보니까, 이 전진왕 부견의 부하 장수 중에 요흥姚興이라고 있었는데, 요흥이 부견을 제거하고 자기가 왕이 되었어요. 여기(『금강경』) 뭐라고 쓰여 있습니까. 맨 앞에 '요진姚秦'이라고 되어 있지요? 그것이 바로 후진後秦입니다. 여광은 물론 자기도 왕입네 하고, 왕인 부견이 죽었으니까 내가 왕이 되어야 하지 않겠나 했지만 요흥의 힘에 당할 수가 없었어요. 후진이 되었기에 사실은 후진삼장법사라고 해야 되는데, 요흥의 진이라고 해서 요진이 되는 거예요. 그렇게 해서 그쪽 장안에 국빈으로 모셨습니다. 요흥이 물론 부견의 자리에 앉아 주인이 되었지만 불교를 굉장히 숭상했고 어떻게든 번역사업을 국책사업으로 하는 것이 자신에게 하나의 업적이 될 것이고, 또 국민의 인심을 얻는 데도 크게 도움이 되리라 생각하고, 좋은 시설을 갖추어서 극진히 구마라지바를 모시게 됩니다.

그런데 구마라지바의 아버지를 구마라얀이라고 했죠. 구마라지바라고 하는 것은, 경에 들어가면 아상, 인상, 중생상, 수자상이라고 할 때의 수자상이 지바에요. 사실은 지바jīva를 뒤의 번역에서는 명자상이라고도 번역하는데, 조계종 표준본에서는 '영혼이 있다는 관념'이라고 해서 수자상이 좀 이상하게 이해되는데, 지바에는 그런 뜻이 있긴 합니다. 우리말의 넋이라는 말이 있잖아요. '넋이라도 있고 없고'란 그런 시조가 있죠. 넋 자체는 불성이 아니에요. 넋이라고 하는 것은 지바의 성격으로서 넋이라는 말입니다. 넋이라고 생각하는 자기 소견의 업식이지요. 진정한 불교의 불성 자리는 아니라고 보는 것이지요. 사상四相에서 물론 수자상이 명자상이 된다면 많이 다른 것도 되겠지만, 이것이 연결될 수 있는 뭐가 있다, 이렇게 생각하는 것도 부처님은 규정하셨어요. 불성에서 봐야 된다. 그래서 무아사상이 나오는 겁니다.

그리고 구마라집에 의해 『잡아함경』에서부터 모태가 되어서 생성된 대승경전이 번역됩니다. 왜 이렇게 중국이 대승불교가 됐는가 하면, 이미 소승은 힌두이즘이 성장하면서 쇠퇴되기 시작해요. 아쇼카왕의 전성기가 이렇게 쇠퇴되면서, 그때 일어난 것이 대승경전 아닙니까. 이는 힌두이즘에 대처하기 위한 결속도 되지만 불교의 사상을 전 인류에 요익중생하는, 위이익爲利益 일체중생하는 그런 사상으로 발전시켜야 되겠다는 생각, 이게 세계종교가 되는 기틀이 된 거예요. 사실은, 만일 불교가 이런 계기를 맞지 않았다면 중국으로 넘어오지 못했을지도 모르죠.

그러나 워낙 부처님이 말씀하신 그 진리가 너무나 보편성을 지니고 있는 그런 심오한 진리이기 때문에 자연히 퍼지게 되어 있어요. 힌두이 즘에는 많은 신을 모시고 거기에는 창조, 그 다음에 유지, 파괴시키는 신, 이렇게 삼신이 있고 수많은 신들이 있어요. 우주론적으로 보면 그것도 상당히 일리는 있어요. 그리고 아트만이라고 하는 나의 진아眞我와 범우주적인 나인 범아(梵我, 브라만)와의 상관관계를 심도 있게 연구를 했지요. 그러나 잡다한 신을 만들어내고 토속종교를 다 흡수했기 때문에 복잡합니다. 나중에 코끼리 신 등 무슨 별별 동물에게까지 신성을 부여했죠. 동물이 신성이 전혀 없다고 할 수 없지마는, 형상에 대한 집착으로 해서 자꾸 모시게 되고 잡다한 신화가 탄생됩니다.

부처님은 한 마음을 밝히고 닦는 거기에다 총력을 집중하라고 하시고, 그 이외에 외부적인 어디에 눈을 돌려서는 어떤 삿된 소견이 될 수가 있다고 하셨습니다. 불법의 정수를 이루고 있는『금강경』에 와서도 가장 정신적인 어떤 지혜를 강조하게 되는 곳을 보면 다른 군더더기는 많이 삭제되고 없어요. 물론 어떤 이는 이 '금강반야'를 이십여 년간 설하신 반야부 중에서 나중에 설해진 말씀으로 봅니다만, 그렇지 않은 면도 있습니다.

이십여 년간 설하신 '반야품'에는『대반야경』16회 600권이 있습니다. 각 회마다 광찬반야(2회) 방광반야, 마하반야, 도행반야(4회)…… 등, 그 이외에 많이 있는데 모두『대반야경』에서부터 파생되는 것으로 보지요. '금강반야'는 그렇게 해서『대반야경』600권에 걸친 법문 중에서 9회째 577권에 해당된다고 하니까, 그러면 상당히 후반부가 되잖아요. 그러나『대반야경』속에서 이 '금강반야'를 번역한 구마라집도 그렇고, 그때 여기 나온 내용을 보면 절대 후반부가 아니다, 오히려 초반부의 초기라고 할 수 있습니다. 자세히 보면 육바라밀이 다 등장하지 않습니다. 용어로는 제일바라밀과 인욕바라밀만 나오죠. 제일바라밀도 최고의 바라밀을 지칭하는 것으로 보입니다. 또 많은 보살들 이름은 하나도 나오지 않습니다.

『보살경』이라는 게 있지만은 후반부에 나오는 경전들에는 수많은 보살들이 등장합니다. 그때 당시에 말씀하시지 않은 많은 보살들이 등장을 하게 됩니다. 그런 걸 보면 초기 대승경전의 결집물이 확실하다고 그렇게 보는 겁니다.

그래서 이제 구마라지바를 받들어 모시는 번역이 됐는데, 왜 삼장이라고 했느냐? 이미 40세 이전에 부처님 경에 대해 하실 수 있는 많은 공부를 하셨고, 스승을 찾아다니면서도 공부를 많이 하셨어요. 논, 율에 대해서도 그만한 공부를 하셨습니다. 경, 율, 논을 합쳐서 삼장이라고 합니다. 또한 경, 율, 논에 다 달통하면 삼장이라고 부릅니다. 이 외에도 또 삼장법사가 있지 않습니까. 『서유기』에 나오는 현장법사도 그렇고, 근간에는 우리나라에 서경보 박사가 스스로 휘호를 썼는데 삼장법사라고 했지요.

그리고 요진 삼장법사 구마라집께서는 어떤 타고난 전생의 인연이 있을 겁니다. 제가 왜 이런 생각을 하는고 하니, 돈황에 갔을 때입니다. 구마라지바가 태어난 시대는 불교가 중국에 들어와 상당한 기간이 지난 후로, 그때 돈황의 막고굴은 초기의 진행으로 어느 정도 윤곽이 잡혔을 때죠. 그런데 막고굴의 앞에 구마라지바를 숭모하는 탑을 세웠는데, 이름이 뭐더라…… 생각이 잘 안 나는데 흰 탑이 있었어요.

그래서 이렇게까지 돈황에서도 구마라지바를 존숭했구나 하고 실제로 확인을 했죠.

구역이지만 가장 간결하고, 어떤 이는 산스크리트어로 된 원어보다도 구마라집의 번역이 더 훌륭하고, 아름답고, 간결하고, 부처님의 정신에 거의 접근할 수 있는 그런 율조를 지니고 있다고 표현했어요.

왜 그런고 하니, 「법회인유분」 제일에 들어가면 네 줄로 되어 있잖아요. 산스크리트어를 영어로 번역한 형태를 보면 거의 한 페이지에 해당이 됩니다. 그렇게 깁니다. 구마라집은 길 필요가 없다고 본 듯합니다. 인유因由를 얘기하는데 간단하게 소개하면 되고, 마음 닦는 거 가지고 얘기해야 되지 않겠느냐는 것입니다.

가령 금강산을 감상하는데 만물상에 올라가서 아, 금강산 참 좋다 하면 만물상이 전부는 아니잖아요. 만물상에도 이름이 전부 있겠지요. 거기에 대해서는 하나하나 또 봐야 되겠지만, 전체상을 보려면 금강산은 여러 가지 면모를 지니고 있고, 사실은 비로봉 같은 데는 밋밋하게 높이 솟아 있을 뿐이고, 바다 쪽으로 보면 해금강이 있잖아요. 보통 중국에 많은 좋은 산이 있지만 바다와 접해서 육지와 바다가 함께 절경을 이루고 있는 산은 별로 없지요. 해금강은 해금강대로 좋고. 그렇게 해서 이제 전체를 보려면 어느 시점에서 보느냐, 여기에 따라서 감상하는 사람이 다 다를 수 있어요.

마찬가지로 부처님 사상을 조명할 때도 보는 시점에 따라 여러 가지로 해석이 될 수 있습니다. 『금강경』에 대한 해설서는 수없이 많아요. 지금도 쏟아져 나오고 있지요. 『금강경』은 공부하면 할수록 점점 공부할 게 많아요. 같은 경을 왜 자꾸 되풀이 하느냐는 사람도 있는데 그게 아닙니다. 할 때마다 수없이 더 알아야 될 것이 나오고 '원해여래진실의願解如來眞實義', 여래의 진실한 그 뜻을 알기에는 이렇게도 쉽지 않구나, 그렇게 느껴요. 세세생생 공부해도 다 하지 못할 겁니다. 조금 알았다는 것은 금강산의 어느 귀퉁이 한 부분을 보고서 금강산을 다 봤노라 하는 것밖에 안 됩니다.

아직 총설을 얘기하려면 몇 시간을 더 해야 되겠습니다마는, 이제 본론으로 들어가지요.

1부

평화와 자유-열반적정의 길

1. 법회가 있게 된 연유

如是我聞하사오니 一時에 佛이 在舍衛國祇樹給孤獨園하사 與
大比丘衆 千二百五十人으로 俱하시다

이와 같이 내가 듣자오니, 한때에 부처님께서 사위국 기수급고독
원에 큰 비구 대중 천이백오십 인과 함께 계셨다.

여시아문如是我聞. 이렇게 내가 듣자오니.

아난이 이렇게 얘기하죠. 아난이 부처님 성도하실 때 태어났다고
하니까, 사실 성도하실 때 태어났으면 언제 성문을 다 할 수 있겠나
하는데, 부처님의 시중을 하면서 부처님의 사촌동생쯤 되니까 많은
총애를 받았겠죠. 그런데 가섭이 결집을 하는 데 모아놓고 보니까
아난이 영 시원치가 않아서 결집하는 곳도 오지 마라, 그 실력 가지고
참석 못 하겠다 그러니까, 아난이 많이 분발해요. 용맹정진을 하고
나니까 부처님 그 여래의 진실의眞實意가 자기한테 다 와서 재생이
됩니다.

누구나 다 입력은 되어 있어요. 그런데 컴퓨터같이 재생해 놓으라고 하면 재생이 잘 안 돼요. 그게 다 자기의 재주인데, 아난이 그 재주가 생겼단 말입니다. 그래서 '내가 이렇게 듣자오니'는 아난을 칭한 것입니다. 어떤 이는 그래요. 아니, 부처님 열반하신 지 거의 300년 후에 무슨 아난이 있어서 '이렇게 듣자오니'로 시작합니까? 그때 제가 대답을 안 했어요. 그건 그렇게 얘기하는 것이 아니고, 부처님의 정신은 아직까지 살아 계세요. 석가모니부처님은 오늘 이 자리에 계십니다. 이 경 속에 계시고 여러분한테 계세요. 그 말씀을 들어야 해요. 그 말씀이 들리면 '여시아문'입니다

그게 바로 무슨 저 시공에 멀리 떨어져 있는 어떤 다른 세계, 역사적인 어떤 한 사건, 이렇게 정하면 그게 들릴 리가 없어요. 그러나 인류가 유인원에서부터 인간으로 진화하지 않았어요? 물론, 그것도 이렇게 손을 올리면 어떻게 돼요? 이게 하늘에 가깝죠? 발은 땅에 붙어 닿아 있지만, 하늘에 가까워진 이 손을 통해서 다른 세계를 받아들이기 시작해요. 수성獸性을 벗어버린단 말이에요. 짐승의 네 발로 하늘을 못 보던 그것을 벗어던지고 점점 더 정신화되기 시작해요. 어떤 동물에서도 발견할 수 없는 진화가 이루어졌어요. 그 무슨 도구를 만들어서 편리하게 사용한 것이 진화가 아닙니다.

그건 무슨 얘기냐? 정신의 세계에서 나라고 하는 존재를 깨닫게 한 그것이 바로 어떤 계기인 거죠. 유인원에서 진화된 역사까지 상당히 먼 여정을 지나 재출발하는 거죠. 부처님 이후 한 4~5백 년 후에 누가 나옵니까? 예수 그리스도가 나옵니다. 서양에서 그 정신을 이렇게 다시 깨어나라, 다시 살아나라고 합니다. 그러니까 중생에서 거듭나

라, 짐승의 수성을 벗어버리고 너의 존귀한 그 세계에 거듭 깨달아서 이르라고 합니다. 그러니까 인류역사의 전기를 바꿨다고 해서, 서양의 힘이 세지니까 인류역사의 기운을 새롭게 해석해서 여기서부터 출발이라고 하자고 정했지요. 우리는 불기佛紀로 말하면 2,500년이 넘잖아요. 그러니까 새로운 인류역사의 시점으로 보자 이겁니다.

수성으로 살던 때를 인간이라고 할 수 있겠어요? 물론, 그 이전의 역사도 깁니다. 여기까지 한 번에 온 게 아니에요. 많은 진화된 그 계기를 획기적으로 만든 사건이 일어나는 거예요

그래서 이제 '일시一時에, 그때에'라고 한 겁니다. that's one time, at that time, 지칭된 시간을 얘기하는 것이 아니라 그때 그 당시에요.

불佛이 재사위국在舍衛國 기수급고독원祇樹給孤獨園하사
부처님이 사위국의 기수급고독원에 계셔서

사위국을 슈라바스티Śrāvastī라고 하는데 슈라바스티를 한자로 번역할 때 실라불, 이렇게도 번역을 하고 여러 가지로 번역을 합니다. 슈라바스티가 어떻게 사위가 되는가 하면, 음사해서 그렇게 됐는데, 실라불이 바로 서라벌, 서라벌이 셔블입니다. 제 시집에 있는 '셔블이 뭐예요' 하고 제자가 묻기에, '네가 살고 발붙이고 있는 지금 이곳이다'고 하였습니다. 셔블이 서울입니다

그러니까 슈라바스티가 코살라국의 수도였다고 하지만 코살라국의 서울이죠. 그게 한 90만 가구 상당의 아름답고 왕성했던 도시라고 합니다. 여기 사위국이라 하는 것은 사실은 사위성이라고 해야 맞습니

다. 김수로왕의 왕비(허황후)가 아마 슈라바스티의 공주가 아니었나 하는 설이 있죠.

거기에 누가 있었느냐? 왕자의 이름은 제타, 즉 기타태자가 있었고, 장자의 이름은 수달타, 즉 급고독 장자가 있었죠.

급고독 장자는 고독한 사람에게 많은 보시를 공급한다고 해서, 수달타를 한자 뜻으로 번역한 것이 급고독입니다. 고독한 사람이 있는 곳은 고아원도 되고 양로원도 되겠지만, 그런 곳에 자기 재보시를 많이 한 사람입니다. 슈라바스티 성에 가면 급고독 장자가 금을 저장했던 창고라고 하는 터가 있어요. 어느 정도 사실인지 몰라도 아직도 남아 있습니다.

사위국 전체는 수림에 많이 덮혀 있지만 사위국 저쪽은 '라자그라하'라고 해서 왕사성이 있었어요. 부처님이 그 왕사성에서도 법문을 많이 하시게 되고, 결집도 일부 이루어진 곳이에요. 라자는 바로 왕이라는 뜻이죠. 마하라자mahārāja 하면 그레이트 킹인데, 우리가 세종을 대왕이라고 하잖아요. 인도식으로 하면 세종 마하라자가 되겠지요.

사위성은 여기서 슈라바스티가 되는데, 그 급고독 장자가 라자그라하 성의 장자의 초대를 받아서 갔어요. 장자의 초대를 받는 것으로, 자기가 왔다고 융숭하게 차리나 했더니 그게 아니에요. 부처님을 초대하기 위해서 이렇게 많은 음식을 준비했단 말예요. 그 제자들도 많고 하니까.

그래서 그분이 어떤 분인가 물으니까, 대단히 고결하고 모실 만하고 공양할 만하다고 하는 거예요. 그래서 만나 뵈니까 정말 마음에 깊은 공경심이 우러나서 공양하고 싶단 말입니다.

"저희 성에도 오실 수 있습니까? 오시면 어떻게든 모시고 싶습니다."

"나의 많은 제자가 거기 가서 머물 만한 장소가 있겠소?"

"아직 없지만 제가 마련하겠습니다."

그렇게 약속을 하고 사위성으로 돌아와서 찾다 보니까 동산 숲이 아주 예쁜 것이, 사위성에서 2킬로미터 가량 떨어져 있단 말예요. 어떤 이는 '사헤트마헤트'라고 하는데, 제가 기원정사에 갔을 때는 일본 고고학자들이 발굴한다고 하면서 사헤트마헤트라 하고, 어떤 이는 사위성 자체가 사헤트마헤트라고 그러는데, 지금의 기원정사가 저는 사헤트마헤트라고 기억하고 있어요.

그런데 그 땅의 임자가 하필이면 왕자(기타태자)입니다. 그래서 자기한테 좀 팔 수 없느냐 그러니, 아무리 장자라고 하지만 왕자의 숲을 사겠다고 하는 것이 괘씸해서 안 된다고 맨 처음에 했다가, 그렇다면 억만금을 준다면 팔겠다고 그랬답니다. 그러다가 숲 전체를 금으로 다 깔면 팔겠다고 했고, 마침내 숲을 금으로 깐 것을 보고서 기타태자가 그만 회의가 생겼어요.

"어떤 분을 모시려고 재산을 다 탕진해서 이렇게 하느냐?"

"아, 이런 분을 모시려는데 참 대단한 분이십니다. 제 생전의 감동으로 이런 분을 뵌 적이 없습니다." "그렇다면 나도 시주를 해야 되겠다."

그래서 금을 다 깔지 못한 기타태자 숲의 나무는 기타태자가 시주했답니다. 그래서 그것을 줄여서 기수祇樹라고 하고, 이 전체를 줄여서 기원정사라고 하지요

거기 당사堂舍가 약 60여 개라고 하는데, 그 많은 1,250인의 제자가

머무를 숙소, 강당, 정진할 수 있는 여러 가지 시설을 갖추어야 했겠지요. 어느 정도 목욕시설도 있어야 되고, 해야 될 시설들이 많지요.

요즘 말로 하자면, 기숙사 같이만 지을 수 없잖아요. 법당도 지어야 되고. 그런데 인도건축은 전(磚, 벽돌) 문화이기 때문에 벽돌로 지었단 말씀이에요. 벽돌 문화는 보면 참 오래 그 유적을 보존을 하는 데 도움이 됩니다. 기원정사의 벽돌 터가 아직 남아 있지요. 교불련에서 갔을 때(1989년), 그 법당 터 앞에서 『금강경』을 일독해 바쳤습니다. 환희로웠지요.

여러분들, 태국에 가시면 방콕 위에 아유타야, 수코타이라고 하는 고도가 있죠. 거기 보면 전부 벽돌로 된 기둥과 벽돌로 된 벽이 있고, 벽돌벽 속에 있는 부처님 상이 지붕은 다 날아가고 없어도 남아 있어요. 목조 건물이 아니기 때문에요. 우리 황룡사 9층탑은 20리 밖에서도 볼 수 있는 높이였다는데, 황룡사가 목조이기 때문에 몽고 병란 때 불타고 주춧돌만 남아 있으니 그 규모를 상상하기가 힘들지요.

기둥이라도 남아 있으면 그 규모를 알기 쉽지요. 그런데 전(벽돌)은 불타지 않잖아요. 그래서 중국에도 황하 유역 상류에는 전 문화가 발달했는데, 그것은 자연환경과도 관계가 있습니다. 황하의 흙탕물이 흘러 내려가서 황해를 이루었고, 우리나라에도 황해도가 생겼지요. 그래서 황하 유역에는 벽돌 문화가 발달해 있어요. 그게 왜 그런고 하니, 진흙으로 계속 구우면 되니까요. 벽돌로 지은 집도 많아요. 우리는 초가삼간, 짚을 위에다 올리고 흙벽을 바르고 보온장치를 했는데, 농가가 벽돌집이라면 상당히 문화적으로 발달되어 있는 것처럼 보입니다. 그런데 벽돌 문화가 인도에서도 발달했던 겁니다. 그래서 인위적으로 남아 있는, 녹야원에서 보유한 벽돌로 된 큰 건조물이 그대로 지금 남아 있습니다. 거의 2,000년이 넘는 세월을 견뎠다면 전(벽돌) 문화도 대단하다고 봐야 됩니다.

여대비구중與大比丘衆 천이백오십인千二百五十人으로 구俱하시다
1,250명의 비구와 대중이 함께 계셨다

여기 '여대비구중'을 처음에는 1,250명의 비구를 '무리 중衆'자를 써서 '중'이라고 그랬구나, 이렇게만 생각했어요. 여태까지는요. 그런데 '중'은 바로 우바새 우바이를 합친 대중을 약칭해서 여기다 묘사한 것이라는 설을 접했습니다. 구마라집이, 뒤에 보면 우바새 우바이가 등장을 하는데 왜 앞에는 1,250비구만 있느냐는 거예요. 전에는 그걸, 제가 '중'자를 그만 자세히 못 봤어요. 그래서 계속 공부해야 된다는 거예요.

이게 잘못 번역한 게 아니에요. 그러니까 아주 짧게 하느라고 원래는 '여대비구와 중, 1,250인으로 구하시다'인데, '그리고'가 빠져서 '비구 중'으로 되어 버렸는데, '비구 그리고 우바새 우바이의 대중' 그것이 중衆 속에 들어갔다고 하는 겁니다. 그래서 비구로 말하면 1,250인이죠. 비구의 숫자로 가섭 존자가 1천 명을 데리고 왔지요. 목건련존자나 그 외 제자가 백 명, 이렇게 데리고 오니까 금방 1,250인이 되어 버린 거예요. 부처님의 실제 처음 제자는 5명밖에 없었잖아요. 나중에 부처님 제자인 10대 제자, 공자님 제자인 10철을 꼽게 됐지요. 1,250인의 제자가 생기고 보니까 이 무리를 전부 다 기거하게 하고 통솔하는

일이 쉽지 않게 되었어요.

승단이 생기고 보니까 큰 문제가 뭐예요? 하루 한 끼지만 먹는 문제라는 겁니다. 기거하는 문제는 해결이 되었으니 먹는 문제는 바로 사위성이라고 하는 아주 잘된 도시가 인근에 있어 그리 가면 된단 말입니다. '빅슈bhikṣu'라는 뜻이 걸사乞士라고 하는 뜻이니까, 그런데 부처님은 이때만 그 걸사에 표본을 보이신 게 아니라 나중에 자기 고향으로 찾아가서도 표본을 보이십니다. 카필라 거기에서도 제도를 해야 되겠다고 해서 가셨는데, 첫날은 숲속에서 자고 오셨지요. 다음날 다시 숲속으로 간다고 하시니까, 아니 그래도 왕자였던 분이신데 궁에서 유하시라고 했으나 다음 날도 숲속에서 주무셨고, 그 다음날 아침식사를 하셔야 되는데 몸소 나가서 카필라성에서 걸식을 하신단 말씀이에요. 모두 깜짝 놀랐어요. 왕자였던 분이 어떻게 걸식을 하시나 하고 말예요. 대중도 그렇지만 슈도다나왕이 더욱 당황하기도 하고 어쩔 줄 몰라서

"그러면 되는가. 여기서는 내 대접을 받아야 되지 않는가?"

그러니까 부처님이 "이것은 우리 조상이 하던 일입니다" 그래요.

"아니 우리 조상이 하다니? 우리 조상이 걸식을 했단 말이냐!"

"그것은 대왕의 조상이고, 저의 조상은 부처님으로 연면한 조상이 따로 있습니다."

이건 뭐예요? 몸으로 난 나는 지금 대왕의 아들로 났지만은, 저의 원 조상은 부처님의 조상이 따로 있다는, 상당히 놀라운 발언입니다. 그러니까 당신이 맨 선두에 서서 1,250명과 함께 사위성으로 들어가시는 겁니다. 굉장히 장엄한 장면이에요. 지금도 국제선원이 있는 태국에

서는 여전히 걸식을 하거든요. 두 줄인가 한 줄인가 줄지어서 쭉 갑니다. 맨 앞에 장로 되시는 분이 서고 뒤에는 외국인 승려까지 있어요. 벽안의 눈 파란 스님들도 걸식에 참여합니다. 거기 선원에 있으면 다 해야 되니까요.

공양시간이 되면 미리 준비를 하죠. 그분들이 쭉 몇백 명이 나올 때는 대중들이 처소에서 미리 음식을 준비했다가 공양을 올리지요, 오토바이를 탄 교통순경은 그걸 호위하는 것을 영광으로 알고 있습니다. 아직도 전승의 뜻이 그대로 남아 있어요.

우리는 조선시대에 너무 억불을 해서 승려는 도성 안에도 못 들어온다고, 그렇게까지 멸시를 당하고 경천을 당했단 말입니다. 그런 역사가 태국에는 없잖아요. 남방불교에는 거의 없어요. 미얀마가 군부가 돼서 공산당이 집권하지만은, 사원을 지키고 있는 이는 총을 든 군인이 지키는데, 이를 영광으로 안다는 거예요. 남방에서는 그래도 스님이 계를 파계한다는 것은 있을 수가 없어요. 왜 그런고 하니 어느 정도 나이가 되면 2년이고 3년이고 스님 행세를 하다가 다시 환속하는 제도가 있기 때문에 스님으로 수행하는 중에는 철저히 계를 지키지요. 스님으로서 버스를 탔는데 옷자락이 다른 옆 자리 아주머니에게 닿으면 파계가 될 수 있다고 볼 만큼 엄격합니다. 그 정도는 돼야 스님이라고 존경을 할 거 아닙니까. 사회제도가 그렇기 때문에 그런 전통이 면면히 흘러 왔습니다. 계를 파한다고 하는 것은 거기에서는 있을 수가 없는 일이죠.

❖

爾時에 **世尊**이 **食時**에 **着衣持鉢**하시고 **入舍衛大城**하사 **乞食**하실세

이때에 세존이 식사 때가 되어서 옷을 입으시고 발우를 지니시고 슈라바스티 성으로 들어가셔서 걸식하실세

그런데 이제 지금도 부처님 공양하는 때가 있지만은(사시공양), 일일 일식을 하셨으니까 도무지 이 몸뚱이에 대해서 그렇게 많은 공양을 할 필요는 없다. 여기 공양으로 다른 걸 다 보충하고 몸뚱이 공양은 최소화해도 된다는 거예요. 여기 지금 다석 류영호라고 하는 분의 제자가 『금강경』을 해석한 것이 있는데, 그분은 크리스천입니다. 그분의 유명한 제자가 함석헌 씨라든가 그런 분들이 계시지요. 오산학교에서 이분은 끝까지 일식을 하셨어요. 그런데 몇 세까지 사셨느냐 하면 91세까지 사셨어요. 그분이 태어나신 건 1800년대 말인데 1981년에 돌아가셨거든요. 그분들 보면, 또한 부처님이 일식하시고 80까지 사신 것을 그 시대로 보면, 물론 더 사실 수도 있었고 여러 가지 설이 있지만, 장수하신 거 아닙니까.

오늘날 평균 연령이 100세까지로 간다 그러는데, 이게 웰빙이 잘되고 하니까 100세가 충분히 될 것이다 이러지만, 100세를 사는 게 중요한 것이 아니라 이 정신의 세계가 얼마나 장수하면서 그만큼 진화되고 심오해지고, 참다운 자기 모습을 회복해 가느냐는 그게 중요한 거죠. 그런 삶이 100세까지 산다면 100세들이 모여 있는 데는 기운이 굉장할 겁니다. 그렇잖아요?

상념의 속도가 어떤 이는 빛의 몇십 배, 몇백 배, 몇천 배가 된다는데, 빛보다 빠른 속도는 현재 지구상에 없다고 하지요. 이동수단으로 보면 빛의 속도를 능가하지 못하는 문화권에 우리는 지금 살고 있습니다. 그러니까 별이 여기서부터 뭐 1,400만 광년, 아무리 숫자로 1,400만 년이라도 생각하기도 어려운데 빛이 그렇다면 굉장한 거지요.

상념은 몇만 광년의 빛의 속도를 능가할 수가 있습니다. 상념이라고 하는 이 뇌파 에너지라고 하는 파장은 말이죠. 빛의 속도가 지구를 1초에 몇 바퀴를 돌아요? 7바퀴 반이라고 그러지요. 그런데 상념의 속도는 그것보다 더 빠르잖아요. 그러니까 지구 반대편에 있는 내가 아주 아끼는 누가 가 있는데, 그 장면이 왔다고 할 때에는 그것이 무엇일까요? 실제로 상념은 현실입니다. 추상이 아니에요. 상념이라고 하는 것은 자꾸 공부하시다 보면 그 세계를 점점 체험하시게 됩니다.

왜 걸식을 하셨나? 이것부터 애기를 해야 돼요. 내 몸을 유지하기 위해서 그냥 약으로 음식을 드는 것이 전부가 아닙니다.

'밝은 이'는 대중의 탐진치를 제거해주는 것이 제일목적이지요. 사실은 탐진치의 맨 첫째가 아상이고, 뒤에 인상과 중생상, 수자상이라고 한다면 대강 이걸로 이루어져 있다 이 말입니다.

인간이 진화했다면 정말 자기 모습을 제대로 보고 한 번 더 진화해야 하는데, 껍데기를 한 번 더 벗어야 되는데, 4족 동물에서는 벗어났지만 껍데기를 더 벗겨서 알맹이를 드러내야 하는데, 그게 잘 돼 있다고 보기 어렵지요. 그게 4상에 뒤집어 씌워져서 그게 자기인 줄로만 알지요. 그 껍데기를 벗겨주려고 하면 행위로 그것을 자꾸 연습하게 해야 하는데, 그 첫째가 보시바라밀이지요. 보시바라밀이라고 하는 것은 탐심을 제거할 수 있는 계기가 되기 때문에 걸식을 하면서 그 사람 탐심을 제거해주는 실천적 행위를 하는 거지요. 탐진치 삼독을 어떻게 하든지 몸소 자기가 그 자리에 가서 그 사람에게 발원해주고 공양을 받는다는 것입니다. 여기에서의 걸식은 그냥 걸식이 아닙니다. 탐진치를 제거해주기 위한 하나의 '밝은 이'의 행위입니다.

於其城中에 **次第乞已**하시고 **還至本處**하사 **飯食訖**하시고 **收衣鉢**하시고 **洗足已**하시고 **敷座而坐**하시다.

그 사위성중에서 차례로 빌으시고 본자리로 돌아와서 공양을 드시고, 옷과 발우를 거두시고 발을 씻으시고 자리에 앉으시다.

차례로 비는데, 1,250명이 집집마다 다 비는데 중복되고 그러면 안 되잖아요. 질서를 지키는 규범이 필요하단 말이에요. 한 번 빈 집엔 들어가지 마라, 빌어서 못 빌게 되면 그냥 넘어가라는 등 걸식한다고 하는 그 자체에도 계율을 잘 정해가지고 질서 있게 돌아올 수 있도록 했지요.

환지본처還至本處하사 반사흘飯食訖하시고 수의발收衣鉢하시고 본자리로 돌아와서 공양을 드시고, 옷과 발우를 거두시고

그때 이미, 요즘 발달된 셀프 서비스가 이 발우 공양에서 다 이루어

졌다고 볼 수 있지요. 요즘 애들은 뷔페 같은 데서 막 음식물을 갖다 먹으니까 남기는 경우도 있는데, 음식물 남기는 것, 그것 참 위험한 교육이죠. 발우공양을 템플스테이에서 가르치면 밥알 하나를 남긴다는 게 이렇게 지중한 과보가 되는구나 하는 걸 느끼게 돼요. 천수까지 이렇게 깨끗하게 유지하고 보면 자연 환경적으로도 가장 선진적인 음식문명이라 할 수 있을 것이므로, 발우공양법은 인류문화가 진화된 이래 가장 본받을 식사법이라고 볼 수 있겠지요.

뷔페에서도 도덕적으로 가르쳐야 되겠지요. 남기면 너에게 주는 은혜에 손복損福하는 것이고, 먹을 만큼 갖다 먹되 조금 부족하게 먹으라고 말이죠. 뷔페에 가면 과식하게 돼요. 맛있는 것이 많이 있으니까 식탐이 나서……. 그러나 군대와 직장의 셀프 서비스에서는 이런 일이 적고 또 스스로 식기를 거두는 일까지 하니, 발우를 거두어 제자리에 갖다 놓는 것과 비슷합니다.

세족이洗足已하시고
발을 씻으시고

그때 물론 샌들이 있었겠지만 맨발로 많이 다녔을 것이고, 지금도 인도 거기 갠지스 강변에 가보면 맨발로 아스팔트 위를 걸어 다녀요. 겨울에는 추운데 그 사람들은 습관이 되어 있으니까 건강해요. 짐승들이 병이 별로 없잖아요. 네 발로 그냥 막 신발 없이 다니니까요. 그래서 자꾸 손발을 두들겨라, 모든 오장육부가 손발에 있으니까 자꾸 두들기고 마디마다 눌러주고 발바닥도 두들겨라, 그럼 건강해지나니 하고 한방에서 강조하지요.

발을 씻는다고 하는 것은, 물론 샌들 신은 분도 있으시고 그렇겠지만, 이렇게 다녀오면 발을 씻는 것인데, 이 방 속에 들어가 앉게 되면 자기 방석자리가 있으니까 당연히 발을 씻어야 되겠지요.

부좌이좌敷座而坐하시다
자리에 앉으시다

여기 앉는 자리는 자기들끼리 자리를 준비했는지 모르지요. 그런데 여기에서 원 산스크리트나 콘즈의 영역본에는 '부좌이좌'로 끝나는 것이 아니고 부처님이 부좌이좌하시면 그 뒤에 경배하는 위요의 예가 있어요. 다른 제자는 부처님 주위를 세 번을 돌아서 제 자리에 가 앉았지요. 중국에는 그런 풍습이 없으니까 구마라집은 그럴 필요 없겠다 생각하고 생략했죠. 딱 4줄로 「법회인유분」을 줄였어요. 아주 간명하고 굉장히 아름답게 번역을 하셨습니다.

율조가, 리듬이 시적인 그런 표현으로는 지금도 저는 타고르의 시가 참 좋습니다. 『기탄잘리』 같은 경우는 신에게 봉헌하는 자기의 그 신심으로 된 시를 지은 것이어서 참 아름답습니다.

인도의 시골길은 지금도 도로포장이 거친데, 그것은 더우니까 포장도 많이 할 수 없다고 합니다. 그러니까 아스팔트가 여름에는 40도가 되는데 어떻게 하겠어요. 돌멩이가 많이 박혀 있는 포장을 할 수밖에 없어요. 그 포장도로를 보면 중앙선이 없어 차가 이렇게 가면 저쪽 차가 묘하게 싸악 지나가요. 아주 아찔하게. 그런데 내다보면 마차가 같이 가는데, 흰 소는 상당히 대접을 받지만은 성우聖牛에 합격이 못 되면 그냥 짐 끌어야 돼요. 소 두 마리가 짐수레를 끌며 달리는데, 길도 아닌 곳, 포장 안 된 데를 그대로 지나가요.

그럼에도 불구하고 이쪽 마을과 저쪽 마을 사이의 숲이라든가 저 멀리 뵈는 마을이 (여기 지금 기원정사의 숲, 제타태자의 동산 숲이 그랬을 겁니다) 굉장히 시적으로 아름다움을 느껴요. 아~ 그래서 타고르의 아름다운 시가 탄생됐구나 하는 생각이 들어요. 그게 그렇게 해서 발달되고, 길은 완전한 아스팔트가 아니지만은 오히려 서정성을 지니고 있어요.

아무뜬 이 리듬에 맞추어 자꾸 독송하는 것만으로도 신체 몸의 모든 리듬이 여기에 맞춰져서 굉장히 건강하고 밝아집니다.

독경을 권장하신 백성욱 박사님이 달아 놓으신 토가 그 리듬에 잘 맞도록 되어 있습니다.

2. 선현이 법문을 청하는 분

*선현이라고 하면 수보리 존자를 지칭하는 것이고, 법을 그냥 앉은 자리에서 청하는 것이 아니고 반드시 예를 올려야 되니까 일어나서 다시 예를 올리는 자세로 청합니다. 여기에서는 『금강경』에서 가장 중요한 질문을 하십니다.

時에 長老須菩提 在大衆中하야 卽從座起하고 偏袒右肩하고 右膝着地하고 合掌恭敬하야 而白佛言하되

때에 장로 수보리께서 대중 가운데 있어서 자리로부터 일어나서 오른쪽 어깨를 드러내고 오른쪽 무릎을 땅에 꿇고 두 손을 모아 공경하고 부처님께 여쭙되

장로 수보리長老須菩提

숙혜가 밝고 덕망이 높은 분을 중국에서는 장로라고 불렀습니다. 장로(영어로는 elder)는 그 이후에 다른 타종교에서도 어떤 직분을

부르는 것으로 발전을 해갔죠. 원래는 중국에 있던 덕망 있는 이에 대한 존칭이 불교에 개입된 불교용어로 먼저 활용됐던 것이죠.

수부티 존자라고 하면 바로 십대제자 중에서 각각 제일로 꼽는 특성 가운데 해공제일解空第一입니다. 수부티 존자는 「법회인유분」에 나왔던 수달타 장자의 조카라고 합니다. 수달타 장자의 동생이 있었는데, 그러니까 다 장자겠죠. 거기 아들이니까 아주 좋은 가문에서 탄생을 했고 색상色相도 뛰어나서 색상제일이라고도 해요.

키가 크고 잘생기고 또 성격이 온유해서 남과 다투기를 별로 좋아하지 않아서 많은 외도들에게 처음에 불법을 전파할 때 박해를 받고, 그런 충돌이 있었어도 별로 다투지를 않았다고 해요. 무쟁無諍제일이라고도 하지요. 우리가 아라한을 지칭할 때도 무쟁삼매無諍三昧라는 얘기가 나오죠.

그 다음에 근본적으로 법이 공한 것을 알고, 이미 닦으신 공덕인지 선근인지, 일설에는 태어날 때 곳간이 비었다고 합니다. 장자의 곳간이 비었다고 하는 것은 그것이 공이라고 하는, 비어야 밝다고 하는 그런 뜻일 겁니다. 그것은 상징이라고 할 수 있는데, 태어나실 때 이러한 밝음을 지니고 나셔서 이『금강경』의 요체인 제행무상과 제법무아를 통달해서 세존께 적절하게 질문하게 되는 이『금강경』질문의 가장 적절한 역할과 소임을 하시게 되는 거죠.

즉종좌기卽從座起하고 편단우견偏袒右肩하고
자리로부터 일어나서 오른쪽 어깨를 드러내고

편단우견은(편단偏袒은 드러낸다는 뜻) 오른쪽 어깨를 드러낸 모습입니다. 가사를 양쪽 어깨에 다 걸치면 통견이라고 하고 한쪽 어깨에 걸치면 편단우견이 되는데, 그렇게 되려면 사실은 왼쪽에 걸쳐야 내려가서 비스듬히 오른쪽 어깨가 드러나게 되죠. 이것은 하나의 예를 올릴 때 통견보다는 '제가 이렇게 순종합니다' 이런 뜻이라고 합니다.

석굴암 본존불에 보이는 의습이 바로 편단우견입니다. 오른쪽 어깨가 드러나 있죠. 오른쪽 팔도 다 노출되어 땅을 가리키는 손은 촉지항마인을 하고 있고, 왼쪽 어깨에 걸친 가사가 선정인을 하고 있는 왼손 위의 팔을 감싸고 있습니다.

우슬착지右膝着地하고
오른쪽 무릎을 땅에 꿇고

오른쪽 무릎을 꿇은 자세(오른쪽 무릎의 슬개골이 땅에 닿음)를 얘기하죠. 왼쪽 무릎은 들고 오른쪽 무릎은 꿇고 이것이 아마 질문하게 되는 예우의 그런 자세가 아닌가 합니다. 그냥 앉은 자리에서 이렇게 우슬착지를 하는 것이 아니라 일단 일어났다가 다시 앉아서 우슬착지가 된다는 거죠

합장공경合掌恭敬하야 이백불언而白佛言하되
두 손을 모아서 공경을 표시하고 부처님께 여쭙되

여기서 '하되'는 여쭙는다, 이렇게 봐야죠.

希有世尊하 **如來 善─護念諸菩薩**하시며 **善─付囑諸菩薩**하시
나이까

희유하신 세존님, 여래께서는 모든 보살들을 잘 호념하시며 모든
보살들을 잘 부촉하십니까?

첫 구절은 희유하신 세존님, 드물게 계신 세존님, 경이로우신 세존님
등 여러 가지 뜻이 있는데, 왜 희유한가? 어떤 이는 세 가지를 들었어요.
왕자이면서 왕위를 버리고 수행하기 위해 출가할 수 있으니 희유한
일이 아니냐. 또 그 다음에는 법을 통달해서 깨달음을 얻으셨을 때는
정말 아주 완전한 지혜를 증득하셨으니까 그것은 정말 희유하신 일이
지요. 또 희유하신 일은 그 색신(몸)도 아주 크시고, 모든 길상의
용모를 갖추시고 하셨으니 그것도 희유하시지요. 그러나 그런 모습보
다는 마지막에 그 큰 대각을 이루신 그 일로 최고의 희유하신 세존이시
다, 인류역사상 희유하신 일이시다는 겁니다.
　'여래如來 선호념제보살善護念諸菩薩하시며 선부촉제보살善付囑諸
菩薩하시나이까'는 '여래께서는 모든 보살을 잘 보호하고 생각하시며
또 모든 보살을 잘 부촉하시나이까'란 뜻입니다.
　호념護念은 범어로 아누파리그라하(anuparigraha : 攝受) 또는 아누
그라하(anugraha : 자비, 사랑)로 제자를 지극히 돌보고 아끼며 사랑하

는 스승의 마음을 뜻하는 것이고, 부촉(付囑, parīndanā)은 잘 당부하고 위촉하여 목적지에 이르게 한다는 뜻입니다. 위촉한다는 것은, 법이 잘 섰을 때 이 법을 유통해야 될 거 아닙니까? 유통할 때는 바르게, 이렇게 유통시켜라 하는 것이지요. 여기 부촉은 그만큼 보살을 잘 가르치고 격려한다는 해석도 있죠. 부탁이라기보다는 당부라고 볼 수 있는데, 그렇게 해서 위촉한다는 것입니다.

여래께서는 모든 보살을 잘 보호하는 생각을 가지시고, 모든 보살을 밝게 잘 인도해 밝은 법을 위촉할 수 있도록 당부하십니까? 이런 질문이지요.

世尊하 善男子 善女人이 發阿耨多羅三藐三菩提心인데는 應一 云何住며 云何降伏其心이니잇고

세존이시여, 착한 남자와 착한 여인이 아뇩다라삼먁삼보리의 마음을 발하려면 응당 어떻게 그 마음을 머무르며 항복받아야 되겠습니까?

이걸 어떤 이는 어떻게 살아가야 하며 어떻게 마음을 잘 조절해야 되겠습니까, 살아가면서 여러 가지 탈선할 수 있는, 휘둘림을 당할 수 있는 경우가 많이 생기는데, 어떻게 그 마음을 잘 붙잡아서 조절해야 되겠습니까? 그렇게도 해석을 합니다.

그런데 여기 선남자 선여인이 초기경전에서는 출가하신 분만이 여기 해당된다고 했는데, 대승경전에 와서는 출가를 했든 재가에 있든, 모든 선근의 남자와 선근의 여자는 다 여기에 해당이 돼요. 이렇게 대승정신으로 되었지요. 출가한 분만 아뇩다라삼먁삼보리의 마음을 발하는 물음이라면 재가자들은 이 법회에서 제외되지 않겠습니까? 그래서 뒤에 나오는 우바새 우바이도 선남자 선여인에 당연히 포함시켜야 된다는 것입니다.

'아뇩다라삼먁삼보리의 마음을 낼진대는'

어떤 이들은 이 마음을 '냈으면' 어떻게 머물며…… 이렇게 과거형으로 하는데, 이 마음을 '내려면' 이렇게 해야지 '냈으면' 할 수 있는 분은 부처님만이 그 마음을 내실 수 있는 정도이지, 아직 모든 이, 닦는 모든 이들이 이 마음을 이렇게 발하기는 어렵지 않습니까?

이게 마지막 깨달음의 어떤 구경으로의 마음 경지인데, '이 마음을 내려면 어떻게 머물고 어떻게 그 마음을 항복받아야 되겠습니까?' 이게 순리적인 해석이라고 봅니다. 그런데 아뇩다라삼먁삼보리심, 이렇게 했죠. 마음이라고 하는 뜻을 마지막에다 붙였는데 뒤에서는 심心이 빠지고 아뇩다라삼먁삼보리만 나오게 되죠. 그것이 마음이라고 안 해도 그 지혜와 마지막 구경의 경지가 아뇩다라삼먁삼보리이다 이렇게 되는데, 이것은 산스크리트어를 그대로 음사를 해서 한자로 옮겨 놓은 것이니까 한자에는 뜻이 없고, 아누타라anuttara의 '아'는 '없다'란 뜻이니까 '누타라'가 없다, 더 위가 없다, 그래서 이것을 번역하면 무상無上이 되죠. 더 위가 없다, 더할 나위 없다는 말입니다.

삼먁samyak에서 이 삼은 석 삼三자와는 관계가 없고 '바르다, 진실하다, 정확하다, 온전하다'라는 뜻의 삼입니다. 그러니까 이걸 한자로 보통 바를 정正자로 번역을 하지요. '먁'은 '두루하다, 같다, 여실하다'라는 뜻이 다 포함이 되는데, 한자로 정등正等 혹은 정변正邊이라고 번역을 하죠.

'정변'이라 했을 때는 '올바르게 두루하다'는 말입니다. '올바르게 두루하다'고 하는 것은 어떤 한 경우에만 적용되는 것이 아니라 모든 경우에 그것이 올바르게 적용된다는 뜻입니다. 맨 처음에 『잡아함경』을 삼먁아가마samyak-Āgama, 이렇게 표현을 했는데 그 삼먁이 바로 이 삼먁입니다. 삼먁아가마를 한자로 번역하기를 '잡아함경'이라고 번역을 했어요. 아함경에 여러 가지가 있는데 그것을 잡雜이라고 번역을 하기보다는 합合이라고 하는 것이 더 마땅하지 않느냐는 겁니다. 왜 그런고 하니 영어로 보면 투게더together와 같은 뜻인지 모르겠는데, 두루하다는 뜻에서 보면 모든 게 모아져 있고 합해져 있다는 겁니다. 그런데 '잡'이라고 번역하면 물론 여러 가지가 합해져 있는 것도 잡이 되지만, 그러나 정수精髓가 모여 있다는 생각이 안 들지요.

이 삼먁은 불교가 오늘날 현대과학에도 시준을 주는 그런 보편적 진리의 위치에서도 중요한 용어가 된다고 봅니다. 그런데 어떤 이는 이것을 빼고 삼보리만 해석을 해서 '위없는 바른 깨달음'이라고 하는데, 저는 삼먁을 반드시 번역에 넣었으면 합니다.

그 예로, 옛날에 천동설을 믿고 있을 때는 지동설을 주장하면 이단이라고 그랬죠. 천동설이 진리고 지구가 움직인다고 하는 것은 말도 안 된다고 말예요. 그러나 지금은 누가 지동설을 부정하는 사람이 있습니까? 지동설이 당연한 것이고, 우리가 하늘이 움직인다고만 봤던 것은 아견에서, 그냥 좁은 시야로만 봤으니까 아, 해가 뜨고 해가 지는구나, 그랬지요.

어저께 보름달이 밝고 좋았는데, 보름달이 둥글어졌다가 점점 없어져서 또 다시 생기는구나 하지만 달 자체는 변화가 없지요. 달은 물론 움직이지만, 지구는 그냥 계속 있고 해가 움직이는 줄 알았어요. 보이는 대로 해가 움직이지 않고 지구가 움직인다고 하니까 굉장히 이단이라고 그랬죠. 그러나 삼먁의 입장에서 보면, 그것이 어느 시대에 가서 진리이던 것이 어느 시대에 가서 바뀌었다, 이렇게 해서 되겠습니까?

진리는 그대로 여실한 진리가 되어야지요. 여실한 진리의 부처님은 그걸 미리 다 보셨기 때문에 무유정법無有定法이라 하셨지요. 자기 위주의 진리를 설정하니까 문제가 생기고, 진리라 그랬다가 뜯어고치려고 하니까 골치가 아프고 참 힘듭니다. 그것은 삼먁이 못 되기 때문에, 거기까지 이르는 올바른 삼보리가 못 되기 때문에 그렇습니다. 정확한 삼sam으로 봤을 때에 먁은 시대와 장소를 초월해서 두루하고 또 여실하고 항상하고 이런 것이죠. '삼'자가 또 나오는데, 삼보리는 바른 지혜이다는 그런 말입니다.

보리살타 하면 산스크리트어에서 보디사트바Bodhisattva가 되는데 보디가 알다, 한자로 알 지知죠. 혹은 각覺도 됩니다. 사트바는 생명 있는 모든 존재를 사트바라고 하니까 중생이라고도 번역이 되고 유정有情이라고 번역하기도 합니다. 그런데 깨달은 중생, 보리살타가 되는데, 여기에는 앞에 있는 깨달은 그 자체를 얘기하는 겁니다. 보디를 보리라고 읽는데, 삼보리라 하면 정각, 정지正知도 되고 해서 삼보리는 바른 앎, 바른 깨달음이 되지요.

그래서 그것을 여기에 마음 심心자를 붙여서 마음에서 그렇게 도달할 수 있는 거니까, 무상정등정각의 마음을 내려면 이게 다 없는 것을 내는 것이 아니라 대승사상에서는 누구나 여래장사상으로 생명 있는 모든 존재들이 이걸 갖추고 있다는 말입니다. 그리고 그 속에, 생명 속에 어두운 이런 모든 무명을 제거해서 자기의 원래 밝은 당체로 돌아가게 되면 이 마음을 발할 수 있다, 이렇게 보는 것이죠.

이것이 대승에 두루 편재하는 모든 생명에 대한 보편적인 해석입니다. 전에는 상좌부에 아주 특수한 그런 계층에 있는 분들이 발할 수 있고 또 출가를 해야만 된다고 제한을 두었던 것을 여기서는 다 풀어버렸어요. 선남자 선여인은 누구나 다 이 마음을 발할 수가 있다, 언젠가는 여기에 도달할 수 있다고 하셨지요.

그런데 한자로 번역할 때 머문다고 번역하고 항복기심降伏其心이라고 번역한 것에 너무 집착을 하면 제한을 가져옵니다. 우리가 머묾 없는 머묾이라고 하는 그런 표현이 나오게 되지만, 머묾이라고 하는 건 고착이 되잖아요. 고정이 되는 거고. 이렇게 고정불변의 경우는 부처님이 말씀하시는 현상계에는 없다고 하셨으니까, 늘 새로 생기고 일어나고 변화하고 멸한다는 겁니다. 있는 모든 것이. 이제 뒤에 항복기심에 멸도滅度라는 말이 나옵니다마는, 멸도로 표현되었을 때 바로 멸도입니다. 멸하고 그 다음에 거기에 이르게 된다, 탐진치가 멸해 없어지게 된다, 그것이 제도되는 것이지요.

항복기심은 바로 대승정종분 제3에 가장 중요한 마음의 수행으로서, 항복기심이 부처님의 응답으로 나오게 되죠. 구마라집의 항복기심이라고 하는 이 번역은 상당히 강력한 어떤 표현이고, 중생에게는 수행할 수 있도록 이끌어주는 그런 힘의 어떤 표현이 아닌가 합니다.

그냥 '그 마음을 어떻게 쓰면서 살아야 되겠습니까?' 이렇게 하면 너무 평이하잖아요. 그러기보다는 '어떻게 그 마음을 항복받으면서 살아야 되겠습니까?' 그럼 강력하지 않습니까? 사실상은 수없이 마음을 흔드는 외부에 휘둘리기 쉬우니까, 그게 마음을 조절한다고 해서는 사뭇 염착되기가 쉽죠. 항복받는다고 강력하게 표현하는 것이 마음공부하는 중생에게는 바람직한 것이 아닐까 합니다.

佛言하사되 善哉善哉라 須菩提야 如汝所設하야 如來 善一護念諸菩薩하시며 善一付囑諸菩薩하시나니라

부처님이 말씀하시되, 착하고 착하다 수보리야. 네가 말하는 것처럼 여래께서는 모든 보살을 잘 호념하시고 또 모든 보살을 잘 부촉하시나니라.

선善이라고 하는 것은 그냥 '잘', 이런 표현으로 보시면 됩니다.

汝今諦廳하라 當爲汝說하리라

너는 자세히 들어라. 너를 위해서 말해주리라.

질문을 수보리 존자가 그렇게 예를 갖추고 하게 되니 여러 대중들이

다 이 질문에 공감을 할 거에요. 모든 중생이 지금 이 질문을 하고 싶은 것이고, 현재 생명 가진 존재의 중생들이 이렇게 질문을 할 겁니다. 그러면 아뇩다라삼먁삼보리의 마음을 발할 수 있게 될 테니까요. 그래서 '자세히 들어라. 너를 위해서 설하리라' 한 것은 수보리 당사자에게만이 아니라 모든 중생에게 설하는 부처님 말씀이 되겠지요.

善男子善女人이 發阿耨多羅三藐三菩提心인데는 應-如是住며 如是降伏其心이니라

선남자 선여인이 아뇩다라삼먁삼보리의 마음을 발할진대 응당 이러히 머물며 이러히 그 마음을 항복받을 것이니라.

'여시'라고 하는 것이 진리의 당처와 같은 것이 되니까 여실하게 대답을 하실 때 '여시여시'로 시작합니다. 예를 들면 '여시지如是知며 여시견如是見이며 여시신해如是信解하야 불생법상不生法相이니라' 할 때 여시라고 하는 것은 당처를 애기하는 겁니다.

어떤 이는 벌써 '여시주如是住며 여시항복기심如是降伏其心이니라' 하는 데서 진실한 모든 당처의 해석은 끝났다, 이렇게 보시는 분도 있습니다. 허나 여시만 가지고 다 유추할 수 있겠어요? 여시를 뒤에서 설명을 해야지요.

唯然이니이다 **世尊**하 **願樂欲聞**하나이다

참 그렇습니다, 세존이시여. 제가 즐거이 듣기를 원합니다.

그런데 어떤 데는 원요욕문願樂欲聞이 맞다고 하는데, 우리가 요산요수樂山樂水라 할 때는 좋아한다고 표현하는 것이니까 산을 좋아하고 물을 좋아한다고 쓰지요.

그런데 여기는 '즐거이 듣겠습니다'라고 했을 때는 즐거울 락樂자에요. 요는 좋아할 요자이니, 읽을 때 굳이 '원요욕문하나이다' 하고 읽어야 되는가? 일고를 해볼 일입니다.

그래, 여기까지가 선현(善現, 수보리)이 예를 갖춰서 질문하고, 세존께서 일러주시겠다고 하는 말씀에 대한 답입니다.

3. 큰 수레를 굴리는 바른 가르침

*이것이 바로 대승경전이라고 하는 『금강경』에 있어 정종正宗을, 바른 가르침의 으뜸을 이루는 분分이라고 볼 수가 있습니다.

종宗자는 마루 종자인데, 맨 위에 있는 것을 종이라고 그러죠. 대들보 위에 뭐가 있어요? 종마루가 있죠. 한옥에서 이렇게 꼭대기를 이루고 있는 것이 종마루입니다. 서양에 릴리전religion이란 말이 있는데 이걸 한문으로는 어떻게 해석해야 되느냐? 그거를 종교宗敎라고 해야 되겠다, 으뜸 되는 가르침을 일러서 종교라고 하자, 그렇게 해서 종교라는 말이 나왔다고는 하지만, 종교라 했을 때는 어떤 가르침만이 아니잖아요. 거기는 신앙과 믿음이 들어가 있고 깊은 사유와 깨달음이 다 포함되어 있지요. 한자로 보면 그것이 가르침으로 되어 있지만, 제3분은 우리가 이 진리를 추구해서 거기 이르는 해탈, 열반의 진리, 그 정종입니다. 큰 수레를 탄 모든 이가 깨칠 수 있는 바른 근원이라는 말씀입니다.

佛告須菩提하사되 諸菩薩摩訶薩이 應如是降伏其心이니

부처님이 수보리에게 이르시되, 모든 보살마하살이 응당 이러히

그 마음을 항복받을지니

여기의 '제보살마하살'은 '모든 보살마하살' 이렇게 되는데, 보살은 앞의 보디사트바에서 보리를 지닌 모든 존재의 생명, 또 모든 앎과 깨달음에 이를 수 있는 그런 지적 존재, 이를 보디사트바라고 얘기하거든요. 이것을 줄여서 보살이라고 합니다.

보살의 뜻이 이제 많이 확대가 되었지만, 맨 처음의 보살은 아주 상층부에 있는, 수행의 지극한 계위에 이른 분들을 말합니다. 사실 보살은 지금은 일반화되어서 우리나라는 여자 신도(우바이)에게까지 보살이라고 대단히 높여서 경칭하는 거죠.

또 마하살에서 마하는 크다는 뜻이니까, 대지인大智人이라는 뜻입니다. 사실은 마하 보디사트바를 줄여서 마하살이라고 한다고 봐야죠. 그래서 '마하보디사트바maha bodhisattva, 대지인, 큰 깨달음의 사람이 응당 이러히 그 마음을 항복받을지니'가 됩니다.

所有一切衆生之類

있는 바 모든 일체의 중생의 무리

중생의 종류에, 여기 이제 구류중생이 등장하죠.

❖

若-卵生 若-胎生 若-濕生 若-化生

알로 나는 무리, 태에서 나는 무리, 습한 데서 나는 무리, 화해서 나는 무리

여기까지가 태란습화胎卵濕化라고 부르는 생물의 가장 기본적인 모습인데, 알로 나는 무리, 태에서 나는 무리, 습한 데서 나는 무리, 화해서 나는 무리가 그것입니다.

태란습화로 순서대로 안 되어 있고 난태습화로 되어 있는 것이, 진화과정으로 보면 그렇게도 볼 수 있어요. 난보다 태가 더 진화된 모습이니까, 그렇게 보면 난보다는 태가 뒤이지요. 그러나 태도 뱃속에서는 난의 형태로 존재하죠. 뱃속에 수막이 있어서 물속을 유영하고 있다고 하잖아요. 태생들이 다 그런데, 그것이 그 안에서 커지고, 그 다음에 이제 바깥으로 나오니까 난은 되지 않는 거죠. 달걀도 완전히 석회질이 잘 굳지 않은 것은 물렁물렁한 달걀이 나와요. 껍데기는 이렇게 일시적입니다.

백성욱 박사님은, 난생이라고 했을 때는 대강 부모를 잘 모르고 배은망덕한 그런 마음이 난생으로 나투기 쉽다, 그렇게 해서 이 마음을 제 마음속에서 멸도해야 된다, 그렇게 보시지요.

어떻게 보면 새들은 잘 품어서 먹이도 주고 그렇게 하지만, 거북이 같이 땅에다 알을 품어 놓고서 모래로 보호해 놓은 것은 이게 정말 부모를 몰라요. 모래의 온도에 의해서 깨어났는데, 누가 거기 바다까지

안내를 해줍니까, 인도를 해줍니까? 한사코 거기까지 가는데, 조그만 거북이로 보면 그게 뭐 굉장히 높은 능선에다가, 거기까지 불과 100m 밖에 안 된다 하더라도 보통 어려운 일이 아니에요. 가다가 새에 채여서 잡아먹히기도 하고, 수많은 새끼거북들이 구사일생으로 바다에 이르러서 물에 들어가는 숫자는 많지 않습니다. 바다 속에서 제 부모를 묘하게 만날지는 몰라도 어떻게 알아봅니까? 부모 소중한 줄 잘 알고 은혜에 잘 보답하고 공경하는 그런 사람은 난생으로 나지는 않겠지요.

태생은 의지하는 마음이라고 그러는데, 그냥 젖먹이 짐승들이 제가 한동안은 먹이를 못 찾으니까 모유에 의지해서 살아가죠. 사슴 같은 경우는 그대로 그냥 땅에 떨어지는데, 어떻게 해서 제 발로 일어나는 걸 보면 신기해요. 사람은 아이로 나서 스스로 뒤집기도 어렵고 기어가는 것만도 상당히 시간이 걸리는데, 그걸 보면 참, 사슴은 우리가 사족四足에서 이족二足으로 진화했다고 본다면 참 빠르다고 생각해요. 그렇게 빠르지 않으면 생존하기가 어려우니까 그러겠죠.

태생들은 어미의 보살핌을 전부 받는데, 제 새끼 귀한 줄을 알아서 귀하게 여기는 모습을 인터넷 사진에서 봤는데 대단들 해요. 곰, 개, 캥거루, 고양이, 다들 모두 제 새끼들에게 ─물론 난생인 새도 제 새끼들을 품은 게 있지만은─ 저렇게 지극한 모성애를 지니고 있구나. 의지하는 마음이니까 어느 정도 독립할 때까지는 그러잖아요. 난생이기는 하지만 새가 둥지에서 안 내려가려고 하니까, 어느 정도 컸으면 먹이를 그만주고 어미도 떠나야 되겠는데 의존을 해서 안 날아가려고 하니까 어떤 거는 밀쳐내요. 날아갈 수 있는 능력이 생겼는데 안 죽으려면 날아야 되니까, 그렇게 해서 날아가는데 우리는 의존하는 게 심하죠.

미국이나 서양에서는 19살만 되면 너희가 독립해서 나가라, 부모가 그만큼 해 줬으면 독립해라 하고 또 자식도 스스로 그렇게 하는데, 우리나라는 뭐예요? 그래, 공부 다 시키는 게 마땅하고, 시집장가 보내야 되고……. 이것이 그 다음 생에 또 의지하는 마음이 되면, 점점 어떻게 되겠어요?

부처님께도 그렇게 의지하는 마음을 너무 갖지 마라, 자기가 스스로 그 마음을 항복받아서, 깨달아서 아뇩다라삼먁삼보리의 마음을 내라고 하신 것이지요. 부처님이 해주시겠거니 의지만 한다면, 물론 부처님이 호넘하고 부촉해주시지만, 그건 마음을 닦아 밝은 일을 할 때 일이고, 어느 정도에 이르렀을 때는 공경은 하되 계속 의지하려는 마음이 쉬어야 되겠지요.

습생은 습한 데에 나는 생물들입니다. 습을 물로 본다면 물고기가 되겠지만 자기를 숨기는 마음, 이런 것들은 습생이 되기 쉽습니다. 습생이지만 화생에 가까운 것도 있지요. 웅덩이 같은 데의 모기 같은 거 말이죠. 이것은 숨기는 마음을 없애라는 것입니다.

화생은, 보는 방법이 다른 분도 있지만 곤충류도 화생이 되겠는데, 맨 처음엔 알에서 못생긴 벌레가 나와서 시간이 지나 나비가 되고 또 굼벵이가 매미가 된다는 식으로 완전 탈바꿈을 하잖아요. 화해서 말이죠. 어떤 이는 지옥, 아귀, 천상까지를 화생으로 보는 이도 있어요. 그런데 이것은 한 생명의 형태로 봐야 되지 않을까 합니다. 이건, 좀 변덕스럽다거나 자기를 드러내고자 한다거나 과시하고 싶은 마음은 화생이 되기 쉽다고 합니다. 매미 같은 경우는 7년인가 그렇게 움츠리고 있다가 그저 한순간에 껍질을 벗고 매미가 되어서 얼마 동안 그렇게 울다가 가버리죠. 나비 같은 경우는 그런대로 꽃을 좋아해서 그렇게 흉측하던 벌레가 어느 순간에 아주 고운 나비가 되어서 저렇게 날아다니는데, 저게 어떻게 벌레였던가 싶지요. 굉장히 변화가 심한데, 일종의 비약이라고 할 수 있고, 그만큼 신기하기도 하지요.

그러나 이것도 분별이 많은 생명의 존재로 봤을 때는, 이것도 멸도滅度해야 할 대상입니다. 제 마음속에 이런 요소가 숨어 있다면.

若-有色 若-無色
물질화되어 있는 것과 물질이 아닌 무리

물질화되어 있는 유색은 우리가 볼 수 있는 것이지만, 무색은 형상이 없으니까 볼 수가 없죠. 여기까지도 부처님은 중생이라고 보는 겁니다.

사트바의 종류가 이렇게 광대합니다. 이 존재하는 모든 것이 불성을 지니고 있는 생명존재라고 할 수 있죠. 약무색若無色에 들어가서는, 우리가 무색계의 천상에도 무색계가 있으니까 보이지 않는 공간에 있는 보이지 않는 생명을 유추할 수 있습니다. 여기까지 범주로 보면 우리는 태생이고 유색이죠. 몸뚱이가 물질화되어 있는 가운데 지금 우리가 있으니까요. 그러나 물질이다 아니다 하는 분별도 멸도해야 할 대상입니다.

若-有想 若-無想

생각이 있기도 하고 생각이 없기도 한 중생

생각이 있다고 하면 우리가 당연히 유상인데, 생각이 없다 하면 해석이 어렵지요. 생각 여부를 중생에다 집어넣으면 참으로 광범위한 것이 아닙니까?

그러나 개유불성皆有佛性이라는 입장에서 본다면 생각이 없다고 하는 그 속에도 생각이 있다 이 말씀이에요. 그러면 바위, 책상, 이런 것도 불성이 있느냐? 글쎄 그게 무슨 불성이 있을까? 개유불성이라고 그랬으니 분명 불성이 있긴 한데, 이를 어떻게 해석해야 할까요?

개에게도 불성이 있느냐? 하는 정도는 문제가 되지 않지요. 물론 그것은 화두지만, 개는 생각이 있는데 왜 없다고 하느냐는 것은 당연한 의문이 되겠지요. 그러나 바위를 두고 그런 질문이 오고 갔다면 그만한 의문이 들었을까요?

무상無想이라고 하는 개념은, 발달된 현대물리학에서 강입자 이론이 있습니다. 어떤 물체 속에 있는 입자가 불규칙적인 운동을 하고 있는데 서로 부딪치지 않으니, 이것을 어떻게 해석해야 되느냐? 어떤 의식을 가지고 있어서 서로 운동을 하며 교신한다고 그것을 해석해야 되느냐? 마음의 입자라고 할 수도 없고, 뭐라고 그래야 되느냐? 여기까지 갔지요.

그러나 한때 라이프니츠는 모나드monad라는 마음의 입자 비슷한 단자론을 내세운 적이 있습니다. 물론 이것은 가설이 되었지만, 앞으로 더 발전된 이설이 나오겠지요.

생각이 있다고 해야 되겠느냐, 없다고 해야 되겠느냐? 생각이 있고 없고의 중생, 이것도 다 멸도의 대상입니다.

若 - 非有想非無想

생각 있는 것도 아니고 생각 없는 것도 아닌 중생

이것도 제 마음속에서 보면 생각이 있을 때도 있고 없을 때도 있지만, 실재의 세계로 보면 해석이 다릅니다.

여기까지 가게 되면 범주가 넓어, 인간만을 위해서 설한 종교에서 보면 문제가 생기지요. 작은 범주로 보면 태생류의 인간만이 인간 외에 다른 것을 거느리는 존재가 되는데, 그렇게 생각하면 인간만이 자기 위주로 살기에는 참 좋습니다. 그러나 오늘날 우리 환경의 이 모습을 보세요. 그 재앙은 누가 받습니까?

그렇게 해서 인간이 동물을 제 먹이로 많이 길러가지고, 그냥 약을 줘가면서 별의별 영양제를 인위적으로 먹이고 하다가, 병이 돌아 무더기로 죽으면, 죽은 것의 후유증으로 파생된 물이라든가 오염된 것이 인간에게 영향을 안 미칠 수가 있습니까? 결국은 생명 자체에 대한 존중을 무시하게 되면 스스로 벌을 받는다 이 말씀입니다.

옛날에 되도록 고기를 적게 먹고 채식을 많이 할 때에 우리는 오히려 좋은 건강을 유지했습니다. 문명의 세대가 바뀌어서 고기를 많이 먹고 비만해지고, 여러 가지 병이 생깁니다. 이것이 다 바람직하지 않은 식탐에서 생긴 것입니다.

이런 전체의 행위 존재로 봤을 때 부처님이 일체중생지류를 아홉 가지로 나누어 말씀하시는 것에는 깊은 뜻이 있습니다. 제가 생각할 때는 우주적 생명까지도 다 여기에 포함되지 않을까 싶습니다. 앞으로 우리는 지구에 있는 생명만 생각하는 시야에서 문화와 문명이 더 확대됐을 때를 생각해야 되겠지요.

우리의 생명만 생각하는 것인데 다른 유의 생명, 부처님이 여기 말씀하신 유색, 무색, 유상, 무상, 비유상, 비무상에 이르는 생명까지를 유추할 때 포함 안 되는 생명이 없어요. 거기에는 무념의 생명, 생각이 없는 생명, 거기까지 가지요.

이것이 다 내 속에 있는 생명들이고 서로 연기를 이루고 밖에 나타나 있는 생명들의 모습이기도 한데, 백성욱 박사님은 일차적으로 자기 속에 있는 중생을 멸도하면 밖으로 투사되어 있는 중생도 멸도될 것이라고 하셨지요.

我皆令入無餘涅槃하야 **而滅度之**하리라하라

이 모든 중생을 다 남김 없는 열반에 들게 해서 멸도(멸해서 제도)하리라 하라.

열반이라 했을 때는 니르바나nirvāṇa이니 고통이 없어졌다고 할 수 있겠습니다. 하지만 고집멸도苦集滅道라 했을 때는 고통을 모아서 집集이 됐죠. 사성제의 3단계인 멸滅에서는 이미 그것이 사라지고 안정이 되고 조용해졌다는 겁니다. 사성제의 4단계인 도道는 이멸도지而滅度之의 도度하고는 다릅니다. '이멸도지'는 멸도가 거기 이른다는 뜻인데, 바라밀이 된다는 뜻입니다. 그러나 고집멸도의 도道는 하나의 길로서의 도입니다.

그게 한자는 다르지만 멸도가 바로 열반이에요. 열반은 니르바나란 원어가 음사된 것이지요. 열반은 여러 가지로 번역을 합니다. 한자로 적寂이라고 번역하고, 멸이라고도 번역하고, 적멸寂滅, 적정寂靜이라고도 번역하죠. 적멸이 뭐예요? 적멸보궁寂滅寶宮이라 할 때의 적멸입니다. 부처님이 적멸에 이르러서 사후에 나투신 사리를 모셔놓은 보궁을 참배하는 적멸보궁, 여러분들이 그곳에 가면 적정을 느끼지요?

'이 모든 중생을 다 남김 없는 열반에 들게 해서.'

어떤 이는 꼭 죽은 후 열반에 드는 것이 아니라, 부처님같이 그런 깨달음에 이르시면 해탈이라고 번역이 되는데, 해탈 대신 열반이라고도 해요. 그러나 몸뚱이는 남아 있으니까, 그래서 유여열반이라고 소승에서는 그렇게 해석을 해요. 그러나 몸뚱이가 꼭 쇠진해야만 무여열반인가요?

열반도 유여열반과 무여열반으로 나눈다면 무여無餘로 봤을 때는 열반에 어떤 남음도 없다는 말입니다. 이미 열반이 됐을 때는 남음이 있을 수가 없죠. 그게 열반입니다. 그러나 색상이 남아 있다면, 색신이 남아 있다면 그게 열반이라고 할 수가 있을 것인가? 그러니까 몸뚱이가 나라는 관념도 완전히 사라져야 무여열반이라고 할 수 있겠지요.

그런데 멸도에 이르는 길이 외부에서 이루어지는 것이 아니라 내 마음의 내부에서 이루어지는 것이니까, 이 구류중생을 내 마음속에서 다 멸도를 하면 그 원인이 사라졌는지라, 바깥에 그런 증상은 다시 나타나지 않을 것이라고 하셨지요.

사실상 아개영입我皆令入에서의 아我는 부처님이시라고 봐야죠. 여래께서나 이렇게 모든 구류중생을 무여열반에 들게 하셔서 제도하실 수 있지요. 우리 중생이 아뇩다라삼먁삼보리 마음을 발하여 모든 중생을 다 무여열반에 도달시킬 수 있다고 하는 것은 어려운 일이지만, 그렇게 마음을 내라는 것입니다

如是滅度 無量無數無邊 衆生하되 **實無衆生**이 **得滅度者**니라

이러히 무량, 무수, 무변한 중생을 멸도하되 실로 멸도를 받은 중생은 없는 것이니라.

이 말씀은 여래께서 뒤에서도 늘 하신 '내가 무슨 중생을 제도한 바가 있느냐? 설한 바가 있느냐? 그렇다면 나도 아·인·중생·수자가 있는 것이 되고 또 함이 있는 것 아니냐'는 말입니다. 바로 뒤에 아·인·중생·수자가 나오지만, 그것 없이 하는 거기까지 가야만 보살이라고 할 수가 있다는 겁니다.

거기까지 가야만 항복기심이라고 할 수가 있다. 이거는 여래께서만 '아개영입무여열반'하시는 것이 아니라 보살이라면 누구나 이렇게 해야 된다는 말씀입니다.

제보살마하살이 아뇩다라삼먁삼보리의 마음을 발해서 그 마음을 다스리려면 이렇게 해야 된다, 그렇게 되면 사실상 멸도 받은 중생도 없는 것이다. 원래 그런 것이 있지 않았기 때문에 밝은 당처, 원래의 마음, 아뇩다라삼먁삼보리 속에는 이런 것이 분별상으로 존재하지 않기 때문에 멸도된 것도 없다고 말씀하시지요.

何以故오 **須菩提**야 **若菩薩**이 **有我相 人相 衆生相 壽者相**이면 **卽非菩薩**이니라

왜 그러냐? 수보리야 만일 보살이 나라든가 남이라든가 중생이라든가 많이 닦은 사람이라든가 하는 관념이 있으면 보살이 아니니라.

수자상을 어떤 이는 명자상이라고도 번역합니다. 또 많은 번역이 있는데, 여기 아·인·중생·수자가 우리가 닦아야 할 네 가지 상(四相)이라고 한다면 이 근본은 아상에서 파생된 인상·중생상·수자상이고, 아상이 사라진 것을 무아라고 해서 제17분에는 '구경무아다'라고 했어요. 또 그게 무아가 됐을 때, 통달무아법자를 진정한 보살이라고 한다는 거예요. 그래 여기는 '이 사상이 있으면 보살이 아니니라'란 구절만 해 놓으셨어요. 이에 대한 정확한 말씀은 제17분의 '진시보살眞

是菩薩이니라'에서 나타납니다. 같은 말씀의 맥락인데, 아·인·중생·수자가 없어야 된다는 것이죠.

아상我相이라고 하는 해석이 많이 등장하게 되는데, 나라고 하는 것이 뭐냐? 내가 뭔지 알면 밝음에 도달할 수가 있다는데, 선가에서는 나는 누구인가? 내가 누구인가? 자꾸 물어봐요. 부모 이전의 나는 누구인가? 여기까지 물어보라고 해요. 태어나서 이 몸의 나 가지고는 진정한 나를 알 수가 없으니까 나기 전 처음에 나는 누구인가? 이걸 자꾸 물어라, 그렇게 되면 진정한 자기를 보는 순간에 깨달음을 얻을 수 있다, 그렇게 보는 거죠.

그렇게 자꾸 봐 가면 나라고 보는 현존의 내가, 이게 진정한 내가 아니구나. 그걸 보게 된다는 거죠. 그렇게 해서 보는 남이라고 하는 것도, 우리가 그냥 나라는 것을 가정했을 때 보는 남이니까 인상도 그렇고 중생, 수자상도 그렇고 그게 진정한 모습인가? 이것이 다 멸도되었을 때, 그것을 일러서 진정한 보살이라고 이름할 수 있고 또 항복기심의 자리라고 볼 수 있다는 말씀이지요.

4. 묘하게 행해서 머무름이 없다

復次須菩提야 菩薩은 於法에 應無所住하야 行於布施니 所謂不住色布施며 不住聲香味觸法布施니라

다시 수보리야. 보살은 이 법에 응당 머물 바 없이 보시를 행할지니, 이른바 물질(색)에 머물지 말고 보시해야 하며 소리, 향기, 맛, 촉감, 대상에 머물지 말고 보시해야 하느니라.

그런데 여기서 색성향미촉법을 덩어리로 보면 한 덩어리인데 조금 분류를 해 놨습니다. 우리가 물질계에 살고 있기 때문에 색이 가장 문제가 되죠. 물질로 된 몸뚱이 속에 있는 이 나를 진정한 나로 봤을 때는 색이 주체가 아닌 어떤 밝은 당처의 나, 그것을 자꾸 들여다보게 될 것이고, 그랬을 때는 거기에 나타나는 바깥 외경인 성향미촉법, 즉 소리, 향기, 맛, 촉감에서 일어나는 관념이라든가 이런 것들이 우리가 머물 만한 대상이 아니라고 보기 때문에 거기 머물지 말고 하는 보시가 되어야 한다는 것입니다.

이 색성향미촉법에 대응되는 것이 바로 여섯 감각기관인 안이비설

신의眼耳鼻舌身意가 되죠.

안이비설신의에서 받아들여지는 걸 우리는 대강 생각, 마음이라고 하게 되는데, 그건 육경六境에 대응해서 일어나는 마음이고 생각이지, 그것이 원래 밝은 당처의 마음은 아닌 것이죠. 그러니까 어떤 환경에 갖다 놨을 때, 아주 아름다운 어떤 경관이 있는 좋은 산속에 갖다 놓았을 때와 아주 시끄러운 시장판 속에 갖다 놓았을 때 대응하는 마음이 다르니까, 자기가 환경에서 어떤 대상을 받아들이는 마음들이 영향을 받을 거예요

그게 원래 자기 마음은 아니라는 말입니다. 좋은 환경에서는 기분이 좋고 아름답고 유쾌하고 살만하구나 그러다가, 그 마음을 가지고 시장 복판 밀리는 군중 속으로 가면 외치는 소리가 시끄럽고 분주하니, 같은 마음인데 아까 그렇게 좋던 마음이 그렇게 변한단 말씀이에요. 어느 마음이 제 마음이냐? 바깥에 있던 외경이 제 마음에 들어와서 제 마음 같이 뵈는 것이지 본래 제 마음이 아니잖아요. 색성향미촉법이라고 하는 여기에 우리가 머물게 되면, 그게 제 마음으로 알고 제 생각이거니 하는 속박에 젖는 것뿐이지, 사실은 당처는 아니라는 겁니다. 주住하지 말고 보시를 해야 묘행이 된다는 말이지요.

須菩提야 菩薩은 應一如是布施하야 不住於相이니

수보리야, 보살은 응당 이러히 보시해서 그런 상에 머물지 말지니

何以故오 若一菩薩이 不住相布施며는 其福德은 不可思量하리라

왜 그러냐? 만일 보살이 그러한 상에 머물지 않고 보시를 하면은 그 복덕은 사량으로 헤아리기 어려운 것이 될 것이니라.

어떤 경계의 한계에 갇히지 말고 거기서 제일 높게 해탈되어 있는 마음을 본다면 그게 바로 멸도되어 있는 마음인데, 아뇩다라삼먁삼보리의 마음인데, 그렇게 발한다면 그거야말로 복덕이라고 표현했지만, 공덕도 될 것이고 불가사량이라고도 하겠지요. 거기에 휘둘리지 않으니 상락아정이라 이 말씀입니다. 항상 즐겁고 항상 깨끗하다고 할 수 있겠지요.

❧

須菩提야 於意云何오 東方虛空을 可思量不아

수보리야, 그대의 뜻은 어떠한고.(그대는 어떻게 생각하는고) 동방의 허공을 가히 생각으로 헤아릴 수 있겠느냐?

不也니다 世尊하

아닙니다, 세존이시여.

須菩提야 南西北方四維上下虛空을 可思量不아

수보리야, 남쪽, 서쪽, 북쪽 그리고 그 사이에 있는 허공, 또

위아래 허공을 가히 생각으로 헤아릴 수 있겠느냐?

남서북방이라 했는데 동은 앞에서 했죠. 우리는 동서남북이라 하는데, 남서북 이렇게 된다면 하여튼 사방을 얘기하고, 사방에서 다시 중간의 간방을 얘기하면 동남, 동북, 남서, 남북, 이런 식으로 방위 감각이 세분되지 않습니까? 그래서 팔방이 생기고, 팔방에서 위아래를 합치면 시방이 되죠. 우리가 그 옛날에 사량할 때는 위는 하늘을 생각하니까 됐는데, 그 다음에 아래는 땅이 있으니까 아래 허공을 생각하기가 힘들잖아요. 천구에서 봤을 때는 지구가 공중에 떠 있으니까 아래 허공을 쉽게 생각할 수 있지요. 부처님은 벌써 다 보고 계셨을까요? 상하 허공을요.

중국에서는 상하 허공을 생각하기가 좀 어려웠던 거 같아요. 상은 늘 천을 모시니까 그런데, 뭐 아래에도 허공이 있다고 사량하기가 쉽지 않죠. 그게 시방세계, 이걸 생각으로 헤아릴 수 있겠느냐는 말씀입니다.

不也니다 **世尊**하

아닙니다, 세존이시여.

참 사량하기가 힘들겠다 이 말씀이에요. 허공을 허공이라 해도 변도 없고 모양도 없고⋯⋯ 뭐 그런 모양이 있고 변이 있고 끝이 있어야 생각을 하겠는데, 이런 게 없으니까 그걸 어떻게 생각을 할 수가 있겠느냐는 겁니다. 참 어렵습니다.

우리 마음의 심성도 사실상은 불가사량이거든요. 당처는 한계가 없고 변이 없고 끝이 없고 그렇단 말예요. 자기가 한계를 짓고 자기가 변을 만들고 틀을 만들고, 그렇게 해서 그런 틀 속에 갇혀서 이게 내 마음이고 내 한계라고 이러지요.

須菩提야 菩薩의 無住相布施福德이 亦復如是하야 不可思量이니라

수보리야, 보살이 상에 머물지 않고 하는 보시 복덕이 이와 같이 불가사량이니라. (생각으로 헤아리기 힘든 것이니라)

머물지 않는다는 것을 허공에다 비유하니까 뜻이 불가사량이 되지요. 보시를 했다는 생각에 머문다는 건 아상·인상·중생상·수자상이 발동했다는 얘기고, 쉽게 말하면 아상이 발동했다는 얘기거든요. 내가 저런 것을 행했다 하면 그것 자체로는 기쁜데, 그런 데에 대한 호응이 곧바로 안 왔을 때는 억울하단 말예요. 좋은 일을 했는데 좋은 일을 행한 보상이 아무것도 없구나 하고요. 사실은 좋은 일을 했을 때 기뻤으니까 보報는 받은 것인데, 덜 닦은 사람이 하니까 뒤에 탐심이 발동하는지라, 뭘 주었는데 아무 반응이 없으면 아까운 것을 주었구나 하는 마음이 그 다음에 발동하지요. 그 밑에 주住하는

마음이 남아 있어서, 집착하는 마음이 남아 있어서 그렇지요.

추워서 얼어 죽을 사람한테 외투를 벗어주고서 기분이 좋았단 말예요. 저만큼 가다 보니까 자기가 추운 건 둘째 치고, 그 사람이 목석같이 가만히 앉아 있으니 괘씸하단 말예요. 그래 돌아와서

"나는 당신한테 추운 것도 불구하고 벗어 줬는데, 어째 당신은 목석같소?"

"나보고 감사하란 말씀이오? 감사할 사람은 당신이요. 왜 그러냐 하면, 당신이 나한테 옷을 벗어줄 때 마음이 기쁘고 좋았지요?"

"아, 그래요."

"그럼 나로 인해서 기뻤으니까 나한테 감사해야지요."

그때 이 사람이 한 수 깨닫고 절을 했다는 거 아닙니까. 그러니까 주상과 무주상이 순간순간 이렇게 변해요. 한 마음을 쓴다는 게 참 이렇게 어렵습니다. 항복기심이라고 하는 게, 이게 참 어디까지 가야 항복기심이 되나 하면 결국 아상이 없어야 돼요. 내가 했다고 하는 생각이 없을 때는, 그때 기쁜 마음으로 끝나버리면 되는 거예요. 그게 자비심이 발동했을 때는 근본의 밝은 마음이니까 그게 끝났으면 됐다 이 말이에요. 그것이 묘행무주입니다.

머무르지 말고, 대상에 집착하지 말고, 염착하지 말고 행하라. 그러면 기쁨이 한량없을 것이니라. 그런데 그걸 복덕이니 공덕이니 얘기하고, 공덕은 수행을 얘기하는 거고, 복덕은 이제 뭘 받는 걸 얘기하지만, 그렇게 마음에 두고 행할 것이 없지 않느냐는 것이지요.

須菩提야 菩薩은 但應如所敎住니라

수보리야, 보살은 마땅히 내가 가르쳐준 대로 머물 것이니라.

　여기는 주住라고 표현했지만 이 머묾은 머묾 없는 머묾이고, 그게 바로 묘행무주입니다.

　어떤 대상에 탐착하지 말고 또 내가 행했다고 하는 하나의 상에 머물지 말고 그렇게 보시를 행해라, 그렇게 하면 우선 탐심이 다 떨어져 나가고 근원적으로 물질에 대한 애착도 가벼워지니까 마음이 아주 유쾌하고 늘 무거운 마음에서 해탈되고 해방될 수 있을 것이라는 말씀입니다.

5. 이치대로 참다운 실제를 보는 말씀

*있는 대로의 이치(밝은 여래의 당처)를 실지로 볼 수 있다는 말씀이신데,
여리如理라고 할 때에는 이치 그대로, 도리 그대로, 진실 그대로, 밝은
당처 그대로를 실지로 볼 수 있다는 말씀이다.

───────────────

須菩提야 **於意云何**오 **可以身相**으로 **見─如來不**아

수보리야, 그대의 뜻은 어떠한고. 가히 몸뚱이의 모습으로 여래를
볼 수 있겠느냐?

　제5분이 제3, 4분을 받아서 『금강경』에 한 핵심부를 이루는 맨
시초에 사구게를 나투게 되는데, 질문은 여래라고 하는 그 당처를
모습으로 볼 수가 있겠느냐 이 말씀이에요. 일단은 사람이 다 몸뚱이를
타고 태어났기 때문에 몸뚱이에 유추해서 어떤 여래라든가 밝은 당처
를 생각할 수밖에 없죠. 자기 분별이니까, 자기 몸에 비추어서 어떤
존중하는 밝은 사람으로 생각할 수가 있죠. 그렇게 볼 수가 있겠느냐
이 말씀이에요.

❖

不也니다 **世尊**하 **不可以身相**으로 **得見如來**니 **何以故**오 **如來所設 身相**이 **卽非身相**이니이다

아닙니다, 세존이시여. 몸뚱이의 모습으로는 여래를 볼 수 없으니, 왜 그런가 하면 여래가 말씀하신 바 몸뚱이 모습은 곧 몸뚱이의 모습이 아닙니다.

신상이라고 할 때에 신상은, 부처님은 32가지 좋은 모습과 80가지의 좋은 종호를 갖고 계셔서 그걸로 여래를 유추할 수가 있겠느냐 하는 것인데, 뒤에도 그런 부분이 많이 나오게 되지만 거기에 대한 첫 부분에서 그 분별을 잘 막아주고 있습니다.

그것은 밝은 당처인 그 여래의 모습을 '모습이 있는 특성이 아니다', 즉 특성을 갖추고 계시지만 그것은 몸을 바로 나투셨기 때문에 밝은 그런 여러 가지 내용이 바깥으로 나타난 것뿐이지 그 당처는 아니다는 겁니다.

백성욱 박사님은 이 구절을 다음과 같이 말씀하셨지요. 여래라고 하는 원어 '타타가타Tathagata' 그 자체가 '이렇게 왔다 이렇게 간다'는 뜻인데 '아가타'에서 여거如去 같은 말은 생략이 되었지만 '이렇게 간다'까지 다 함축을 하면 '이렇게 와서 이렇게 간다' 그렇게 되죠. 그런데 우리는 여래라 하면 '이렇게 온 분'만 우선 생각하게 됩니다. 그렇게 되면 여래는 사람의 몸뚱이로 닦아서 탐진치가 다 없어지고 그 마음이 아주 밝은 그 당처에 부합되도록 되긴 하지만, 이미 닦는다는

한 생각도 없고, 닦아도 이게 됐다고 하는 분별도 없다 이 말씀이에요. 그 밝은 기운은 우주의 밝은 당처의 기운이기 때문에 여래를 몸뚱이로 생각한다거나 사람의 어떤 모습으로 생각할 수 있는 그런 분별이 거긴 전혀 붙을 수 없다는 거죠.

우리는 몸뚱이를 지니고 있는 사람인데 그걸 생각하라고 하니까 좀 어이가 없죠. 어떻게 그걸 생각을 할 수 있느냐? 그러나 여기까지 수행을 해서 닦아 나가면 아, 이것이 정말 밝은 우주의 당처의 기운이구나, 이런 걸 볼 수 있게 된다는 말씀입니다. 마지막 결론은 그렇게 해서, 영어나 산스크리트어 원어에는 '신상'이라고 했을 때 그 대강 내용은 '특성'이라고 되어 있습니다. 그 특성이 바로 32상 80종호의 특성이죠. 보통사람과 다른 특성을 지니고 있는 이 모습으로 여래를 볼 수 있느냐? 이런 뜻도 함축이 되어 있죠.

佛告 須菩提하사되 凡所有相은 皆是虛妄이라 若見諸相이 非相이면 則見如來니라

부처님이 수보리에게 이르시되, 무릇 있는바 모든 모습은 다 허망한 것이라. 만일 모든 모습이 모습 아닌 것을 보면 여래를 볼 것이니라.

지금 '범소유상 개시허망 약견제상 비상 즉견여래'가 최초로 나타난 『금강경』의 사구게라고 볼 수 있는데, 이 사구게는 뒤에 한 세 번 계속이 되죠.

그 앞 구절은 생략하지만 '응무소주 이생기심' 그 구절을 두 번째 사구게로 보고, '약이색견아 이음성구아 시인행사도 불능견여래'를 세 번째 사구게로 보고, 네 번째 사구게가 마지막 결론에 '응작여시관' 그 구절입니다.

그런데 여기를 범소유상 개시허망이라고 하는 것은 바로 여리如理를 실견할 수 있도록 부정을 하신 거예요. 이렇게 부정을 하지 않으면 있는 그대로의 이치를 중생들이 볼 수 없고 미혹한 상태에서 그냥 인식을 할 테니까요. 그래서 범소유상은 개시허망이라 하는 것은 이게 어떻게 보면 굉장히 부정적인 표현으로 비춰질 수가 있지만 사실은 강한 긍정을 위해서 또 이렇게 하신 겁니다.

비록 부처님의 32상 80종호에 해당되는 것만이 아니라, 이 번역을 한 구마라집에 의하면 있는바 모든 모습을 갖춘 것은 다 가합상이다, 진실한 모습이 아니다, 일시적으로 그런 모양을 갖추어서 어느 시간 동안 존재할 뿐이다. 그러니까 성주괴멸成住壞滅이라고 합니다. 태어 나서 어느 정도 머물다가 그 다음에 부서지기 시작해서 그 다음에는 사라진다…… 그것이 우주 현상계의 모습입니다.

생명체만 그런 것이 아니라 모든 무생물까지도 다 그러하지요. 별들도 그렇게 영원히 있는 것이 아니라 태어나고 머물다가 사라지고, 사라지는 것으로 끝나는 것이 아니라 다시 또 태어나고……. 신생별이 라고도 하고 초신성이라고도 하는데, 그건 우주 속에 가득 차 있는 에너지의 변종에 불과하죠. 그러나 모습으로는 허망하죠. 영원히 불변으로 있는 것은 아무것도 없다는 말입니다.

약견제상若見諸相이 비상非相이면
만일 모든 모습이 모습 아닌 것을 보면

모든 그때 나타나 있는 모습이 실지의 영원불변하는 모습이 아니고 어떤 연기와 인연에 의해서 가합된 것이다. 가합이라고 하는 것은 진실로 합해져 있는 것이 아니라 임시로 합해져 있다는 말입니다. 그런 가합과 인연화합의 상이다, 인연이 끝나면 다 사라지고 없어진다는 말이죠.

그러나 우주의 밝은 당처라고 볼 수 있는 여래는 그런 것이 아니죠. 그래야만 우주의 밝은 당처인 여래를 볼 수 있을 것이다. 이는 부정을 위한 부정이 아니고, 즉견여래를 위한 이 강한 긍정을 위한 답변의 부정이라고 봐야 합니다.

제3분에는 마음을 항복받고 닦는 법을 말씀하셨다면, 제4분은 그것을 실천하고 행해서 그 마음을 실제 행동으로 그렇게 쓰면서 살 수가 있는가를, 제5분은 밝은 여래의 당처를 실제로 볼 수 있는가를 말씀하셨습니다.

즉견여래則見如來니라
곧 여래를 볼 것이니라

여기에서 여래는 법신여래를 얘기하시는 거예요. 모습으로 볼 수 있다면 화신여래의 부처님이시죠. 석가모니부처님, 그러나 원 여래의 당처는 법신여래에 가까운 형상으로 형용할 수 없고 유추할 수 없는 밝은 당처다는 것이고, 그 당처를 보리라는 것입니다.

6. 바른 믿음이 드물다는 말씀

*바른 믿음은 희유하다. 매우 드물다. 또는 매우 드문 그것을 올바르게
 믿어라.

須菩提 白佛言하되 世尊하 頗有衆生이 得聞如是 言說章句하고
生一實信不잇가

수보리 부처님께 여쭙되, 세존이시여, 자못 어떤 중생이 있어서
이와 같은 말씀을 듣고 믿는 마음을 내겠습니까?

　여기 '언설장구'는 부처님이 말씀하신 문장과 구절이 되는데, 이러한
말씀을 듣고 믿는 마음을, 실제로 그렇게 행하면 달라지겠구나 하는
그런 믿음을 내겠습니까라는 말입니다.

佛告須菩提하사되 莫作是說하라 如來滅後後五百歲에 有一持
戒 修福者 於此章句에 能生信心하야 以此爲實하면

부처님이 수보리에게 이르시되, 그런 말을 하지 말라. 여래께서 입멸하신 후 후오백세에 계를 지니고 복을 닦는 이가 이 말씀에 믿음을 내서 진실되게 행하면

'막작莫作'이라고 할 때에는 '여물위汝勿謂'하라는 그런 뜻이지만, 행위에 대한 언행을 부정할 때 쓰는 말입니다. 말은 생각에서 나오는 거예요. 또 말은 행위로 표현이 되니까 '막작시념하라, 막작시설하라' 이렇게 됩니다.

여래멸후후오백세如來滅後後五百歲에
여래께서 입멸하신 이후 후오백세에

세歲라고 하는 것은 여러 가지 뜻이 있어요. 연年도 되고, 세월, 긴 시간도 됩니다.

'몇 세입니까?' 하고 물을 때는 '몇 살입니다'가 되지만 그 세를 시간으로 따질 때는 일생을 얘기하는 거도 돼요. 매년 되풀이하는 몸뚱이는 하나니까 세라고 하는 것이 꼭 일 년이라고 얘기할 수만은 없는 거예요. 그러나 여기 오백세라고 했으니까 500년이 되겠습니다. 500을 5단계로 나눠서 마지막 500년을 후오백세라 하고, 그 시대를 투쟁견고라고 그랬어요. 논쟁과 다툼이 심한 그런 시대, 그 당시에 보면 말법에 가깝다는 말입니다.

맨 처음에 부처님 말씀을 들었던 상좌부의 그 제자들이 직접 부처님

앞에서 수행하던 그때는 해탈의 과를 얻는 이가 많아 정법의 해탈견고
시기라고 하고, 두 번째 500년은 선정견고시기로 보고, 세 번째 500년
은 불경을 독송 학습하는 이가 많아 다문견고시대라 하고, 네 번째
500년은 탑과 절을 조성하는 이가 많아 탑사塔寺견고시기라 합니다.
미얀마 파간의 천불 천탑이 이때 조성되었는지는 모르겠습니다만,
마지막의 여래멸후 후오백세를 오늘날로 본다면 투쟁견고시대가 되어
많이 닦아야 되는 시대라는 말입니다. 그럼에도 불구하고 오늘날

유지계 수복자有持戒修福者 어차장구於此章句에 능생신심能生信心
하야 이차위실以此爲實하면
계를 지니고 복을 닦는 이가 이 말씀에 믿음을 내서 진실되게 행하면

계를 받아 지니고 복을 닦는 사람이 있어서 이 경의 말씀에(장章은
문장이요 구句는 구절입니다) 능히 믿는 마음을 내어서 아, 그것이
진실하구나, 여실하구나, 그대로 닦으면 마음이 밝겠구나, 한다면
그런 사람은 이렇다고 합니다.

當知是人은 不於一佛二佛三四五佛 而種善根이라 已於無量 千
萬佛所에 種諸善根하고

마땅히 알아라. 이 사람은 한 부처님, 두 부처님, 셋, 넷, 다섯
부처님 전에 선근을 심었을 뿐만 아니라 이어 무량한 천만 부처님

전에 선근을 심고

선근 자체는 착한 뿌리니까 '지계수복자' 해서 '능생신심'하는 믿음이 다 선근이죠. 사실은 마음에 이런 씨앗이, 착한 씨앗이 있는 한은 아무리 말세가 되서 혼탁한 세상에 들더라도 씨앗이 심어져 있으니까 그대로 닦아 나갈 것이다, 계를 지니고 복을 닦아 나가면서 그 마음을 밝힐 것이다, 그래서 '종제선근'을 한 이 연고가 계속되는 거죠.

聞是章句하고 **乃至一念**이나 **生—淨信者**니라

이 말씀을 듣고 한 생각이라도 깨끗한 믿음을 내었을 사람이니라.

왜 그런고 하니 투쟁견고시대, 미혹한 시대, 아·인·중생·수자가 꽉 차 있는 시대, 자기 탐욕만 추구하는 시대에 부처님 말씀을 진실하게 믿고 아, 그렇게 하면 밝아지겠구나 하는 사람이 쉽지 않지 않겠느냐는 것을 정신희유正信希有라고 하는 제목이 설명한 거죠. 이런 믿음이 희유한 것이 아니겠느냐? 그렇지만 그렇게만 말하지 말라, 반드시 이런 사람은 선근을 심었던 사람이고, 이전 부처님전에 말씀을 들었던 마음과 깨끗이 믿는 마음을 지녔던 사람이니라, 지금 『금강경』을 만나서 정진을 하는 여기에는 그냥 우연히 만나진 것이 아니라, 이미 그 이전에 여러 생을 이렇게 선근을 심었다고 하는 그것이 숨어 있다는 것입니다.

須菩提야 如來 悉知悉見 是諸衆生이 得—如是無量福德이니

수보리야, 여래께서는 이 모든 중생이 이와 같은 무량한 복덕을 얻는 것을 다 아시고 다 보시나니

何以故오 是諸衆生은 無復我相 人相 衆生相 壽者相이며 無法相이며 亦無非法相이니라

왜 그러냐? 이 모든 중생은 아상·인상·중생상·수자상, 즉 나라는 생각(관념), 또 남이라는 생각, 중생이라는 생각, 수자라는 생각이 없으며, 법상이라든가, 그게 아니라는 그런 관념까지도 다 없어진 그런 사람이니라.

그런 사람이기 때문에 이 사람이 이와 같은 무량한 복덕을 얻는 것을 여래께서는 다 알고 다 보신다는 겁니다. 여기까지 닦았다면 다 보살이고 상근기라고 볼 수가 있지요.

何以故오 是諸衆生이 若心取相이면 則爲着我人衆生壽者며

왜 그러냐? 만일 이 모든 중생이 마음에 상을 취하면 곧 아·인·중생·수자에 탐착한 것이 되며

여기에서 상相이라고 하는 것은 우리가 형상이라고 할 때 어떤 모습이 있는 것도 상이 되겠지만, 이것은 하나의 생각, 관념도 된단 말입니다. 이때 마음 심心자가 밑에 안 붙었으니까 그런 생각 상想자는 아니지만 사실은 거기에 가깝지요. 그게 하나의 분별상이지요. 이 상에 대한 해석의 범주가 넓습니다.

나라고 하는 관념에서부터 출발하여 대상인 모든 사람이 지니고 있는 그런 남이라는 관념, 사트바를 중생이라고 지칭하는데, 모든 유정이 가지고 있는 아직도 미혹한 상태의 중생이라는 관념, 경험이 많이 쌓여 잘 안다는 관념, 이런 관념의 마음을 취하기만 해도 이렇게 나타난다는 거죠. 지금 심취상心取相까지 얘기를 했고, 취법상取法相이 또 나오죠.

若取法相이라도 **則着我人中生壽者**니

만일 법이라는 상(관념)을 취하더라도 곧 아·인·중생·수자에 탐착한 것이 되니

이것이 참 옳은 법이구나, 이 법대로 닦아 나가면 되겠구나, 이런 분별도 사실은 아·인·중생·수자에 집착한 것을 만든다는 겁니다.

참 어렵습니다. 분별이라는 것이 하나의 관념을 만들기 때문에 옳구나, 그러면 그냥 그렇게 행할 것이지, 그걸 또 분별해서 만들지 말라 이 말씀이죠. 여기 법이라고 하는 것은, 물론 불법의 법(다르마)이 있지만 어떻게 보면 마음을 닦아 가는 방법도 법이 되겠죠. 그렇게 보면 법에 머물러서 분별을 내지 말라고 했으니까, 그럼 법이 아니면 되느냐? 이렇게 생각할까 봐 다음과 같이 말씀하십니다.

何以故 若取非法相인데는 **則着我人衆生壽者**니라

왜 그러냐? 만일 법이 아니라고 하는 한 관념을 취해도 또 아·인·중생·수자에 집착한 것이 되는 것이니라.

참, 그래서 바치라고 하는 말씀에는, 내 생각은 분별심이니, 이것은 좋은 것이니 갖고 이것은 바치고 이렇게 하지 말고, 몽땅 바쳐라, 몽땅 바치면 다 깨끗이 되나니.

是故로 **不應取法**이며 **不應取非法**이니

이런 연고로 응당 법을 취하지도 말며, 또 법 아닌 것도 취하지 말지니

以是義故로 **如來常設**하사되 **汝等比丘**는 **知我說法**을 **如筏喩者**니 **法尚應捨**은 **何況非法**이라

이런 연고로 여래께서는 항상 말씀하시되, 너희들 비구는 내가

설한 법을 뗏목과 같이 알지니, 법도 버리거늘 법 아닌 것이랴.

여기서 여래의 설법을 벌유자筏喩者에 비유한 것을 보게 되지요. 뗏목에다 비유하셨는데, 이쪽 강에서 저쪽 강을 건너 도착지에 이르려면, 물살이 세고 강이 깊어 뗏목이라든가 배라도 타야 되겠죠. 그러니까 부처님이 말씀하신 설법이 뗏목과 같은 것으로 알아라. 뗏목은 일단 강을 건너가서 어디 도착하게 되면 내려서, 뗏목을 또 다른 사람이 사용하도록 그렇게 해야 되겠지요.

영어로는 메쏘드method라고 하는 것인데, 메쏘드는 어떤 방법, 거기에 접근하는 방법이지만, 길도 됩니다. 사실은 The way 하면 길인데, 한자로는 길 도道, 도는 중국어로 '타오'라고 읽는데 『물리학의 도』를 카프라가 제목을 붙이기를 'The Tao of Physics' 이렇게 했거든요. 저쪽 사람들은 타오가 뭔지 모르잖아요. 'The way of phisics' 이래야 되는데, 중국식으로 그냥 읽는 그대로 썼지요. 나의 길(My way) 하면, 내가 가는 길은 길 자체가 목적하는 거기에 이르게 되는 방법이 되는 거죠.

사실은 내가 지금, 여기가 서울이니까 부산을 간다고 하면 여러 가지 방법이 있잖아요. KTX를 탈 수도 있고, 고속버스를 탈 수도 있고, 또 자전거를 타고 갈 수도 있고, 비행기를 타고 갈 수도 있고, 여러 가지가 있을 거예요. 그러나 목적지에 이르고 나면 다 떠나야 되는 거 아닙니까. 도착했으면 비행기가 좋아도 비행기에서 내려서 가야 되고, 기차가 좋아도 그 안에 앉아 있으면 안 될 것이고. 그런 것이니까 마음 밝으라고 한 방법도 그렇게 보라는 것이지요.

법상응사法尚應捨온 하황비법何況非法이랴

법도 결국은 버리게 되는 것이거늘 하물며 법 아닌 것이야 말해 무엇 하랴

여래께서는, 몸뚱이를 지니고 있는 화신여래불로서의 석가모니부처님께서는 닦으셔서 밝은 당처에 이르셨지만, 그곳에 이르고 보니까 닦는다는 한 분별도 없고 닦아서 이렇게 됐다는 분별도 없으셨다는 말입니다. 밝은 당처에서는 사람이라는 한 생각도 없고, 그렇게 되면 이미 도구라든지 사용하신 방법은 다 떠난 거죠. 이 당처 자리에서는. 그게 법상응사法尚應捨입니다.

그런데 하물며 뗏목도 타지 않고 저렇게 물살이 센데 어떻게 갈까, 어떻게 건너가야 되나? 그리고 이쪽에는 고약한 짐승들이 많고 야수가 많고, 여러 종류의 위험이 많은 곳에서 불안하게 사는 거죠.

그런데 저쪽에는 아주 깨끗한 정토가 있단 말씀이에요. 고약한 짐승도 없고 야수도 없고 상락아정인 사람들이 밝은 기운 속에 모여 사는데, 가기만 하면 좋을 텐데, 그러니 일단 타야 되지 않느냐, 경을 자꾸 읽어야 되지 않느냐는 겁니다. 왜 경을 자꾸 읽느냐? 경을 읽어야 마음에 대한 것이 정화가 되어서 당처를 보게 될 것이 아니냐, 즉견여래 할 것이 아니냐는 겁니다.

과학적인 말로 하면, 생명체를 파동이라고 합니다. 생각도 파동이에요. 대뇌에서 발생하는 파동, 생명파동이 어떠한 주파수에 유지되어 있다는 겁니다. 아주 저파동이 되면 떠나게 됩니다. 생명인자가 주파를 타고 나타날 때 고주파라는 게 있어요. 저주파도 있고요. 그런데

고주파는 높은 단 위에 올라가서 스스로 발산하기 때문에 고주파끼리 상응을 합니다. 이 『금강경』을 읽는다고 하는 것은 우리 파장을 고주파에다 맞추는 것이에요. 저주파는 밑으로 지나가 버리는 거예요. 여기에 상응을 못합니다. 파장수가 다르기 때문에.

부처님의 밝은 당처인 고주파에 맞추게 되면 '재앙은 소멸하고 소원을 성취하고'라는 이런 문구를 안 넣어도 고주파에 상응되는 겁니다. 부처님의 밝은 당처인 파장수와 우리가 맞추기 위해서는 얼마나 마음을 정화시켜서 거기까지 올릴 수 있도록 하느냐가 문제인데, 그 방법이 벌유자에요. 경이 벌유자에요. 그런데 하물며 하황비법이랴. 그러지 않으면 그 무슨 방법으로 고주파에 이를 수가 있겠어요? 중생의 그 능력으로 밤낮 저주파에서 노닐다 그냥 가는 거지요.

'중생 중생자는 즉비중생이니라' 그러셨는데, 그 속에는 다 고주파에 이를 수 있는 능력이 갖추어져 있고 밝은 주파수를 나툴 수 있는 능력이 다 있단 말이에요. 무유고하無有高下예요. 특별한 능력이 있는 사람이 고주파가 되는 것이 아니에요. 일단은 선근을 물론 심었어야 되지만, 선근은 지금 다 심으면 되는 거에요? 만일 못 심었다면 선근 심는 일을 하면 돼요. 그렇게 되면 자연히 모든 상념이 고주파에 해당되는 발원을 하게 되고, 고주파에서 생각하는 그런 상념으로 전환되게 됩니다. 그게 얼마나 좋은 겁니까. 그게 태어나서 한 번 해볼 만한 일 아니에요?

7. 얻을 것도 없고 설할 것도 없다는 말씀

須菩提야 於意云何오 如來 得阿耨多羅三藐三菩提耶아 如來
有所說法耶아

수보리야, 그대 생각은 어떠한고. 여래께서는 아뇩다라삼먁삼보
리를 얻은 것인가? 여래는 설한 바 법이 있는 것인가?

須菩提言하되 如我解佛所說義로는 無有定法을 名阿耨多羅三
藐三菩提며 亦無有定法을 如來可說이니

수보리 여쭙되, 제가 부처님의 말씀하신 바 뜻을 이해하기로는
일정한 법이 없음을 이름해서 아뇩다라삼먁삼보리라 하고, 또한
일정한 법이 없음을 여래께서는 설하신 것이니

소설의所說義에 '뜻 의意'자를 쓰지 않고 '옳을 의'자를 썼거든요.
부처님 말씀하신 뜻을 옳을 의義자로 표현했는데, '올바른 부처님의
말씀을 여실하게 이해하기로는' 이런 뜻이지요.
　정해진 어떤 법이 없다고 하는 것은, 그 우주의 밝은 당처는 계량

할 수 없고 측량할 수 없고 표현할 수 없다는 겁니다. 사실은 그것을 만일 수치로 측량한다거나 어떤 형용으로 표현한다고 그러면 그 당처가 벌써 될 수가 없죠. 무의 세계이기 때문에 그런 것을 부처님이 깨달으시고 말씀하신 것이니까 정법이라고 할 수가 없잖아요. 정해진 법은 이미 아뇩다라삼먁삼보리가 아니라는 말씀입니다. 그래서 무상정등정각이라고 번역된 아뇩다라삼먁삼보리의 내용 자체가 무유정법無有定法이에요.

그런데 과학에서도 그렇고, 사람이 사고하는 방법은 자꾸 정해진 법을 찾아요. '정의한다'고 그러잖아요. 정의를 끌어내서 응용을 해서 여러 가지 현상계를 설명하는데 그게 어느 정도까지는 필요하지요. 그렇게 해서 많은 문명의 이기를 만들어내고 논리들을 거기서 유추하고 그러는데, 여래의 그 밝은 당처의 경우는 그게 해당이 안 된다 이 말씀이에요. 당신이 닦아서 밝은 당처가, 내가 사람이라고 하는 생각마저도 벌써 거기서 사라지고 없다면, 뭐라고 거기다 법이라는 이름을 붙이며, 법이 아니라는 이름을 붙이며, 무슨 관념을 붙일 수가 있겠느냐는 거지요. 물론 아뇩다라삼먁삼보리는 뒷부분에서도 여러 가지 설명이 나와요. 내가 얻을 수 있는 것이냐? 연등부처님이 수기를 주실 때 이게 무슨 법이 있어서 수기를 주셨느냐? 아뇩다라삼먁삼보리를 얻었느냐? 등 여러 번 나오죠.

그런데 제22분에는 '얻을 수 없다(無法可得)'라고 했고, 제23분에는 무유고하無有高下이지만 거기에는 선행을, 좋은 법을 자꾸 닦아 나가야 된다, 노력을 해서 거기 이르도록 해야 된다고 했습니다.

우리가 대강 한계를 정하기 때문에, 모든 걸 계측할 수 있는 한계를 나타냈을 때 그걸 믿는 것, 그게 대강 과학의 방법이었죠. 자꾸 발달되다 보면 과학도 한계를 가집니다. 인간이 만든 것이다, 상대적이고 절대적인 법칙도 없더라, 상대를 보는 사람에 따라서 상대가 변하더라, 관찰하는 사람에 따라서 상대가 변한다. 이 내용들에 대해 뭘 어떻게 해석을 해야 되느냐? 무유정법의 궁극에 이르다 보면 이렇게 되는 거예요. 이를 과학에서는 불확정설이라고 얘기하지요. 그런데 부처님이 이미 깨달으신 경지에서 그러한 것을 다 실지실견悉知悉見하셨기 때문에 그 당처는 무유정법이라는 말씀은 아주 적절한 것입니다.

何以故오 **如來 所說法**은 **皆不可取**며 **不可說**이며 **非法**이며 **非一非法**이니이다

왜 그러냐 하면 여래께서 말씀하신 바 이 법이라고 하는 것은 이 모두가 취할 수도 없는 것이며, 말할 수도 없는 것이며, 법도 아니며, 법이 아님도 아닌 것이옵니다.

말로 표현을 하려니까 불가취, 불가설, 비법, 비비법, 이렇게 했는데, 부정적인 표현같지만, 긍정을 표현할 수 있는 방법이기 때문에 이렇게 표현하셨지요.

부처님께서 아뇩다라삼먁삼보리를 얻었느냐? 이렇게 물으시니까 아뇩다라삼먁삼보리의 조그마한 무엇도 얻으신 바가 없다, 이렇게 대답하셨잖아요. 그게 뭡니까? 무득이란 말이에요. 말씀하신 것이 없다는 이것이 무설설無說說 인데, 말씀하시긴 하셨는데 말씀이 아닌 말씀이지요. 궁극의 자리에 가서는 말로 표현할 수 있는 한계를 넘어서 있다. 여실한 진여의 세계는 그러하다. 말이란 생각에서 나오는데, 생각이란 분별에서 나오는 것이고 자기의 관념에서 나올 수가 있기 때문에 그렇다는 말입니다.

법이 아니라고 하기만 해도 안 될 것이니, 우주에는 엄연한 법(다르마)이 있습니다. 그렇기 때문에 당처의 여래를 법신여래라고 그러잖아요. 원어로 하면 법신여래는 바이로차나Vairochana, 곧 대승불교에서 말씀하신 비로자나불입니다. 비로자나불은 대적광大寂光이라고 해서 그대로 빛을 온 우주에다 발하고 계신 밝은 당처라고 합니다. 비로자나불을 모신 법당을 대적광전이라고 하고, 비로자나불도 부처님의 한 분이라면 형용을 해야 되지 않느냐, 그렇게 해서 인상印相을 갖추었죠. 중생은 무슨 관념을 만들어야 만족을 하죠. 그래 어떤 수인手印의 인상이냐 하면, 그걸 지권인智拳印이라고 그럽니다. 오른손의 곧게 세운 검지를 왼손이 감싸 안고 서로 쥐고 계십니다. 이게 뭡니까? 하나로 돌아간다, "만법이 귀일이요 일귀하처오?" 즉 '만법이 하나로 돌아가는데 그 하나로 돌아가는 자리는 어디인고?'란 뜻인데, 거기가 어디에요? 밝은 당처, 이름은 법신여래지만 거기가 바로 여러분들이 보는 지권인의 형용으로 화한 바이로차나, 비로자나불의 그 자리입니다. 이理와 지智, 부처와 중생, 미혹과 깨달음이 하나로 돌아간다는 말입니다. 그런데 그렇게들 볼 수 있을지 모르지요.

이것이 법도 아니요 법이 아님도 아닌 자리입니다.

❖

所以者何오 一切賢聖이 皆以無爲法에 而有差別이시니이다

그 까닭이 무엇이냐? 일체의 현인과 성인이 모두 다 이 무위법으로
차별이 있으십니다.

그러니까 여기 '이유차별而有差別'은 현성이 내는 차별이 아니에요.
현성이 범부와 다를 것이다 하는 그런 뜻입니다. 무위법에 차별을
내시냐? 그렇게 많이 생각하시는데, 그것은 잘못 이해한 겁니다.
저도 이런 질문을 초기부터 많이 받았어요. 그땐 생각이 모자라서
이렇게 해석을 했어요. 아무리 현성이 무위법에 깨달은 '밝은 이'지만
현상계는 다 차별상이잖아요. 몸뚱이 타고난 이 자체도 차별상이잖아
요. 결국에는 업이 다르잖아요. 그 현성의 모습과 십대제자가 다르고,
부처님도 상호가 다르신데, 그 다른 구분은 차별상으로 나타날 수밖에
없죠.
현성이 차별상이 있어서 그런 게 아니라 중생이 그렇게 분별상을
보일 수밖에 없는데, 사실은 현성과 중생은 분별상이 다른 점이 있죠.
'중생중생자는 즉비중생'이라고 하셨지만 아직 깨치지 못했으니까
중생 아님도 아니요, 나중에는 부처가 되겠지만 지금 중생 모습을
갖추고 있으니까 중생 아님도 아니다는 말이죠.
무위법에 계시는 일체의 깨달은 현성과 유위법에 살고 있는 중생은
다른 것이지요.
일체현성이라고 하는 것은 한자적인 표현이라고 볼 수가 있습니다.

현철하다, 현인이다는 말은 '밝은 이'를 표현할 때 쓰는데 성聖이라고 할 때는 성인이라 합니다. 기독교에서는 세인트saint, 이렇게 하죠. 미국의 도시 이름은 성인의 이름을 많이 따서 붙였습니다.

쌍(세인트)프란시스코(프란체스코 성인)는 다 아시지요? 우리말로는 방지거인 아시시의 프란체스코 성인은 새와 대화를 한 무욕의 성인이에요. 기독교도 자꾸 권력화하면 그로 인한 부패가 있을 수 있는데, 그걸 탈출해서 이게 원 모습이 아니다, 나는 아주 그냥 무소유로 아무 것도 지니지 않고 거지 옷을 입고 수행을 하겠다고 하고, 숲속에서 기도를 하고, 자고, 그러다 보니까 자기가 많이 정화되어 간 것입니다.

비슷한 예가 지금도 어느 절에 가면, 스님이 새 먹이를 주면 새가 알아보고, 심지어 손에 있는 밥알까지 와서 먹고 가는 그런 경우가 있습니다. 동물이 그런 것을 아주 잘 감지해요. 사냥꾼이 나타나면 누가 확성기로 사냥꾼이 왔다고 말도 안 했는데 다 숨어요. 감지하는 능력이 있어서, 저 파시pathy가 인간보다도 동물에게는 본능적으로 더 강합니다. 저 사람은 나를 해하지 않을 것이다, 그러니까 비둘기들이 와서 걸어 다녀도 밟힐 정도로 그러죠. 만일 비둘기들이 내가 잡아먹는다 하면 그러지 않을 거예요. 한때 조류 인플루엔자가 전파된다고 해서 많이 없앴잖아요. 친화력이라고 하는 게 파시의 감정으로 오고가기 때문에, 아이들이 제 귀여워하는 것 하고 미워하는 것을 금방 압니다. 표정을 안 나타내도 벌써 마음이 가면 알아요. 그만큼 감지력이 원초상태에선 더 강합니다. 아시시의 성인이라고 하는 프란체스코가 얘기를 시작하면 새들이 몰려와서 그 얘기를 들었다고 합니다. 그만하면 세인트(성인)라고 부를 수 있겠지요.

캘리포니아 남쪽에는 샌디에고가 있는데, 디에고 성인의 이름을 따왔습니다. 중부지방에는 시카고에서부터 미시시피 강을 따라 내려오는 세인트루이스가 있죠. 세인트루이스는 바로 루이스 성인을 영어로 표기한 것이죠. 그대로 세인트에요.(이쪽에는 쌍이나 샌이 되고 그 나라 원어로 했지만) 세인트루이스는 기사도 복장을 하고 있어요. 동상도 있지요. 십자군의 어떤 한 성인이었는지 모르지만, 갑옷 입고 말 탄 동상이 좀 색달랐지만 성인으로 추대를 했으니까 그 도시명이 세인트루이스입니다. 그렇게 그런 이름이 많죠.

우리나라에는 거리 이름에 역사적 인물을 붙였는데 성군이라고 보는 세종대왕의 세종로. 퇴계선생을 기린 퇴계로, 원효대사의 원효로, 율곡선생의 율곡로, 충무공의 충무로, 을지문덕 장군의 을지로, 이렇게 해서 거리 이름에 붙였죠. 도시 이름에는 없죠. 한때 통영을 충무시라고 했다가 다시 통영이 되었어요.

'현성'이라고 했을 때, 부처님도 물론 성인의 한 분으로 이렇게 한자문화권에서는 보게 되니까, 4대 성인 하면 석가모니부처님, 예수 그리스도, 소크라테스, 공자님을 인류 문화상의 성인으로 모시지요. 그 외에도 성인은 무수히 많이 있을 수 있죠. 앞으로도 얼마든지. 비록 공인된 성인은 아니지만 간디 같은 경우도 그 반열에다가 추대를 하죠. 성인에 가깝다 할 수 있는데, 왜 그런고 하니, 무아가 됐기 때문에 자기 자신을 돌본 게 하나도 없어요. 완전히 그냥 천 하나 걸치고 금욕을 하면서 자기 나라를 구하기 위해서 막강한 대영제국에 대항해서 단식투쟁을 하고 항거를 하고, 이렇게 해서 그 양반이 받든

게 뭐냐? 사탸그라하Shata Graha, 이렇게 얘기합니다. 진리파지다, 진리를 붙들고 놓지 않는다. 우리 식으로 말하면 부처님 말씀하신 여실한 진리를 그대로 받들어서 놓지 않겠다는 말이에요.

간디는 힌두교도이긴 하지만 그 반열에 그렇게 올랐습니다. 그 무슨 자기 자신을 위한 그런 것이 아닐 때에는 그 반열에 올릴 수 있습니다. 철저히 무아가 된 사람, 큰 영혼(마하트마)을 말합니다.

그래서 '개이무위법皆以無爲法'에 있어 성인의 반열이나 현인의 반열은 다 무위법에 어느 정도 진입해서 무위법에서 행한 것을 볼 수 있어요. 그래야 무아가 될 수 있으니까요. 그게 사실 조그마한 명리라든가 자기의 권력이라든가 이런 것에 탐착하는 동안은 그 위에 오를 수 없습니다.

다 벗어 던지고, 부처님 자신이 왕자의 그런 부와 권위를 다 버리고 떠나셨기 때문에 무위법으로 들어가신 거예요. 그때부터 그것이 이 범부와 차별된다 이 말씀이에요. 유위법 속에 사는 모든 범부와 차별된다는 거예요.

중생이 무위법으로 진입하면은 그 밝은 반열에 다 통투通透가 된단 말이에요. 교육이 된다 말입니다. 주파수를 맞추려고 하지 않아도 아, 내가 이렇게 『금강경』을 읽으니까 나도 모르게 무아의 발원이 나오고, 무아의 환희가 나오고, 무아의 밝음이 온다 이 말씀이에요.

자기도 모르게 무위법으로 진입하게 되고 '아, 이렇게 밝은 것이구나, 세간의 여러 가지 좋은 것도 많지만은, 세간의 기쁨이라고 하는 것이 여기 비하면 모든 것이 참 여몽환포영이구나'라고 보게 될 거 아닙니까? '약견제상이 비상'인 것을 보게 될 거 아닙니까? 한 국가라든가 한 문화라든가, 이것도 영원한 것을 바랄 수는 없어요. 성주괴멸하는 것이니까. 하물며 인간이 인간과 만든 인연, 그게 모두 인연법인 것을 부처님이 깨달으셔서 연기법을 말씀하시죠. '이것이 있음으로 저것이 있고 이것이 없음으로 저것은 없다.' 이것이 있다 할 때 생生하는 거 아닙니까. 생기生起라고 할 때, 그것이 영원한 것이 아니라 어느 시간 동안 머물다가 그 다음에 이것이 없어지므로 저것도 없어진다, 인연도 없어진다, 인연화합으로 다 이렇게 모여서 살다가 다 끝나면 그것은 소멸된다는 겁니다. 그러나 인연화합으로 그 사람의 마음에 정진하는 것은 소멸되는 것이 아니에요. 그 사람의 세계가 무아의 세계였다면 오히려 그 기운을 남길 거예요. 한층 인류정신문화를 높여 놓는 그 역할을 할 겁니다. 왜 그런고 하니, 아주 고주파로 당신이 이걸 발산한다면 그 고주파는 한 인간과의 관계나 집단과의 관계만이 아니라 그 나라, 그 인류, 그 문화 전체에 대한 관계를 높여 놓는 것입니다. 성현이 출현하신다고 하는 것은 얼마나 대단한 일입니까. 이제 오실 부처님, 거기다 주파수를 자꾸 맞추세요. 거기는 무량한 자비로서의 생명 본래의 가치와 의미를 높일 수 있습니다.

8. 법에 의해서 출생한다는 말씀

*모든 부처님이 법에 의해서 출생한다.

·

─────────────

須菩提야 於意云何오 若人이 滿三千大千世界七寶로 以用布施하면 是人의 所得福德이 寧爲多不아

수보리야, 그대 생각은 어떠한고. 만일 어떤 이가 삼천대천세계에 7가지 보배를 가득 채워서 보시한다면, 이 사람의 얻은 바 복덕이 많다고 하지 않겠느냐?

　여기는 우선 복을 짓는 복덕에 대한 말씀을 하시고, 수행을 하는 마음을 닦는 법을 얘기하시게 됩니다. 삼천대천세계라고 하는 것은 천天이 세 개인 것이 소천이고, 또 거기다 세 개를 더 붙이면 중천이고, 또 3개를 더 붙이면 우리 숫자로 10억 가량 되는데 그것이 대천입니다. 그 대천의 세계는 작은 한 세계마다 수미산이 있고, 그 수미산을 중심으로 사대주가 있고, 그 사대주 속에서 우리가 살고 있는 곳은 남섬부주라고 합니다. 북쪽엔 구로주가 있고, 동서에 승신주와 또

우화주가 있습니다. 그리고 그 수미산 위로 33천이 있습니다. 사천왕의 제석천이 계시는 데가 바로 인간계 위에 있고, 인간계까지 5천을 포함해서 위로 욕계6천, 색계18천, 무색계4천까지 33개의 천이 전개되는데, 그 33개의 천은 우리가 마음을 닦아서 위로 상승되는 수직적인 세계라고 한다면, 옆으로 퍼져 있는 수미산을 중심으로 네 겹의 산들이 있고, 바다가 있고, 사대주가 있고 한 것은 옆으로 퍼져 있는 공간이 되겠죠.

그런데 이것이 약 10억 개의 세계에 수미산이 있고 그런 세계가 전개된다고 하니까 공간적으로도 매우 큰, 그때 당시로서는 하나의 우주관이라고 볼 수가 있겠죠. 그 공간에다가 7가지 보배를 채워서 보시를 한다고 하니, 물질로서는 대단한 최대의 보시인데, 그렇게 한다면 이 사람의 얻은 바 복덕이 얼마나 많다고 하겠느냐, 혹은 또 많다고 하지 않겠느냐는 말입니다. 당연히 많은 것이죠. 그런데 수보리가 대답을 합니다.

須菩提言하되 甚多니다 世尊하 何以故오 是福德이 卽非福德性일세 是故로 如來說 福德多니이다

수보리 여쭙되, 심히 많습니다, 세존이시여. 왜 그런고 하니 이 복덕이 곧 복덕성이 아님일세, 이런 연고로 여래께서는 복덕이 많다고 하십니다.

여기에서 복덕성이라고 하는 것은 복덕의 근본 본성을 애기하는 것이 되겠는데, 이걸 다른 말로 바꾸면 마음을 밝히는 공덕, 닦아서 수행하는 그런 자리를 복덕성이라고 하지 않았나 생각합니다. 복덕은 심히 많지만 복덕성으로 본다면 조금 다르다 이겁니다. 우리가 선행을 해서 얻는 결과가 복덕입니다. 보시바라밀 이 자체가 복덕을 이루는 것이죠. 그런데 공덕이라고 표현을 했을 때는 마음을 닦아서 지혜를 밝히는 그것이 공덕이 되니까, 물론 복덕을 많이 쌓아서 지혜가 밝아지는 것이 하나의 순리적 이치입니다만, 근본적으로는 공덕과 복덕은 좀 다르죠. 여기서 7가지 보배를 가득 채워서 보시를 하는 것은 복덕은 되지마는 그것이 복덕의 근본에 들어가 있는 그 공덕은 공덕이 많다고 표현하기는 어렵다, 그래서 여래께서는 그렇게 보시하는 복덕이 많다고 하는 것이니라는 것이죠.

다른 예로 하나 비유를 하지요.

양무제 때 달마조사가 양무제를 만났을 때 양무제가 묻습니다.

"내가 사찰을 많이 짓고, 이러 이러한 불사를 많이 했는데 이러한 공덕이 어떠합니까?" 공덕이라고 물었어요,

"무공덕(공덕이 하나도 없습니다)!" 이렇게 대답을 했어요.

양무제가 어안이 벙벙했죠. 당신 스스로는 공덕이 많다고 생각을 했는데 아무 공덕도 없다고 했으니까요.

아마 그때 질문을, '내가 이렇게 사찰도 많이 짓고, 또 여러 가지 불서도 간행하고 많이 했는데 이 복덕이 얼마만 하겠느냐?' 이렇게 물었다면 '아, 복덕이 많습니다.' 그렇게 대답했을지도 모르죠. 물론 양무제의 아상에 대한 문제가 개입됩니다만. 여기서 세존께서는 복덕

성은 아니지마는 복덕으로는 많다고 하셨어요. 여기 '시복덕이 즉비복덕성일세 시고로 여래설복덕다니이다'는 말씀에다가 비유할 수 있을지 모르지만, 그런 뜻이 숨어 있죠.

❖

若復有人이 **於此經中**에 **受持乃至 四句偈等**하야 **爲他人說**하면

만일 어떤 이가 있어서 이 경 중에 받아 지녀서 내지 4글귀 게송을 남을 위해서 얘기해준다면

基福이 **勝彼**니 **何以故**오 **須菩提**야 **一切諸佛**과 **及諸佛阿耨多羅三藐三菩提法**이 **皆從此經**이 **出**이니라

그 복이 그 전에 칠보로 보시한 복보다 더 나은 것이니, 왜 그러냐? 수보리야, 일체의 모든 부처님과 모든 부처님의 아뇩다라삼먁삼보리법이 이 경으로부터 좇아서 나왔기 때문이니라.

복덕하고 복덕성이 비교된다면, 근본적으로 여기서 '위타인설爲他人說'하는 것을 복덕성이라고 본다면(그 사람의 마음의 본성을 밝혀주는 것이니까 복덕성이 될 수도 있겠죠) 그 복이 더 낫다 이 말씀이죠. 물질이라고 하는 것은 언젠가 사라져 버릴 것이고, 또 끝날 날이 있고 그렇게 되니까요. 물론 그것이 이고득락에 어떤 도움이 됩니다. 복을 많이 지어서 자기가 안락을 누리니까 편안한 안락을 누리는 것만으로도 당신이 마음의 안정을 얻고 지혜를 추구하는 여건이 되죠.

그게 너무 고통스러우면 고통에 휘둘려서 고통에서 벗어나기 위한 마음 때문에 자기 마음을 정일하게 닦을 여유가 없죠. 지옥에 들어가면 공부할 생각의 여유가 없는 이유가 그렇습니다. 축생으로 떨어져도 고통이 많고 미혹해서 그렇죠. 그래서 이고득락은 되지만은 (복을 많이 지은 것은) 해탈열반에 이르는 것은 못 된다는 것이죠. 공덕을 지어야만 지혜가 밝아져서 해탈열반에 이르게 되는데, 그러려면 바로 한 마음을 밝히는 이 수행을 열심히 정진해야 됩니다. 그것이 바로 이 경에 대한 수행이니까, 이 경의 요체를 남을 위해서 얘기해준다고 하는 것은 그 전의 복덕보다도 더 낫다, 그 말씀입니다

또 이 경으로부터 일체의 모든 부처님이 출현하셨다, 또 일체의 모든 부처님의 아뇩다라삼먁삼보리법이 이 경으로부터 나왔다고 해서 '의법출생분'이 됐는데, 대단한 구절이라고 볼 수가 있죠. 왜『금강경』을 모신 자리를 부처님과 그 존중 제자가 있는 것과 같이 여겨라 하는지, 그 이유가 여기 있습니다. 바로 이 경으로부터 부처님이 나오시고, 출현하시고, 아뇩다라삼먁삼보리법이 출현하기 때문입니다.

須菩提야 **所謂佛法者**는 **卽非佛法**이니라

수보리야, 이른바 불법이라고 하는 것은 곧 불법이 아니니라.

이것도 상을 가질까봐, 한 관념을 만들까봐 그렇게 하신 말씀이시죠. 아, 이것이 불법이구나, 이렇게 고정관념을 갖게 되면 관념에 집착한

것이 되니까 비어 있는 그 밝은 당처는 아니죠. 만일 깨친 이가 부처님이라고 하신다면 깨쳤다고 하는 그 상을 갖는 자체가 아·인·중생·수자에 다시 떨어질 수가 있기 때문에 그 생각마저도 없으시다, 관념이 없으시다, 그래야 그게 불법인데, 불법이라고 고정 관념을 갖게 되면 그건 이미 불법이 아니니라, 그 말씀입니다.

'소위불법자는 즉비불법이니라.'『금강경』에서 이 구절도 대단히 주목되는 구절입니다.

9. 한 관념도 없다는 말씀

*하나의 상도 없으시다. 하나의 관념도 없어야 한다.

須菩提야 於意云何오 須陀洹이 能作是念이면 我得須陀洹果不아 수보리야, 네 생각은 어떠하냐. 수다원이 능히 이런 생각을 짓되 내가 수다원과를 얻었다고 하면 되겠느냐?

　수다원과를 얻었다고 하는 생각을 갖는다는 것은 상을 낸다는 말씀이죠. 아, 이젠 내가 수다원과를 얻었구나, 그런 관념을 가져서 되겠느냐는 겁니다. 실제로 들어감이 없어서 색성향미촉법이라고 하는 이 관념에 들지 않으므로, 이를 이름해서 수다원이라고 합니다.

須菩提言하되 不也니다 世尊하 何以故오 須陀洹은 名爲入流로되 而無所入하야 不入色聲香味觸法이 是名須陀洹이니이다

수보리 답해서 여쭙되, 아닙니다, 세존이시여. 왜 그런고 하면 수다원은 이름이 이제 흐름에 들어가는 것이로되 실제로 들어감이 없어서 색성향미촉법이라고 하는 이 관념에 들지 않으므로, 이를 이름해서 수다원이라고 합니다.

수다원은 이름이 이제 흐름에 들어가는 것이로되 이 흐름은 공부하는 흐름에도 들어가기 때문에 예류라고도 얘기합니다. 흐름은 성인의 흐름에 들어가기 때문에, 성인의 초입에 들게 되면 그대로 흐름을 따라 가게 되니까, 이제는 다음 단계로 진입돼서 아라한에 이르기까지가 정해지는 것이죠.

그런데 들어갔다고 하는 입류가 실제로는 '이무소입하야 불입색성향미촉법이 시명 수다원이니이다.' 즉 실제로 들어감이 없어서 색성향미촉법이라고 하는 이 관념에 들지 않으므로, 이를 이름해서 수다원이라고 합니다.

우리가 안이비설신의라고 하는 그 6가지를 육근六根이라고 해서 바깥경계를 받아들이는 여섯 뿌리라고 하는데, 이 바깥경계는 육경六境이라고 해서 그것이 색성향미촉법이죠. 보이는 물질적 형태라고 할까요.

색은 눈이 보는 것이니 안眼이 역할을 맡고,

들리는 소리는 귀가 듣는 일 담당하니 이耳가 뿌리이고,

여러 가지 향기는 코가 맡는 것이니 비鼻가 뿌리가 되고,

맛은 혀가 맛을 보니까 설舌이 되죠. 대상은 미味고, 그 맛을 보는

것은 혀가 근根이 되고,

촉觸은 몸뚱아리가 촉을 느끼게 되죠. 신身이라고 하죠. 딱딱하다, 부드럽다, 매끄럽다, 거칠다 이런 것들이 촉감에 해당되는 것인데 손으로도 만져보면 대강 느낄 수가 있죠.

다섯 가지 경계의 관념을 법法이라고 합니다. 이 법은 바로 안이비설신의 중에 마지막에 나오는 '뜻 의意'자를 써서 의意가 법을 받아들인다는 겁니다. 의는 구체적으로 하면 의식에도 관계가 되는데, 우리가 바깥 형태를 보더라도 눈을 통해서 봤지만은, 이 의식에서 '이렇게 생긴 것이구나'라고 판단을 하지 않으면 본 것 자체로는 의미가 없죠. 그걸 눈 뜬 장님이 눈을 떠서 보되 보지 못한 것과 같다, 이렇게 표현을 하는데, 반드시 마지막 단계의 법이라든가 그걸 판단하는 의식이 있어야만 그것이 이러이러하구나 하는 인식으로 우리 마음에 판단을 하게 됩니다.

여기에 자꾸 이렇게 휘둘리게 되면, 원래 자기 마음의 안정처, 고요하고 적정해서 그 다음의 본마음의 지혜가 생기게 되는, 그 본마음의 지혜를 잘못 잃어버리기 쉽습니다. 하지만 수다원은 여기 휘둘리지 않습니다. 마음이 적정에 들어서 바깥경계에 휘둘리지 않고 거기에 영향 받지 않는다는 거죠.

사실 수다원만 되어도 대단한 경지입니다. 어느 정도 삼매에 들었다고 볼 수가 있습니다. '사마디', 우리가 일상생활에 늘 이렇게 삼매에 들 수가 있다면 화낼 이유가 없고 탐심을 낼 이유가 없고, 또 자기의 잘난 생각이라든가 유치한 생각을 낼 이유가 없죠. 탐진치를 여기에서는 어느 정도 제어할 수가 있습니다.

그런데 『사십이장경四十二章經』이라고 하는 경이 있는데, 중국에서 처음으로 한문으로 번역된 경이고, 부처님 말씀의 요체를 간결하게 실은 경입니다. 거기에는 '수다원은 7생7사해서 변정아라한이 된다'는 그런 구절이 있어요. 7번 태어나고 7번 죽으면서 닦으면 아라한도에 들 수가 있다는 말씀입니다. 백 박사님 해설서에 보면, 수다원이 7번 생을 닦아서 아라한도에 이른다고 하는 말씀이 바로 『사십이장경』에 있는 말씀입니다. 그렇게 되면 벌써 입류가 되고 어느 정도 마음의 주체성이 확립되었기 때문에, 바깥 외경에 영향 받지 않는 자기만의 공부에 대한 확고한 정립이 되었기 때문에, 그 다음 생부터는 계속 닦아나가는 일만 있다 이 말씀입니다.

그런데 수다원이 되었다고 해서 내가 수다원과를 얻었다는 이런 상을 갖는다면 되겠느냐는 겁니다. 그게 뭡니까? 아상이 되죠. 물론 이 사과四果는 소승사과라고 합니다만, 대승에서 봤을 때는 소승사과를 너무 강조하는 것이 사실 비판의 대상이 되었다는 그런 얘기도 있지요. 그래서 이제 상을 가지면 되겠느냐는 표현으로 부처님이 경고를 하시는 그런 말이 됩니다만, 실은 공부하는 데 있어서는 이러한 과정이 다 필요한 것이고 중요한 것이죠.

대강 우리는 마음의 성향을 자기 나름대로 잘못 이렇게 생각해서 보고 듣고 느끼고 하는 모든 생각 자체가 이게 내 마음이다, 이렇게 생각을 하지만, 기실 그것은 외부의 영향에서 오는 자기의 한 분별이고 관념이지, 그것은 본래 자기 밝은 마음의 당처는 아니다 이 말씀입니다. 그러니까 거기에 영향 받지 않는다고 했을 때는 점점 더 본래의 밝은 자기 본성의 당처를 밝혀가는 거기에 진입하게 되죠. 그래서 입류라고 하고 예류라고 표현을 합니다.

❖

須菩提야 **於意云何**오 **斯陀含**이 **能作是念**이면 **我得斯陀含果不**아 **須菩提言**하되 **不也**니다 **世尊**하 **何以故**오 **斯陀含**은 **名**이 **一往來**로되 **而實無往來**일세 **是名斯佗含**이니이다

수보리야, 네 뜻이 어떠하냐. 사다함이 능히 이런 생각을 짓되 내가 사다함과를 얻었다 하면 되겠느냐? 수보리 여쭙되, 아닙니다, 세존이시여. 왜 그런고 하니 사다함은 그 이름이 한 번 다녀가는 것이로되 실로 다녀간다는 관념이 없기 때문에 그 이름이 사다함입니다.

실로 다녀감이 없다고 하는 것은 다녀간다고 하는 분별이 없기 때문에 다녀감이 없다는 말씀입니다. 그게 일상무상一相無相이죠. 물론 이제 수다원 같이 사다함도 사다함과를 내가 얻었다는 상을 내서는 안 된다는 그런 말씀이시고, 한 번 다녀간다고 하는 것은 많이 닦아서 여기 지금 일곱 번 왕래를 한다는 것에 비해서는 일왕래죠. 한 번 다녀가면 아라한이 됩니다. 업장이라든가 훈습이라든가, 여러 가지 탐진치 등 닦아야 될 것이 많이 닦여져서 남은 먼지와 티끌이 거의 없기 때문에 한 번 마지막으로 다녀간다는 거죠. 그러나 그 마지막 한 번 다녀간다고 하는 그런 생각이 없기 때문에 이름이 사다함이라고 합니다.

須菩提야 於意云何오 阿那含이 能作是念이면 我得阿那含果不아 須菩提言하되 不也니다 世尊하 何以故오 阿那含은 名爲不來로되 而實無不來일새 是故로 名이 阿那含이니이다

수보리야, 네 생각은 어떠한고. 아나함이 능히 이런 생각을 짓되, 내가 아나함과를 얻었다 그러면 되겠느냐? 수보리 여쭙되, 아닙니다, 세존이시여. 왜 그런고 하면 아나함은 그 이름이 오지 않는 것이로되 실로 오지 않음이 없기 때문에 그 이름이 아나함입니다.

이제는 오지 않는다. 사람 몸 받아서 다시 안 오고, 아마 천상에 나서 거기서 마지막으로 자유롭게 제도할 수 있는 그러한 능력을 갖추시겠죠. 그러니까 불래라고 했고, 불환이라고도 얘기했습니다. 환이라고 하는 것은 환생還生이라고 할 때 그런 말을 쓰죠. 환생하지 않는다, 그래서 불환不還입니다.

대승의 경지에서 봤을 때는 '끊임없이 중생의 몸으로 와서 중생들을 다 유익하게 밝히고, 그러고 나서야 성불하겠습니다'는 그것이 큰 보살의 서원이죠. 그래서 보살의 계위에 머무르는 것입니다. 여기에서 불래不來라고 했는데, 그러면 오지 않으면 어떻게 하란 말이냐? 중생들은 어떻게 하란 말이냐? 그러면 소승이 되지 않느냐? 그렇게 생각할 수 있는데, 오지 않는다고 하는 생각이 없고 또 오지 않음도 없으며, 단지 그 경지가 오지 않아도 될 만한 경지에 이르렀다, 다시 사람 몸을 받지 않아도 될 만한 경지에 이르렀다는 말씀입니다. 어떤 33천의

천상에 태어나셔도 늘 중생을 사랑한다면 끊임없이 왕래하시고 오시는 것이 불세계의 이법이라. 그러기 때문에 '이실무불래而實無不來일세'는 실로 오지 않음이란 없다, 오지 않는다고 하는 관념도 없다는 것입니다.

須菩提야 於意云何오 阿羅漢이 能作是念이면 我得 阿羅漢道不아 須菩提言하되 不也니다 世尊하 何以故오 實無有法을 名이 阿羅漢이니다

수보리야, 네 생각은 어떠한고. 아라한이 능히 이런 생각을 짓되 내가 아라한도를 얻었다고 하겠느냐? 수보리 답하되, 아닙니다, 세존이시여. 왜 그런고 하니 실로 있는 법이 없음을 일러서 아라한이라고 합니다.

어떤 관념이 없다는 말씀입니다. 분별과 관념이 없어졌다는 말이죠. '아라한'이라고 했을 때, '나한'이 도적이라는 뜻이라면 '아'는 무無가 되니까 우리말로 번역을 하면 내 마음의 도적이 없다, 그렇게 되죠. 내 마음의 번뇌의 도적, 내 마음을 갈등하게 하는 그러한 일들이 없다는 뜻입니다. 아라한은 대강 다음과 같이 서너 가지 다른 의미로 번역이 됩니다.

　살적殺賊(내 마음의 번뇌의 도적을 죽였다)
　불생不生(다시 나고 죽는 그런 일에 끄달리지 않는다. 다시 나지 않는다고

해서 불생이지만, 윤회의 사슬을 끊어서 자재한다)

무학無學(더 배울 것이 없다)

무쟁無諍(다툼이 없다)

응공應供(이제는 공양을 받을 만하다. 여래의 10대 명호 중에 한 이름이 응공인데, 이렇게 됐을 때는 공양을 받아도 업이 되지 않는다, 이미 열반에 가까운 해탈을 얻었기 때문에 거기에는 업이라고 하는 것이 존재하지 않는다, 대자유인이 됐다 이 말씀입니다. 세상에 끄달리지 않고, 세상의 번뇌에 영향 받지 않고, 세상의 외경에 속박되지 않는 그런 해탈과 열반의 자유인이 됐다는 의미입니다.)

그래서 부처님도 내가 아라한도를 얻었노라, 그렇게 말씀하셨어요.

수다원, 사다함, 아나함, 이 세 과에는 질문을 하실 때 과果를 얻었느냐고 하시죠. 즉 수다원과, 사다함과, 아나함과 이렇게 붙였죠. 하지만 아라한에 와서는 과라고 하지 않고 도道라고 하셨습니다.

그럼, 과는 무엇이고 도는 무엇인가?

우리가 어떤 원인을 지어서 받는 것을 과라고 하죠. 선행을 지으면 선행의 열매를 맺는 것을 선과라 하고, 악행을 지으면 악행의 열매를 맺어서 악과를 받죠. 그런데 수행에서도 과가 있어서 노력한 만큼의 열매를 맺는다는 겁니다. 그러나 도에 이르게 되면 원인과 결과의 관계마저도 해탈이 돼요. 그러기 때문에 업을 받지 않는다는 표현이 그런 것입니다.

과에서는 어디까지나 그 업을 받아야 됩니다. 그래서 인과응보가 되는데, 도에 이르면 인과응보마저 해탈했다는 겁니다. 그렇다고 해서 선인이 아닌 인을 지을 리가 없죠. 도에 이르렀기 때문에 모든 신·구·의에 행하는 바가 다 밝고 우리가 도덕적으로 말하는 선일 수밖에 없는 그런 경지에 이르렀기 때문에, 공자님도 마지막 경계에 대해 '내가 마음에 이르는 대로 따라 갔어도 하나도 법도에 어긋남이 없었다(從心所欲不踰矩)'고 한 것은 당신이 행한 자기의 어떤 업이 될 만한 것은 마음에 없기 때문에 행위로도 없다는 말입니다. 마음이 좇아가더라도 아직 닦아야 될 입장에서는 미진한 티끌이 조금이라도 남아 있다면 업이 될 수 있습니다. 그래서 이걸 해탈심이라고 표현하는 것입니다.

'아득 아라한도부아 수보리언하되 불야니다 세존하 하이고 실무유법을 명이 아라한이니이다.'

있는 법이 없음을 이름해서 아라한이라 한 것이 말로 표현한 여러 가지 관념의 법이 되겠는데, 마음속에 그런 열반적정에 이른 그 도에 있어서는 관념의 법이 남아 있질 않죠. 탐진치가 물론 다 영진(永盡, 영원히 소멸)됐다고 합니다. 거기에 나오는 어떤 분별, 의식, 관념 이런 것이 남아 있지 않지요. 그래서 '실무유법을 명이 아라한이니이다' 고 한 겁니다.

世尊하 **若阿羅漢**이 **作是念**하되 **我得阿羅漢道**라하면 **卽爲着我 人衆生壽者**니이다

세존이시여, 만일 아라한이 이런 생각을 짓되, 내가 아라한도를

얻었다고 한다면 곧 아·인·중생·수자에 집착한 것이 됩니다.

그러니까 아라한도를 얻었다고 해서 되겠느냐 하는 말씀에, 있는 법이 없음을 일러서 아라한이라고 하지만, 실제로는 내가 아라한도를 얻었다고 하는 하나의 상을 낸다면 아·인·중생·수자의 사상에 떨어진 것이 된다는 겁니다. 그렇게 되면 보살이 아니죠. 여래께서도 '만일 내가 중생을 제도한다고 하는 그런 생각을 낸다면 나도 아·인·중생·수자에 집착한 것이 돼버리지 않느냐'는, 그런 표현이 뒤에 나오는데, 하물며 그 아래에 있는 과에서는 말할 여지가 없죠. 늘 사상이 없어야 된다는 말씀입니다.

世尊하 佛說我得無諍三昧하야 人中最爲第一이라하시면 是第一離欲阿羅漢이니이다

세존이시여, 부처님이 말씀하시되, 제가 다툼이 없는 삼매를 얻었다고 해서 사람 가운데 제일이라고 하시면, 이 제일은 욕심을 떠난 아라한입니다.

그 제일이라고 하는 지칭이 바로 이욕離欲아라한이라. 여기 '아득무쟁삼매하야'에서 아我는 바로 수보리를 얘기하시는 것이죠. 수보리가 무쟁삼매를 얻어서 사람 가운데 제일이라고 하신다면, 그 제일은 바로 욕심을 떠난 아라한이기 때문에 제일이라고 하신다는 말씀입니다. 이것을 읽기는 무정삼매라고도 하는데, 원래는 다툴 쟁자니까 다툼이 없는 삼매입니다. 삼매三昧는 사마디samādhi를 한자로 음사해서 삼매 이렇게 썼는데, '삼'은 바를 정正자로 번역을 할 수가 있습니다. '마디'는 선정할 때 정에 든다고 하는 뜻이죠. 정정正定이라고 번역하기도 합니다. 마음이 고요하게 정일한 그런 경지에 들어서 외경에 전혀 영향 받지 않고 깊은 자기 본성을 관하는 것인데, 이것이 일상생활에도 삼매를 이를 수 있다면 대단히 높은 경지입니다. 일상삼매一相三昧라 하고 항상 그런 삼매에 드는 것을 무상삼매無相三昧라고 해서, 그 사람이 어떤 장소와 어떤 시간과 어떤 처소에서도 늘 삼매의 마음에서 일탈되는 때가 없다는 말로, 대자유인이라 할 수가 있습니다. 이 경지야말로 정말 즐겁고 끝없이 환희로운 그런 해탈의 경지라고 할 수 있습니다. 그러기 때문에 이것을 사람 가운데 제일이라 한 것이죠.

여기 욕欲이라고 했을 때 이 욕은 탐진치 전체를 다 포함시킬 수가 있죠. 탐진치를 전부 떠난 아라한이다, 그 마음에 삼독이 괴롭힐 수 있는 모든 근거는 이미 없다, 나한(번뇌의 도적)이 다 마음에서 죽었기 때문에 그것을 이욕아라한이라고 부를 수 있다는 겁니다.

世尊하 我不作是念하되 我是離慾阿羅漢이니이다

세존이시여, 제가 바로 이욕아라한이라는 이런 생각을 짓지 않습니다.

그런 생각을 지으면 아·인·중생·수자에 떨어진 것이 되니까 이욕아라한이 됐구나, 이런 생각은 짓지 않는다는 말씀이십니다.

바로 석가모니부처님에게 수기를 받으시는 그 마이트레야 보디사트바Maitreya bodhi-sattva가 계시는데, 그때는 미륵보살님이십니다. 백선생님 해설서에도 나오죠. 어느 때 세존께서 '아, 이제는 참마음이 밝아져서 모두 아라한도를 얻은 경지에 갔구나!' 이렇게 말씀하시니까 모든 사람들이 '오, 내가 이제는 드디어 이런 밝은 경지를 얻었구나!' 하며 마음에 이젠 기쁨을 느끼게 될 거 아닙니까? 그런데 그 순간에 다 어두워졌습니다.(상을 지니니까요.)

한 사람만이 유독 밝은데, 보니까 '아, 이런 밝은 법을 일러주시는 부처님이 아니시면 제가 이렇게 밝을 수가 있겠습니까!'라는 마음이었습니다. 그 마음이 밝은 당처의 부처님을 향하고 있으니까 그대로 밝다 이 말씀입니다. 그래서 이제 수기를 주시게 됩니다. 이제 오는 세상에 이름을 '미륵존여래불'이라고 하리라 하는 수기를 주신다는, 이런 구절이 있지요.

世尊하 我若作是念하되 我得阿羅漢道라하면 世尊하 則佛說須菩提가 是樂阿蘭那行者니

세존이시여, 제가 만일 이런 생각을 짓되 내가 아라한도를 얻었다고 한다면, 세존이시여, 부처님께서는 수보리가 아란나행을 즐기는 사람이라고 말씀하지 아니하셨을 것이니

'불설수보리'라 하는 것은 부처님이 말씀하시는 것이죠.

'아란나행'이라고 하는 것은 바로 그 앞의 한자로 무쟁삼매가 나왔는데, 무쟁삼매는 한자로 옮겨놓은 뜻글자이지만, 아란나행이라는 것은 아란나aranya까지는 그 범어의 원음을 한자로 음사한 것이죠. 이것도 '아a'가 무無라고 본다면, '란나ranya'는 분주하다, 다툼이 있다, 이렇게 되니까 내 마음에 다툼이 없다, 그것을 번역한 것이 그게 무쟁無諍이죠. 내 마음에 산란함이 없고, 갈등이 없고, 번뇌가 없는 그러한 행을 즐긴다, 즉 아란나행을 즐긴다고 말씀하시지 않았을 것이니

以須菩提實無所行일세 **而名須菩提 是樂阿蘭那行**이니다

수보리가 실로 이러한 행을 하지 않았으므로(아란나행을 즐기면서 내가 아란나행을 즐기는구나 하는 상을 내지 않았음으로), 수보리가 이렇게 아란나행을 즐기는 사람이구나 하고 이름 붙였을 것입니다.

기쁜 환희지에 들더라도 분별이 없는 그런 환희지라고 하는 것은, 아상·인상·중생상·수자상이 없는 환희지입니다. 만일 내가 이 불법을 누리고 이 법열을 누리는 그런 생각이 든다면 법열을 누리지 않는 남이 있고, 중생이 있고, 수자가 있게 되니까 사상의 분별로 인해서 그것은 무상의 그런 아란나행을 즐기는 사람은 못 될 것이기 때문이지요. 소명태자가 붙인 '일상무상'의 의미가 그렇습니다. 제9분의 일상무상은 한 상도 없다, 이 말씀입니다.

벚꽃이 만개하고 많은 사람들이 벚꽃구경을 하는데, 거기에 어떤 관념이 있을까요? 그냥 좋은 거죠. 저절로 감탄사가 나오고, 남녀노소 할 것 없이 그냥 즐거운 거죠.

열락의 세계, 법열의 세계에 들어가면 무유고하란 말씀입니다. 아뇩다라삼보리가 그렇게 해서 평등이라고 나중에 표현하셨듯이, 그 세계는 평등이고 무유고하라. 또 그런 것을 마음에 증하는 그런 상도 분별도 없다는 말입니다.

꽃이 만개할 때 꽃을 보고 좋아하는 그 마음이라고 하는 것은 법열하고는 많이 다르겠지만, 상이 없는 일상무상의 자리가 아닌가요? 거기에 무슨 조건이 붙고, 관념이 붙고, 분별이 붙고 하겠습니까? 자기 마음을 다 비우고 자기 마음의 그림자도 없이, 어떠한 때와 티끌도 남음이 없이 보고 좋아하는 그 자체, 우리는 그걸 순수한 마음이라고 합니다. 그런데 그게 분별이 없는 청정한 마음의 자리일지 몰라도 항상하질 못하잖아요. 벚꽃 볼 때는 좋았지, 그 다음에 돌아와서 생각은 하지마는 꽃 지고 나면 아, 이거 무상하구나, 덧없구나, 그렇게 되죠. 그런 것은 일시적이기 때문이지요. 그러나 일시적이라고 하는 하나의 순간이 영원하다고 생각해 보세요. 열반은 그런 것입니다. 일시적인 것이 아니라 그것이 항상합니다. 아라한도에 이르렀을 때 그 즐거움이라고 하는 것을 항상하다고 생각해 보세요. 항상 아란나행을 즐긴다면, 그걸 뭐하고 바꾸겠어요? 아란나행을 즐기고 있는 사람 같으면 세간의 어떠한 가치와 의미도 비교할 수 없는 거예요.

희랍의 어떤 철인 앞에서 알렉산더 대왕이 소원을 물었습니다.

"그대, 보아하니 상당히 현철한데 그대의 소원을 내가 들어주고 싶소. 그대 소원을 한번 말씀해 보시오."

"대왕이 지금 내려 쪼이고 있는 햇빛을 즐기는 나에게 그림자를 드리워서 이걸 가렸으니, 그걸 비껴주는 게 소원입니다. 그 이외의 소원은 없습니다."

이걸 이해하셔야 돼요. 아마 오늘날 소득심所得心을 가지고 있는 사람들은 '어이구, 그럴 수가 있느냐. 얼마나 많은 소원을 얘기해서 뜻을 이룰 수가 있을 텐데, 그럴 수가 있느냐!'라고 하겠지만, 이것은 다른 것이죠.

무위세계, 무위법이라고 하는 이 세계의 의미 가치와 유위세계, 소득심으로 가득 차 있는 기세간의 의미 가치는 현격하게 큰 차이가 있습니다. 하늘과 땅의 차이라고 할 수 있어요. 이 세계로 진입해서 예류가 되는 수다원에 들어가게 되면, 물론 7생을 태어나고 죽고 한다고 하지만은, 이미 입류가 되었기 때문에 계속 닦아서 이 아란나행을 즐길 수 있는 무쟁삼매의 경지에서 항상하는 세계의 아라한도를 얻게 된다는 그 말씀입니다.

그러나 얻었다고 하는 생각은 없을 것이고, 그런 상을 가질 아무런 관념도 분별도 없는 것이지요.

한 번 다녀가시다

빛은 한 번 다녀가시는 것이 아니로되

이름이 한 번 다녀가시니
세상에 한 번 다녀가시는 일이 쉬운 일이랴

수많은 빛살의 하나를 안고
한 생명씩 노래 부르다 가시는 님들
길거나 짧거나
하루거나 겁이거나
빛살로 왔다 가시는 길이 한 번뿐이랴

다시 오지 아니 할 듯 가신 님이
창공에 가득한 노래를 싣고
몇 은하계 아득한 광년을 지나
아름다운 이 별 잊지 못하고
빛으로 된 그들을 보기 위해 또 오셨네

무량한 시간과 생명으로
다녀가실 때마다 한 번이긴 하지만

10. 정토를 장엄하는 말씀

*정토는 불국정토인데 정토를 장엄할 수가 있는가? 하는 말씀도 나오게
 됩니다.

───────────────

佛告須菩提하사되 於意云何오 如來 昔在燃燈佛所에 於法에 有
所得不아

부처님이 수보리에게 이르시되, 그대 생각은 어떠한가. 여래께서
는 지난 옛적 연등부처님 계신 곳에서 법에 얻은 바가 있는가?

不也니다 世尊하 如來 在燃燈佛所에 於法에 實無所得이시니이다

아닙니다, 세존이시여. 여래께서는 연등부처님 계신 곳에서 법에
실로 얻은 바가 없습니다.

　보통 중생은 연등부처님은 바로 석가모니부처님이 이 다음 주세불
이 되어서 중생을 제도하겠다고 서원하실 때 수기를 주신 부처님이시

니까, 그 부처님 처소에서 무슨 얻은 법이 있어서 그렇게 수기를
받게 됐습니까?라고, 그렇게 생각할 수가 있죠. 거기에 대해서 수보리
존자의 대답이 단호하게 "아닙니다, 세존이시여. 여래께서는 연등부
처님 계신 곳(회상)에서 실로 아무런 관념과 분별이 다 없어져서
얻은 바가 없습니다"라고 합니다.

여기에서 관념과 분별이라고 하는 것은 자기 자신의 아·인·중생·수
자가 낳는 그러한 상의 생각들, 또 어떤 법이 있다고 하는 그 관념인데,
그것은 바로 중생이 아직도 탐진치라고 하는 그런 분별이 남아 거기에
그림자를 드리울 수 있기 때문에, 그런 것이 다 사라지고 텅 비어서
깨끗이 아무것도 없는 상태가 되었다는 이 말씀입니다. 그러니까
거기에 얻을 바도 아무것도 없었던 것입니다.

須菩提야 於意云何오 菩薩이 莊嚴佛土不아 不也니다 世尊하 何
以故오 莊嚴佛土者는 卽非莊嚴일세 是名莊嚴이니이다

수보리야, 네 뜻에 어떠하냐. 보살이 불토를 장엄할 수 있느냐?
아닙니다, 세존이시여. 왜 그런고 하니 불토를 장엄한다고 하는
것은 곧 장엄이 아님일세, 그 이름이 장엄입니다.

장엄이라고 할 때는 보통 우리가 복덕장엄이라고 하는 걸 생각할
수 있는데, 바로 양무제가 사찰을 많이 짓고 불사를 많이 하는 그것이
복덕장엄이라고 할 수 있겠죠.

어느 사찰을 중수한다거나, 혹은 새로운 거대한 야외 불상을 모신다
거나, 도량을 꾸민다거나 이러한 것은 다 바깥 외양으로 하는 그런
장엄이 되겠습니다마는, 여기에서 진정한 장엄은 그러한 복덕장엄보
다도 지혜장엄이다, 내 한 마음을 깨끗이 하고 밝혀서 이 한 마음이
청정하면 곧 부처님 불토가 장엄되는 것이다, 이게 궁극적인 장엄이에
요. 바로 육조혜능대사도 심장엄, 마음의 장엄을 중요시했고, 『금강
경』에서 부처님이 말씀하시고자 하는 것도 그 장엄입니다.

『원각경』에 '한 마음이 깨끗하고 조촐하면 다른 모든 이의 마음이
다 그렇게 깨끗해질 것이고, 한 세계가 청정하면은 모든 세계가 다
청정해질 것이다'고 하셨습니다.

그 청정한 국토, 이것이 바로 부처님 불토를 장엄하는 것이다,
이렇게 말씀드릴 수가 있죠.

제가 지금 깨끗하지 못한 마음을 발하면서 부처님 불토를 장엄한다
고 하는 것은 있을 수가 없는 것이고, 또 그러한 마음을 닦지 않고
외양으로 하는 장엄이라는 것은 진정한 장엄이 될 수도 없는 것입니다.

그래서 여기서 이제 '왜 그런고 하니 불토를 장엄한다고 하는 것은
곧 장엄이 아님일세, 그 이름이 장엄입니다'고 한 것입니다.

是故로 須菩提야 諸菩薩 摩詞薩이 應如是生一淸淨心하되 不應
住色生心이며 不應住聲香味觸法生心이니 應無所住하야 而生
其心이니라

이런고로 수보리야, 모든 보살 마하살이 응당 이러히 청정한 마음을 내되 형상에 머물지 않고 마음을 내며, 또 소리와 향기와 맛과 감촉과 관념에 머물지 않고 마음을 낼 것이니, 응당 머물 바 없이 그 마음을 낼 것이니라.

이 구절이 사구게로서 형성은 안 되어 있습니다마는, 앞에 '범소유상 개시허망 약견제상비상 즉견여래'라고 하는 그 사구게를 응무소주 이생기심하는 것으로 받아주는 그런 표현을 하게 되죠. 단지 앞에 조건이 길기 때문에 사구게로 언뜻 인식을 못하게 됩니다. 왜 그런고 하니 그냥 응무소주 이생기심이 아니고 청정심해서 색성향미촉법에 머물지 않는 이생기심生其心이라 이 말씀이에요.

한 마음이 조촐해지면 모든 이의 마음이 조촐해진다고 하는 것은, 아·인·중생·수자가 사라지게 되면 바로 자기라고 하는 관념이 없어지는데, 그 관념이 없어짐과 동시에 모든 것이 자기가 됩니다. 그러니까 나와 남이라고 하는 관념의 분별이 없어짐과 동시에 모든 일체법이 다 자기가 된다는 것이죠. 우리말에는 고어에 해당되지만 '오등吾等'이라고 하는 표현이 바로 '나들'이라고 번역할 수 있는데, 나들이라고 하는 것은 사실상 우리들 하는 것보다는 조금 더 나에 대한 원어를 확장시킨 거죠. '남'이 아니라 '나들'이란 말예요. 그 사람들이 다 나들이고 우리가 다 나들이에요. 내 가족, 우리 가족, 내 나라 하지만, 우리나라 그렇게 되면 모든 바깥으로 보이는 것이 나들이라는 말씀입니다.

그 마음은 내가 비워진 깨끗한 마음입니다. 내 이익과 나에게 어떤 쾌락을 주는 즐거움이라든가 그러한 작은 나를 벗어던진 근본적인 청정한 자기이기 때문에, 모든 보이는 데에 대한 마음을 내는 것은 깨끗하고 밝은 마음으로 그 대상을 향할 수가 있다는 겁니다.

지금 제9분에서 우리가 수다원을 공부했죠. 수다원이 바로 입류로서 '불입 색성향미촉법'이라고 그렇게 얘기를 했어요. 색성향미촉법에 끄달리지 않고 거기에 영향 받지 않는 첫 관문이자 성인류에 들어가는 흐름이지요. 여기 지금 '응무소주 이생기심'은 바로 수다원과의 마음에 거의 가깝다고 봐야 됩니다.

나무꾼이었던 노응(후의 혜능)이 어느 날 나무를 해서 시장 가운데로 내려왔는데, 노모를 봉양하는 그 사람이 시장에서 어떤 이가 여러 사람하고 대화하는 것을 들었어요. 저 황매산 어느 도인이 '응무소주 이생기심'이라고 하는 그 말씀을 『금강경』 구절에서 했는데, 그것이 참, 도인 자기는 그 말이 좋으면서도 그 깊은 뜻을 따라 알 수가 없단 말입니다. 그런데 노응이 그 얘기를 듣는 순간 자기는 알겠단 말씀이에요. '아, 머물 바 없이…… 그게 바로 그런 말이 아닌가' 하고 그것을 알아듣겠는데, '어디 가서 그 말씀을 들었습니까?' 하고 나무꾼이 느닷없이 물으니까, 그 도인이 '아니, 이런 사람이 이 말을 알아듣겠는가? 이것 참 신기한 일인데. 머리가 이렇게 밝다면 황매산 홍인대사한테 가서 직접 접견을 하고 들어보는 것이 좋겠다'라고 합니다. '아, 저는 겨우 나무해서 노모를 모시고 있는데 이것을 어떻게 합니까? 갈 노잣돈도 없거니와 노모를 모셔야 하는데…….' 그러자 도인이 '네가 그렇게 근기가 있고 총명하다면 그것은 내가 책임을 지마. 노잣돈도 거기까지 갈 것을 내가 주마. 거기 가서 마음을 닦아봐라'고 합니다.

그래서 이제 황매산 홍인대사 앞으로 갔죠. 긴 과정은 생략을 하고.

대화를 하는 중에 홍인이 보니까 근기가 있고, 그릇이 상당히 크고, 텅 비어 있는 그릇으로 곧바로 깨칠 수가 있겠다 싶었죠. 그런데 거기에는 여러 많은 상좌와 수좌들이 보고 있으니까, '네가 뭘 그렇게 안다고 하느냐. 저기 가서 방아나 찧고 있어라. 찧고 있으면 내가 언제 한번 가보겠다'고 하였습니다.

그러니까 이제 가서 돌을 등에다 지고 방아를 빙빙 돌리는데, 방아를 계속 찧고 있으니까 몇 달이 지나서 홍인대사가 오셨단 말입니다. '얼마나 익었느냐?' 하고 물었습니다. 방아를 찧는 거야 바로 쌀하고 껍데기를 이렇게 돌려서 하지요. 요즘은 기계가 있으니까 자동으로 분리가 되고 하지만.

그런데 대답을 하셨어요. '제 생각엔 아마 익기는 했는데 아직 키지를 못해서 분류가 안 됐습니다.' 그렇게 해서 주장자를 세 번 찍고 들어 가셨는데, '삼경에 가서 『금강경』을 쭉 읽어 내려가는 구절에서 마음이 홀연히 밝은 한 기운과 접하게 되면 일러라' 하고 이르고 가셨습니다. 혜능은 이미 들었던 구절이긴 하지만, 응무소주 이생기심에서 확연한 것을 깨달으십니다.

그래서 이제 이 구절로 인해 육조대사가 탄생했다고 해서 널리 회자되고, 이 구절이야말로 사구게에 넣어도 될 만하다고 합니다. 왜 그런고 하니 '범소유상 개시허망' 했을 때는 굉장히 부정적인 그런 어떤 세계에서 자기 마음을 다스리고 닦아야 되는 분별을 다 허망한 것으로 봐서, 밝은 것으로 채우려면 일단은 분별이 다 틀린 것으로 알아야 된다고 봅니다. '약견제상이 비상이면 즉견여래니라.' 그래서 이렇게 됐는데, 그 다음에는 어떻게 되어야 하느냐? 물론 전제 조건은 '불입 색성향미촉법'과 마찬가지로 색성향미촉법에 불응하는, 응당 거기에 머물지 않는 그러한 청정심입니다.

그러니까 외경의 형상이라든가 물질이라든가, 감촉에서 나오는 모든 감각 기관 거기에 마음이 영향을 받지 않을 정도로 마음을 비우고 깨끗해졌을 때, 본마음의 확고한 줏대가 섰을 때, 마음을 머물지 않고 마음껏 내도, 그것이 다 나들(吾等)을 위해서 유익할 수가 있겠다는 겁니다. 나들은 바로 남이죠. 모든 중생을 위해서 유익한 그런 것을 해줄 수 있을 것이라는 거예요.

그게 보살심이 되겠는데, 색성향미촉법이라고 하는 것은, 우리가 살아가면서 항상 일상생활에서 거기에 대응하는 마음으로 우리가 살고 있습니다. 사실 떠나버릴 수가 없죠. 왜 그런고 하니 눈에 보이는 계단을 내려갈 때는 계단 하나하나 잘 쳐다봐야 되고, 앞에 오는 차가 있나 없나 잘 봐야 되고, 무슨 경고의 소리가 났는지 안 났는지 들어야 되고, 일상생활이 전부다 그러한 것과 연결이 안 된 것이 거의 없죠. 내가 앉을 자리가 깨끗한가 보고 앉아야 되고, 행주좌와가 다 연관이 되어 있습니다마는, 이런데 머물지 않고 마음을 내라는 것이 아니고 감각기관에 휘둘리지 말라는 말씀이지요.

이게 참 쉬운 것 같으면서 어렵지 않느냐는 거예요. 아마 객주에서 노응은, 나중에 혜능이 됐습니다마는, 즉 홍인대사로부터 혜능이라는 법호를 받고 혜능대사가 됐습니다마는, 그것 참 좋은데 잘 못 알아듣겠다 하는 것은 바로 그 뜻일 거예요. 그렇게만 살 수 있다면 참 좋겠는데, 자유롭고 얼마나 모든 것에 구속받지 않고 내 마음을 깨치는 대로 그렇게 살 수가 있을까. 그게 앞 전제 조건에서 머물지 않고 그 마음을 내라 했으니까 이거 어떻게 해야 되는 건가? 머무르지 말고 마음을 내라고 하는 것은 이 본마음을 잘 들여다봐서……, 본마음이라고 하는 것은 그렇게 영향 받는 바깥 외경의 마음에 휘둘리는 마음이 아니라는 이 말씀이에요. 저 사람이 나한테 불쾌하게 했다고 해서 내가 불쾌해하고 화를 낸다거나, 꼭 가지고 싶은 것이 있는데 저걸 어떻게든지, 저걸 무리해서라도 가져야 하는데 하는 마음이라든지, 이런 것은 탐진치가 발동할 수가 있어요. 그것 참 맛있는데 그거 한번 먹어 보고 싶다거나, 별거 아닌데 몸뚱이라고 하는 것이 어떤 좋은 것이 닥치게 되면 그걸 해보고 싶단 말예요. 어린아이일수록 단순하니까 그냥 점점 거기에 빠져 들기가 쉽죠. 대강 인격이 생기고 성숙하면은 아, 그것은 적당하게 조화롭게 거기서 그쳐야 돼, 과식하면 안 돼, 맛있다고 자꾸 먹으면 탈이나, 그러니까 적당히 먹어, 이런 자각이 생기지요.

하나의 예로 결혼 초기에 누가 강아지를 줘서 내자가 강아지에게 밥을 주는데, 내자는 주는 것을 좋아하니까 강아지에게 자꾸 누룽지 같은 걸 끓인 것도 주고 해서(강아지는 그렇게 주면 안 된다고 하는데) 자꾸 먹는데, 종당에 배가 터져서 죽는단 말예요. 자기를 컨트롤할 줄 모르니까요. 그게 짜구가 났다고 표현을 하든가요? 그래서 묻어주면서 아, 인간도 잘못하면 탐하다가 이렇게 될 수가 있는데……, 그러나 미물이니까 어떻게 할 수가 없잖아요. 성숙한 개라면 그렇게까지 먹지는 않았을 텐데…….

사람도 미숙하면 그렇게 탐착해서 자기도 모르는 미망에 빠지기 쉽단 말예요. 이는 하나의 비유가 되겠는데, 조절할 줄만 안다면 그리 되지는 않겠지요. 『원각경』에 그렇게 얘기했어요. '내 몸에 있는 모든 것이 먼지와 티끌인 줄 알고 이것이 환인 줄 알면, 그 다음에 전개되는 색성향미촉법의 세계가 한없이 깨끗하고 맑고 환희로운 그런 세계로 변하게 된다'라고요. 그것이 바로 부처님 세계의 장엄된 양상입니다.

한 마음이 깨끗하면 모든 마음이 깨끗하고 한 세계가 조촐하면 모든 세계가 조촐하니라.

누구의 마음이라도 다 이 경지에 간다면 그 세계는 불토의 세계가 될 것이다, 사바의 세계이지만 사바 정토가 될 것이다. 우리가 지금 예술의 입장에서 본다면, 색성향미촉법을 부정해 버리고 나면 예술이 설 자리는 어디에 있느냐? 음악은 바로 듣는 소리에 입각한 것이고, 미술은 보이는 세계에 의한 것이고, 모든 성향미촉법도 하나의 외경에 대한 것으로서 전문분야도 생겼는데, 이들을 다 부정해 버리고 나면 인간의 그 감각기관으로서의 승화된 그 세계를 뭐라고 표현해야 되느냐? 그런데 염려할 것이 없어요.

『원각경』에는 '일체실상 성청정一切實相 性淸淨 당지육근 편만법계 當知六根 偏滿法界'라고 하셨어요. 각성覺性이 두루 차고 청정하면 6근이 법계에 가득한 것임을 알라는 뜻입니다.

베토벤은 귀머거리가 되고 귀가 먹고 나서 신의 소리를 들었다고 하고 하늘의 소리를 들었다고 하는 그런 것이 있고, 또 밀턴의 『실낙원』에도 눈이 멀면서 천국에 대한 모습을 보게 됐다는 말이 있습니다.

천안제일 아나율도 어떤 자극으로 용맹 정진하다 보니 눈이 못

쓰게 됐고, 그로 인해 천안제일이 됐죠.

외경에 대한 것이라고 하는 것을 어느 정도의 선에서 영향을 받지 않을 정도로 자기 본마음이 서게 되면, 그것은 높은 경지에서 다시 구사할 수 있는 그러한 세계로 진입하게 됩니다. 밝은 회향이죠. 응무소주 이생기심이라고 하는 여기까지 오게 되면 아주 자유인이 되는 것이죠. 지난 번 청년법회에서 아뇩다라삼먁삼보리를 평등과 자유, 평화로 보았는데, 바른 지혜 삼보리에 이르게 되면 삼먁은 바른 평등입니다.

오늘날 민주주의에서 보는 바른 평등, 바른 지혜에 이르게 되면, 그것이 바로 바른 해탈, 멸도, 열반과 자유가 같은 표현이기 때문에 대자유인이 되는 것이죠. 스스로 자기 감각기관의 어떤 사슬에서부터 벗어나서 자유로운 자유인이 되는 것이죠.

그 다음에 선정의 지혜 반야에 이르게 되는 삼매, 그것이 바로 평화를 가져오는 것입니다. 우리가 궁극적으로 바라는 것은 이 세계가 평화의 세계, 누구나 기쁨과 환희와 사랑을 서로 나눌 수 있고 주고받을 수 있는 세계, '나'라든가 '남'이라는 장벽이 무너지고 "나들"이 되어 서로 공유할 수 있는 그 세계를 인류가 추구하는 것이고, 그것이 장엄된 불토의 모습이고, 그렇게 장엄된 불토를 우리는 정토라고 부르는 것입니다. 서방에만 정토가 있는 것이 아니라 이 마음속에 정토를 이루게 되면 결국은 사바 속에서도 정토, 불토를 만들어 갈 수 있는 것입니다. 그렇게 됐을 때 응무소주 이생기심은 커다란 에너지와 힘을 발할 수 있는 것이지요.

須菩提야 譬如有人이 身如須彌山王하면 於意云何오 是身이 爲

大不아 須菩提言하되 甚大니다 世尊하 何以故오 佛說非身이 是

名大身이니이다

수보리야, 비유하건대 어떤 사람이 있어서 그 몸이 수미산왕만
하다면 네 생각은 어떠하냐. 이 사람 몸이 심히 크다고 하지 않겠느
냐? 수보리 여쭙되, 심히 큽니다, 세존이시여. 왜 그런고 하니
부처님이 말씀하신 몸이 아닌 것은 그 이름이 큰 몸이기 때문입니다.

　　이 몸이라고 하는 신체를 수미산왕에 비유했지만 사람의 몸뚱이가
그렇게 클 수는 없는 것이죠. 마음이 크다면 가능하겠지만요. 마음의
크기라고 하면 어떤 물질에 비유해서 그 크기를 말할 수도 없는 것이죠.
무변하고 광대한 마음의 비유라고 한 것은, 그러니까 응무소주해서
이생기심하는 그런 사람이 있다면 그 사람의 마음은 이렇게 큰 몸뚱이
를 지닌 것에 비유할 수가 있을 것이라는 말입니다.

11. 무위복이 수승하다는 말씀

須菩提야 如恒河中 所有沙數如是沙等恒河를 於意云何오 是諸
恒河沙가 寧爲多不아

수보리야, 항하 가운데 있는 모래수만한 항하가 있다면 네 뜻에
어떠냐. 이 모든 항하의 모래가 심히 많지 않느냐?

須菩提言하되 甚多니다 世尊하 但諸恒河도 尙多無數온 何況其
沙리니이까

수보리 여쭙되, 심히 많습니다, 세존이시여. 그 모든 항하의 수도
수없이 많겠거늘 하물며 그 항하에 있는 모래이겠습니까.

한 항하의 가운데 있는 모래수만한 항하가 있고, 다시 이 모든
모래수만한 항하에 또 모래가 있다면 우리가 생각하기 힘들 정도로
많은 숫자입니다. 얼마나 많겠느냐 하면, 항하는 갠지스 강이 되겠는
데, 갠지스 강에 있는 모래수만한 갠지스 강도 형용하기 힘들 만큼
많다고 해야 되겠는데, 다시 그 속에 있는 모래수라 하면 기하급수라고

해야 됩니까? 어떻게 표현을 할 수 없을 정도로 많습니다. 지금은 한강에 세細모래가 없어졌습니다마는, 동작동에 세모래가 조금 남아 있는 것 같기도 하구요. 반포에서 조금 위로 올라가면 거기 그대로 모래가 조금 남아 있는 곳이 있어요. 갈대밭이 있고 요즘은 자꾸 시멘트를 발라 놓은 곳을 뜯어내고 자연 상태로 만들어서 생태계를 자연스럽게 하고 있는데, 거기에 있는 모래수와는 비교할 수가 있죠. 부처님은 늘 갠지스 강변을 많이 왕래하시면서 법문하시게 되니까 갠지스 강을 비유로 많이 드셨고, 숫자 많은 것을 비유할 때는 갠지스 강의 모래, 또는 갠지스 강의 모래만한 갠지스 강의 모래로 비유하셨으니, 어리둥절할 만큼 많다는 말씀이에요.

須菩提야 我今에 實言으로 告汝하노니 若有善男子善女人이 以七寶滿一爾所恒河沙數三千大千世界以用布施하면 得福이 多不아

수보리야, 내가 지금 실다운 말로 네게 이르노니 만일 선남자 선여인이 있어서 일곱 가지 보배를 이 항하의 모래만 한 숫자의 삼천대천세계에 가득 채워서 보시를 한다면 여기에서 얻는 복이 많지 않느냐?

그런데 삼천대천세계는 그때로서는 하나의 우주관이라고 볼 수 있겠지요. 수미산이 솟아 있고 동서남북으로 사대주가 있고 거기에 몇 겹의 산들이 있고 그렇게 있는 세계가 한 세계입니다. 그 세계에 1,000을 더한 세계가 세 번 있으니까 약 십억 되는 세계이죠. 수미산의 숫자로 10억이라는 얘기고, 그렇게 분별된 세계도 10억인데, 10억이 다시 항하사 모래수만큼 있다 이 말씀입니다.

오늘날 양자물리학에서 우주론을 얘기할 때, 우주가 우리가 보고 있는 한 우주만이 아니라 다른 우주가 있다고 봅니다. 진보된 그런 이론에서 우주로 본 것은, 우리 우주에서 본 하나의 관찰이며 생각이고, 실제로는 여러 겹의 우주가 있다는 겁니다. 가설인지는 모르겠습니다 만, 우주마다 다른 어떤 원리를 적용시킬 수 있다고도 볼 수 있죠.

부처님이 말씀하신 것도 어떻게 보면 다중 우주와 비슷한 것이 되지 않을까요. 그래서 우리가 다 미뤄 봤을 때는 삼천대천세계를 한 우주로 보거든요. 삼천대천세계는 그것이 그때 시대로는 한 우주관 이겠구나 하는 생각이 들어요. 그런데 이것이 모래수만한 숫자로 은하계처럼 한 공간에 들어 있고, 또 그것이 다른 여러 공간에 퍼져 있다면 그것은 참 대단한 생각이시죠. 이렇게 비유로 말씀하시고 거기에다 7가지 보배를 가득 채워서 보시를 하면 그 복이 얼마나 많겠느냐는 거죠.

須菩提言하되 甚多니다 世尊하 佛告須菩提하사되 若善男子善 女人이 於此經中에 乃至受持四句偈等하야 爲他人說하면 而此 福德은 勝前福德하리라

수보리 여쭙되, 심히 많습니다, 세존이시여. 부처님이 수보리에게
이르시되, 만일 선남자 선여인이 이 경 중에 내지 네 글귀 게송이라
도 받아 지녀서 남을 위해서 얘기를 한다면 이 복덕은 물질로
가득 채워서 보시하는 그전 복덕보다도 나은 것이니라.

'승전복덕勝前福德하리라'에서 이 '승勝'이라고 하는 것은 수승하다
고 하는 승도 되기 때문에 무위의 복이 수승하다 이 말씀입니다.
오늘날은 물질화되어 있는 것을 중시하는 세계이기 때문에 자꾸 가시
적이고 계량적이고, 또 우리가 눈에 뵈는 세계를 사람들이 따라가고
그걸 찬양하고 이러는데, 그러다 보니까 참 많은 갈등들이 생기고
진정한 행복이 아니지 않느냐? 우리가 마음속에 깊은 기쁨을 느끼지
않고 끊임없이 이렇게 좇아가다 보면 인간의 마음이 점점 황폐해지지
않겠느냐, 그런 염려를 많이 하죠.

그런 자리에서는 다시 진정한 행복이라는 것은 무엇이냐? 참다운
행복은 뭐냐? 이것을 묻게 됩니다. 오늘날 부를 성취하고 물질이
풍성하게 되면 반드시 이 질문을 다시 하게 됩니다. 이것은 꼭 철학적인
질문이 아니라 누구나 자기 마음속 깊은 곳에서 한번쯤은 성찰하게
되는 그런 질문입니다. 이것이 내가 추구하는 본모습인가? 나의 참다
운 본모습은 어디에 있는가? 그걸 되돌아보게 되죠.

거기에서 결국 우리는 바로 이 무위복성분無爲福勝分을 말할 수가
있어요. 여태까지 추구했던 모든 것이 유위복이라고 한다면, 무위복이
라고 하는 이 무량한 기쁨의 세계, 여기에는 조건이 없어요. 조건으로

추구했던 행복이 충족되고 보니까 참 허무하단 말예요. 조건은 다시 조건을 부르기 때문에, 조건의 충족이 완전한 마음의 기쁨을 가져오지 못합니다. 또 다른 조건이 생기겠죠. 반드시 거기에는 조건으로 인한 고통을 받게 됩니다. 반드시 그래요. 그것을 충족하고 나면 고통이 없을 것 같았는데, 이렇게 고통이 따라오면 근본적인 자기 성찰과 회광반조를 통해서 다시 한번 자기 본모습을 들여다보는 순간에 아하, 이것이 아닌 무위복이 있었구나, 이것을 체득하게 되는 것이죠.

『깨달음의 노래』라고 하는, 어느 분이 발간한 책에 순치황제의 게송이 있어요.(세간에는 '순치황제 출가시'로 알려져 있음) 순치황제가 전생에 스님이었는데, 황제 노릇을 하다 보니까 중원을 통일하기 위한 많은 전쟁도 하고 치적도 많았는데, 18년 동안 자금성의 주인 노릇을 하다가 자기를 들여다보게 돼요. 그래서 보니까 자기가 전생에 스님이었거든요. 어쩌다 보니까 수행 중 한 마음을 발한 인과로 왕이 되어서 그 일을 하고 있는 거예요. 그래 다시 옛날 모습으로 돌아가게 돼요. 그래서 다시 스님으로 돌아가요. 황제가 스님으로 돌아간 예가 전혀 없는 건 아닙니다만, 순치 황제의 예는 특별한 게송을 만들었어요. "백년 삼만 육천 일이 승가의 반나절만 못하구나"라고요.

물론 많은 사람들이 말리고 모두가 야단이 났고 그랬는데, 못 말리는 거예요. 싯다르타 태자가 성문을 빠져 나가서 자기 본모습을 찾겠다고 하는데 아무도 못 말렸어요. 말릴 수가 없어요.

제가 저번 겨울 교불련 수련대회를 목정굴木精屈이 있는 북한산 금선사金仙寺에서 했는데, 목정굴이 바로 농산弄山스님이 순조 임금으로 환생한 수도 도량입니다. 목정굴 위에서 보면 북한산의 성곽이 밤에 불이 켜져 밝더라고요. 그 너머가 경복궁이 되겠지요. 궁까지 좌탈입망하고 서기가 쫘악 뻗쳤는데 이 서기가 어디서 왔나 가보니까, 목정굴에서 좌선한 채로 열반하신 스님이 계셨습니다. 바로 이 일 이전에 정조왕과 농산스님의 도반 용파스님과는 내정이 있었어요.

정조왕이 고민이 있어서 후손 고민을 하니까 용파스님이 '제가 수행에는 장애가 되지만은, 그 일을 해결해 드리죠'라고 했습니다. 그래서 기도한 결과 농산스님이 그 일을 수락했습니다. 그래서 농산스님이 순조로 환생하게 됩니다. 그때는 조선시대라 불교가 탄압을 받고 형편없는 지경이 되어서, 아마 스님께서는 내가 향상시킬 수 있는 방편이 없을까 하셨을 거예요. 불교를 위해서 말이죠.

영조, 정조, 순조 시대의 치적은 비교적 안정된 치적으로 평가되는데, 순조는 존중을 받는 임금으로서의 책무를 다했던 것입니다.

밝은 무위복을 닦게 되면 세간에서의 유위복 같은 경우는 응무소주 이생기심함에 따라서 그렇게 현현될 수가 있겠죠. 한 생각이 한 세계를 현현시키고, 한 생각이 있음에 한 세계는 있고, 한 생각이 없음에 한 세계는 없다는 이것은 연기사상에도 연루가 되지만, 실제로 우리 생활에도 그렇습니다. 내가 오늘은 몸이 좀 안 좋고 날씨가 안 좋아도 오늘 법당에 꼭 가야 마음이 안정이 되겠다고 하면은, 여기 와 앉아 계시는 것이죠. 그것은 틀림이 없어요. 한 생각이 있음에 한 세계는 있고, 한 생각이 없음에 그 세계는 없습니다. 일상생활을 가만 보십시오. 하루하루가 그러해서, 그 사람을 오늘 내가 꼭 만나야 되겠다고 하면 그 사람한테 가 있는 겁니다. 그 사람이 날 만나자고 하는데 나는 참 만나고 싶지 않아, 그러면 만나지 않는 겁니다.

그러기 때문에 한 마음을 어떻게 쓰느냐? 밝게 쓰느냐, 가치 있게 쓰느냐, 한 마음이 의미 있는 세계를 만들어 내느냐, 그 마음이 얼마나 잘 닦여서 청정해져 자유로운 세계를 창조할 수가 있느냐, 그래서 얼마나 남에게 유익하고 의미 있는 세계를 줄 수 있느냐 하는 것은 자기가 닦은 대로의 마음의 현현입니다.

그 마음을 닦아서 남을 밝고 이롭게 일러줄 수 있다면, 이 복덕은 그러한 삼천대천세계에 가득 칠보로 채워진 보시공덕보다도 나은 것이라고 하셨어요. 칠보로 가득 채운 보시공덕도 한 마음을 냈으니까 그러는 거예요. 급고독장자가 '내가 부처님 모시는 이 동산을 사야 되겠다'고 하는 마음을 확고히 냈기 때문에 다른 것은 의미가 없어요. 내 모든 재산을 깔든 말든 상관이 없어요. 오직 한 마음이 현현된 거죠. 그 마음을 확고히 안 냈으면 '뭐, 금을 다 깔아서 이런 땅을 사? 어이구 힘들게 말야' 그럴 거 아니에요? 급고독장자는 가시고 없지만, 안 그랬으면 2,500년이 지난 지금 급고독장자가 누군지 알기나 하겠습니까? 유위복이긴 하지만 많은 무위복을 나툴 수 있어요. 그것도 어떻게 의미 있게, 가치 있게 잘 활용하느냐에 따라서 말예요.

12. 바른 가르침을 존중하는 말씀

復次須菩提야 隨說是經하되 乃至四句偈等하면 當知此處는 一切世間天人阿修羅皆應供養을 如佛塔廟온 何況有人이 盡能受持讀誦이라

다시 수보리야, 이 경 내지 사구게 등을 따라 설하면 마땅히 알아라. 이곳은 일체세간의 하늘과 사람과 아수라가 모두 다 공양을 부처님 탑묘와 같이 하겠거늘, 하물며 어떤 사람이 있어 능히 이 경을 받아 지녀 독송함이라.

물론 『금강경』 자체를 좇아가면서 얘기를 해준다고 하는 그것은 전체적인 것이 되겠습니다마는, 네 글귀의 사구게 게송이라도 설한다면 그게 바로 부처님의 탑묘와 같이 일체 세간의 천, 인, 아수라가 공양을 할 것이라는 겁니다. 밝은 기운이 있는 곳은 반드시 유유상종의 밝은 기운이 호념하고 부촉할 것이라는 것이죠. 여래께서는 실지실견 悉知悉見한다고 하신 그 말씀이, 당신과 동조되는 어떤 사이클이 지금 작동되어 있어요. 그러면 자연히 주파수가 맞게 되니까 실지실견하시

겠죠. 자연히 거기에 대해서 호념을 하시게 되는데, 그 기운은 바로 이런 데바(天), 그 다음에 '밝은 이', 『금강경』을 공부한다는 아수라까지도 부처님이 호념한 것과 같이 공양을 할 것이다는 겁니다. 이 아래 아귀, 축생, 지옥 중생은 고통을 받느라고 미망에 빠져서 그런 밝은 기운에 공부하는 것이 많이 어렵겠죠. 그래도 인간은 지금 가운데 있죠. 아수라도 사실은 어떻게 보면 신이지만 인간보다도 조금 낮추어져 있는데, 왜 그런고 하니, 다투기를 좋아해서 한 번씩 자기 상相을 내서 그렇다는 거예요. 일설에는 수라가 술인데, 아수라가 술이 떨어져 팔을 휘저어 해와 달을 혼란스럽게 만들고 하늘과 전투를 벌였다고 해요. 거기에 아마 술이 있었던 모양이지요. 하나의 신화적인 것이지마는 이 아수라가 『금강경』이 있는 곳은 공경한다고 해요. 『금강경』을 존중하는 거기에는 인간이 『금강경』을 존중하는 것과 같이 3배를 올린다거나 이런 공경을 한다는 것입니다.

그런데 하물며 능히 받아 지녀서 읽고 외우고 한 마음을 닦는다면, 그것은 말해 뭣하겠습니까!

須菩提야 當知是人은 成就最上第一希有之法이니라 若是經典所在之處에는 則爲有佛커나 若尊重弟子니라

수보리야, 마땅히 알아라. 이 사람은 최상의 제일 희유한 법을 성취할 것이니라. 만일 이 경전이 있는 곳에는 바로 부처님이 계시거나 그 존중 제자가 있는 곳이니라.

‘성취최상제일희유지법이니라’ 하는 것은 바로 부처님이 말씀하신 그런 해탈과 자유의 희유한 세계를 깨달음으로 해서 자기가 남에게 유익하고 이생기심할 수 있는 밝고 큰 마음을 내는 것이죠. 열반의 세계, 해탈의 세계, 자유의 세계, 평화의 세계, 이것은 다른 것과도 바꿀 수 없는 희유법이라는 거죠. 이 경전이 있는 처소는 바로 부처님의 밝은 모든 말씀과 기운과 뜻이 있는 곳이니까 부처님이 계신 곳이며, 이 경으로부터 모든 부처님과 부처님의 법이 출현하신다고 그랬잖아요. 그러니까 경에 바로 부처님이 계신다고 봐야죠. 부처님이 계시면 반드시 존중 제자가 함께 할 것 아닙니까? 부처님 제자의 숫자도 많습니다. 처음 5제자로부터 500, 1,250…… 자꾸 많이 불어나서 많아졌죠.

이 경전이 있는 곳은 부처님 계신 것과 같이 공경하고, 이 경전을 독송할 때는 그 제자와 함께하는 마음으로 독송하라는 것입니다.

인도에서의 불교는 점점 북방과 남방으로 나아가서 세계종교가 되었으나, 아쇼카왕의 전성기 이후 몇 왕조가 지속된 다음에 아랍의 이슬람교가 정복을 하게 되고, 무갈 제국이 8세기경에 자리 잡게 되면서 인도에 있는 원래의 힌두이즘이 성장하게 되고, 이렇게 해서 이후로 불자의 수가 많이 줄었어요.

그러나 인도의 사성계급 중에 암베드카르라는, 불가촉천민 출신의 사람이 한 분 있었어요. 많은 자식 중 14번째 아들입니다. 수드라보다 하성계급인 불가촉천민(하리잔)인데, 그러나 밝은 근기와 성품이 있어서 봄베이의 명문대학을 나오고 뉴욕에 있는 콜롬비아 대학도 나오고, 다시 런던에서 경영학과 법학을 공부하게 되었습니다. 그리고 간디가 서거한 뒤에 네루가 인도 초대정부를 세웠을 때 법무부장관이 됐어요. 암베드카르는 늘 불만이, 어떻게 해서 힌두이즘은 카스트제도를 그대로 인정하고 불가촉천민의 수고를 무시해 버리느냐, 그럴 수가 있나 하는 것이었습니다. 그런 면에서는 간디와 상당히 상치되어요. 간디는 힌두이즘을 믿었기 때문에 사성계급 철폐를 적극적으로 수용하지 않았습니다. 암베드카르는 제헌위원회 초대위원장까지 하고, 영국 총독시절에도 무시할 수 없는 존재였습니다. 그는 카스트제도를 인정하는 힌두이즘에 남아 있을 수 없다고 생각했습니다. 그런데 부처님은 카스트제도를 철저히 부정하셨습니다. 어떠한 하등의 계급도 불성이 있어서 다 깨칠 수 있다고 하셨지요. 그래서 암베드카르는 수많은 사람들을 이끌고 불교로 귀의하게 됩니다. 오늘날 인도에 불교를 중흥시킨, 영향력이 대단한 인물입니다.

불교 전파가 북방으로는 서역과 중국을 거쳐서 한국, 일본에 전해지고, 남방불교는 미얀마, 태국, 라오스, 캄보디아, 인도차이나, 자카르타 등지로 이렇게 쭉 퍼져나갔는데, 남방불교는 수많은 색장엄의 유적을 남겼어요. 색장엄이 남겨져 있는 앙코르와트와 보르부두르는 유네스코가 지정한 세계문화유산으로서 굉장한 유적이죠. 우리나라로 말하면, 삼국을 통일한 통일신라 때 그만한 국가적 경영의 위세가 있을 때 세워진 불국사와 석굴암에 해당됩니다. 고려 때 와서는 국가적 어떤 경영으로서 그만한 힘의 유산은 남기지 못했지만, 그것이 내면화된 팔만대장경이 있지요. 이러한 전체 양상에서 봤을 때 불법의 중흥이라고 하는 그러한 역할들이 시대마다 있었고, 그때마다 불교문화를 꽃피웠다고 봅니다.

13. 법다이 받아 지니는 말씀

*여법수지분에 와서 경의 이름이 명명되고, 이 경의 이름을 법다이 받아
 지닌다고 하는 말씀이다.

爾時에 **須菩提白佛言**하되 **世尊**하 **當何名此經**이며 **我等**이 **云何
奉持**니잇고

이때에 수보리 부처님께 사뢰어 여쭙되, 세존이시여, 마땅히 이
경의 이름을 무엇이라 해야 하며, 우리들이 어떻게 받들어 지녀야
되겠습니까?

여태까지 경을 들어왔는데, 이 경의 이름을 무엇이라고 해서 우리들
이 받들어 지녀야 되겠습니까? 하고 여쭙니다. 물론 받들어 지니려면
그 전에 확고한 신심이 생겨서 이 경에 대한 믿음이 확고해지고,
이 경대로 하면 한 마음이 밝아지겠구나, 이러한 발심이 생겨야 하겠지
요. 신수봉지信受奉持해서 한 걸음 더 나아가면 신수봉행信受奉行하게
되는 거죠. 믿고 받들어 지니는 만큼 믿고 받들어 행하게 된다는

말씀입니다.

❖

佛告須菩提하사되 **是經**은 **名爲金剛般若波羅蜜**이니 **以是名字**로 **汝當奉持**하라

부처님이 수보리에게 이르시되, 이 경은 이름을 금강반야바라밀이라고 할 것이니, 이런 이름으로 너희들은 받들어 지니라.

금강반야바라밀金剛般若波羅蜜은 원어로 하면 바즈라 체디카 프라냐 파라미타Vajracchedikā Prajñā Pāramittā 이렇게 되는데, 금강金剛을 원어에서의 뜻대로 하면 능히 끊을 수 있는, 가장 견고한 능단能斷 금강의 뜻이 됩니다. 그것은 가장 굳건한 금강으로 삿된 모든 것을 끊어낸다, 마음의 모든 삿된 것을 다 파쇄시켜 버릴 수가 있다, 그런 형용으로서의 금강을 뜻합니다. 금강은 다이아몬드를 얘기하는 것이 되겠습니다마는, 바즈라를 번개라든가 이런 것으로 보는 이도 있습니다. 번개는 굉장한 에너지로 그러한 것을 부셔버릴 수가 있죠. 같은 뜻이긴 한데, 그 금강은 뭘 형용하고 있는가 하니 반야를 형용하고 있습니다. 금강과 같은 반야이죠. 반야는 프라냐의 음사이니까 분별이 없는 밝은 지혜를 지칭한다, 이렇게 할 수 있죠. 그렇게 다 끊어내고 굳건한 금강으로서 남아 있는 밝음이 바로 반야의 지혜가 되는 것이죠. 그래서 이제 바라밀한다, 미망의 이쪽 언덕에서부터 밝은 저쪽 언덕으로 건너간다는 것이 파라미타입니다. 한자로는 도피안到彼岸이라는

뜻입니다. 그래서 부처님께서 '이 경은 이름을 금강반야바라밀이라고
할 것이니, 이런 이름으로 너희들은 받들어 지니라'고 하십니다.

所以者何오 **須菩提**야 **佛說般若波羅蜜**이 **卽非般若波羅蜜**일세
是名般若波羅蜜이니라

그 까닭이 무엇이냐 하면 수보리야, 부처님이 설하신 바 반야바라
밀은 곧 반야바라밀이 아님일세 이름이 반야바라밀이니라.

반야바라밀이라고 하는 어떤 글자와 뜻에 한정되어 있는 것이 아니죠.
그 실상을 표현하는 이름이 그냥 반야바라밀일 뿐이라는 말씀이에요.

須菩提야 **於意云何**오 **如來 有所說法不**아

수보리야, 그대의 생각은 어떠한고. 여래께서는 법을 설하신 바가
있느냐?

須菩提白佛言하되 **世尊**하 **如來 無所說**이시니이다

수보리 부처님께 여쭙되, 세존이시여, 여래께서는 설하신 바가
없습니다.

반야바라밀도 '시명반야바라밀'이라고 하셨으니까, 말로 그것을 표현하는 것은 그냥 한 마음이 밝아지라고 하는 그걸 얘기하신 것이지, 그걸 말씀을 하셨다고 그렇게 하실 수는 없습니다.

須菩提야 於意云何오 三千大千世界所有微塵이 是爲多不아

수보리야, 네 생각은 어떠한고. 삼천대천세계에 있는 티끌이 많다고 하겠느냐?

뒤에는 '삼천대천세계를 부수면 이 티끌이 얼마나 많다고 하겠느냐' 하는 구절이 일합이상분一合理相分(제30분)에 나오는데, 그 전에 이 말씀은 삼천대천세계는 티끌로 이루어져 있다고 하십니다. 여기 부순다는 말씀은 없지마는 구성요소가 티끌이라고 하신 것입니다. 오늘날로 하면 원자라는 얘기죠. 아주 극미의 그런 입자들, 이것이 삼천대천세계로 하나의 가합을 이루고 있는데, 그 입자 그 미진이 얼마나 많겠느냐는 말씀입니다.

須菩提言하되 甚多니다 世尊하 須菩提야 諸微塵을 如來說 非微塵이 是名微塵이니라

수보리 여쭙되, 심히 많습니다, 세존이시여. 수보리야, 이 모든 티끌은 여래가 말씀하신 티끌이 아니므로 그냥 이름해서 티끌이라

고 하느니라.

이 무슨 말씀이신고 하니, 부처님이 티끌로 삼천대천세계가 이루어진 것을 말씀하시고자 하는 것이 아니죠. 한 마음을 닦아가는 밝은 과정에서 이런 것을 보는 식견을 예로 든 것뿐인데, 이 티끌이라고 하는 것은 어떻게 보면 미망이 되겠죠. 마음의 눈으로 봤을 때는 티끌이 없어지면 깨끗한 세계가 되는 것이고 청정한 세계가 되는 것이니까요. 그러나 티끌 하나하나로 봤을 때는 그렇지만, 그게 이루고 있는 현상계의 모양으로 봤을 때는 그것이 유위세계를 이루고 있다 이 말씀이죠.

如來說 世界가 **非世界**일세 **是名世界**니라

여래가 말씀하신 바 세계라는 것도 세계가 아니고 그 이름이 세계일 뿐이니라.

티끌이 뭉쳐져서 모든 물질을 이루고 있고, 그 물질이 우리 눈에 보이는 어떤 세계를 이루고 있다면 그 세계도 가합의 모양이고, 그 모양을 우리가 실상의 세계라고 할 수 없지 않느냐는 것이죠. 비세계라는 말이죠. 그러나 우리는 그 세계 속에 살고 있으니까 이름은 세계죠. 세간의 경계를 대강 세계라고도 합니다. 출세간에서는 이 세계가 좀 달라지죠. 그래서 우리는 마음의 세계, 정신의 세계, 세계를 넘어선

세계를 생각하게 됩니다.

❖

須菩提야 於意云何오 可以三十二相으로 見一如來不아

수보리야, 그대 생각은 어떠한고. 가히 서른두 가지 모습으로
여래를 보겠느냐?

不也니다 世尊하 不可以三十二相으로 得見如來니 何以故오 如
來說 三十二相이 卽是非相일세 是名三十二相이니이다

아닙니다, 세존이시여. 서른두 가지 모습으로는 여래를 볼 수
없는 것이니, 왜 그러냐 하면 여래가 말씀하신 바 서른두 가지
모습이라고 하는 것은 그것이 모습이 아님일세 그 이름이 삼십이상
이라고 할 뿐입니다.

부처님께는 서른두 가지의 특징이 있는데, 그 삼십이상으로 여래를
볼 수 있겠느냐는 겁니다. 그 이전에도 나온 말씀인데, 서른두 가지
모습으로는 여래의 참모습은 볼 수 없다는 말씀입니다. '약견제상若見
諸相이 비상非相이면 즉견여래則見如來니라.' 모든 모습이 모습 아님을
보면 곧바로 여래를 볼 것이니라.
　하물며 그 좋은 모습을 갖추신 부처님의 상호로 여래를 볼 수 있다고
생각하면은 불가하다는 것이죠. 물론 서른두 가지 길상을 갖추기까지
는 그만한 과정을 다 닦으셨죠. 어떤 이는 100가지의 착한 일을 행해서

100가지의 좋은 상을 갖추었다고 합니다. 그래서 나중에 줄여서 80종 호까지 표현을 했습니다마는, 100가지만 되겠습니까?

밝게 깨치신 이의 형용이라고 하는 것은 숫자로는 다 형용할 수가 없을 만큼 길상이 많으실 거예요. 그런데 우리가 분별해서 그냥 대충 뽑은 것이 서른두 가지죠. 그것도 탐진치를 다 하나씩 닦아나가서 열 가지씩, 열 가지씩…… 그래서 서른 가지, 자기의 어떤 바른 깨달음 의 주관이 서셔서 두 가지, 그래서 깨쳐 나가는 거기에 따라서도 깨달음의 각이 다르죠. 등각等覺, 묘각妙覺, 원만각圓滿覺 이렇게 달라 져 갑니다.

그런데 티끌이라든가 세계라고 하는 것도 하나의 실상이 아닌 이름 으로서의 티끌과 세계를 예로 드셨다면, 모습 또한 당연히 그러하실 겁니다.

대강 콘즈와 같이 영어로『금강경』을 번역한 이라든가, 또 그 외의 어떤 분들은 13분에 봉지奉持하는 여기에서 이미 대충『금강경』의 요체는 끝났다, 이렇게 보죠. 그래서 이제 법다이 받아 지녀라 하는 겁니다.

須菩提야 若有善男子善女人이 以一恒河沙等身命으로 布施하 고 若復有人이 於此經中에 乃至受持四句偈等하야 爲他人說하 면 其福이 甚多니라

수보리야, 만일 착한 남자와 착한 여인이 항하의 모래수만한 목숨

으로 보시하고, 또 어떤 이가 있어서 이 경 중에 내지 네 글귀 게송이라도 받아 지녀서 남을 위해서 얘기한다면, 그 복이 더 많은 것이니라.

'항하사등신명恒河沙等身命으로 목숨을 바쳐서 한 보시보다도 더 많은 것이니라'는 이 말씀은, 하나의 성리性理를 밝게 깨치는 일이 그만큼 더 중요하다는 것입니다. 그걸 복이라고 얘기하기는 뭐하지만, 가장 근원적인 일을 해결하는 것이니까요.

하나는 유위복이고 하나는 무위복이 되겠지만, 앞에 있는 유위복으로서는 최대의 복입니다. 물질로 한 복보다도 목숨을 바쳐서 보시를 한 복이야말로 무엇으로도 형용할 수가 없죠. 그러나 뒤에 있는 한 성품을 밝힌다고 하는, 성리를 밝힌다는 그 복은 수없이 되풀이되는 목숨보다도 더 근원적인 일이기 때문에, 그 밝음이 복으로 비유한다면 더 큰 것이다 그 말씀입니다.

14. 모양을 떠나 적멸하다는 말씀

*모양을 떠나서 고요한 위의에 이르렀다. 적멸에 이르렀다. 해탈, 열반의
모습을 적멸이라고 표현을 하죠. 적멸보궁 하면 부처님의 사리가 모셔져
있는 보궁을 말합니다. '적멸'이라 했을 때의 적멸은 모든 번뇌와 갈등과
세간에서의 그러한 어둠이 다 사라진 그런 최상의 표현이죠.

爾時에 須菩提 聞說是經하고 深解義趣하고 涕淚悲泣하야 而白
佛言하되

이때에 수보리, 이 경을 듣고 깊은 뜻을 이해를 해서 흐느껴 울면서
부처님께 여쭙되

'의취義趣'라고 했을 때는 그냥 의미보다는 좀 더 다른 그런 표현인데,
말로 표현할 수 없는 깊은 뜻을 이해하고 나니 눈물이 막 쏟아집니다.
그냥 쏟아지는 것이 아니라 흑흑 느껴 울면서 쏟아집니다. 곧 감격의
눈물을 흘리는 장면인데, 자기의 업장이 녹아내리고 자기 어두운
미망이 사라질 때 환희가 체루비읍涕淚悲泣으로 나타나는 경우는 많이

있습니다. 누구에게나 체루비읍의 경우는 있을 거예요.『금강경』을
독송하는 과정에서도 체루비읍의 경험이 있었을 줄 압니다. 그래서
우시면서 여쭙되

❖

希有世尊하 佛說如是甚深經典하시니 我從昔來에 所得慧眼으
로는 未曾得聞如是之經이니이다

희유하신 세존님, 부처님께서 이와 같은 깊은 경전의 뜻을 말씀하
시니, 제가 과거로부터 좇아서 얻은 지혜의 눈으로는 일찍이 이러
한 경을 얻어 들어보지 못했습니다.

그런데 금강반야바라밀경이 정오에 해당된다고 하는 것은, 그 이전
에 아함, 방등부를 20년간 설하셨지만, 이 금강반야바라밀에 와서
이 밝은 경전의 그 말씀을 들은 것은, 그 이전에 어떠한 경전을 들은
것과도 비교할 수가 없기에 '들어보지 못했습니다'고 한 것입니다.
물론 어떤 이는 벌써 아함부에『금강경』과 연관 지을 수 있는 어떤
맥락이『잡아함경』속에도 있다고 하여,『금강경』이 이 반야부에
와서 갑자기 나온 것이 아니고, 부처님이 이미 깨달으신 그것을 단계별
로 말씀하실 때 그 앞부분에 어느 정도의 기초가 표현되었다 이렇게
보기도 하죠.

그러나 이렇게 완전하게 이름을 붙여서 금강반야바라밀이라고 하시
고, 이렇게 봉지하라고 할 정도의 경으로서의 이 모습은 접해보지

못했고 들어보지 못했다는 말입니다.

世尊하 **若復有人**이 **得聞是經**하고 **信心**이 **淸淨**하야 **則生實相**하면

세존이시여, 만일 어떤 이가 있어서 이 경을 얻어 듣고 믿는 마음이 깨끗해져서 실상을 마음속에 나툰다면

이 '실상實相'이라는 말씀이 여기 처음 나옵니다. 실상이라는 말씀을 쓰시지 않으셨는데, 다른 진리를 탐구하는 많은 곳에서 실상이라는 말을 쓰는 것을 좋아하죠. 생명의 실상이라든가. 마음공부 하는 데서도 실상이라고 하는데,『금강경』에는 누누이 가상이나 허상에 대한 부정을 많이 하시다가, 여기 처음으로 실상이란 말씀을 쓰십니다. 이것은 마음이 깨끗하면 이 경을 얻어 듣고, 마음이 청정해지면 곧바로 실상을 얻을 수 있다, 실상을 보는 눈을 갖출 수 있고 실상의 모습을 볼 수가 있다는 의미로 말씀하셨어요.

當知是人은 **成就第一希有功德**이니이다

마땅히 알 것이니, 이 사람은 제일 드물게 있는 공덕을 성취한 것이옵니다.

실상을 그대로 접한다면 이 사람은 바로 제일 희유한 공덕을 성취한 것이라는 말씀입니다.

깨달은 성리性理의 자리이고, 또 어떻게 보면 실상은 우리 세간의 어떤 모습이 아니고 바라밀이 된, 저 언덕의 때묻지 않은 세계의 모습 그것일 것이고, 그것이 사실은 우리 마음속에도 그대로 있을 수 있는 것이라는 거죠. 만일 그것이 우리 마음속에 없다면, 이후의 어느 시간에 그 세계를 보게 되는 것이 아니죠. 그것이 있기 때문에 실상을 만날 수 있고 보게 될 수 있다는 겁니다.

世尊하 **是實相者則是非相**일세 **是故**로 **如來說名實相**이니이다

세존이시여, 이 실상이라고 하는 것은 곧 상이 아님일세, 이런고로 여래께서는 실상이라고 이름하셨습니다.

우리가 생각하는 상이라고 하면 관념의 분별인데, 이 실상은 관념의 분별이 아니라, 있는 여실한 세계의 모습, 여여한 세계, 참다운 세계의 모습입니다.

대강 '생명의 실상'이란 말을 영어로 번역하기를 Truth of life(생명의 진리)라고 했으니, 진리도 실상이라는 표현을 쓰고 있죠. 상대적인 진리면 실상이 아니죠. 그래서 저는 이 진리라는 말도 함부로 쓰기가 참 힘든 용어다, 이렇게 봅니다. 이름(是名)이 진리일 것이고, 그것을 말로 표현해 버리면 실체와는 거리가 생기는 그런 것이니까, 여기 와서 참, 생각을 해볼 만한 것은, 여기 상을 떠나고 적멸에 이르렀다는 것인데, 바로 이 실상을 얻은 그 모습이 적멸의 모습이에요. 이는 대단히 환희롭고 평화롭고 자비에 가득 차 있고, 어떤 다툼과 그런 쟁투도 없는 그런 세계일 겁니다.

대 평화의 세계라 할 수 있는 그런 세계인데 그 세계가 바로 정토 세계입니다. 우리가 다툼이 많은 지금 이 세계에서 마음을 닦아서 자기 스스로가 그러한 정토 세계의 마음을 지닌다면, 그러한 사람이 많아지는 곳은 이 지상이 그대로 정토가 되겠죠. 꼭 저 언덕으로 건너가는 어떤 과정을 거쳐서 되는 것이 아니라, 바로 이 언덕에서 이 한 마음을 바꿈에 따라서 이 언덕이 저 언덕으로 변하는 것입니다.

바라밀다라고 하는 것을 어떤 시간의 연속선상에서 본다면 어떤 시간이 지난 다음에 도래되는 그런 도피안到彼岸이 되겠는데, 그것을 동시성으로 본다면 지금 이 순간이 곧바로 한 마음이 청정해져서 즉생실상則生實相하면 도피안이 되는 것이에요. 부처님은 깨닫는 그 즉시 이미 해탈이 되셨고 적멸에 드셨죠. 세상의 무상을 떠나셨고, 완전한 세계의 모습에 스스로 진입이 되셨던 것이죠. 그것을 우리말로 '성취제일희유공덕'이라고 이렇게 표현을 했지만, 그것도 이름이 그런 것입니다.

世尊하 我今에 得聞如是經典하고 信解受持는 不足爲難이어니와

세존이시여, 제가 지금 이 경을 얻어 듣고, 믿고 이해해서 받아 지니는 것은 어렵지 않거니와

若當來世 後五百歲에 其有衆生이 得聞是經하고 信解受持하면
是人은 則爲第一希有니

만일 오는 세상 후오백세에 그 어떤 중생이 이 경을 얻어 듣고,
믿고 이해해서 받아 지니면 이 사람은 곧 제일 희유한 사람일
것입니다.

오백세라고 하는 것은 년으로 하면 오백 년이 되겠습니다마는,
이 세歲가 꼭 일 년이 아니라고 봤을 때는 500×5 해서 바로 2,500년인
오늘날도 오백세라고 볼 수 있어요.

오늘날 이 모습을 투쟁견고시대闘爭堅固時代라고 부르죠. 오백세씩
잘라서 그 모습을 이렇게 표현했는데, 투쟁견고라고 하는 것은 다툼이
아주 굳어져서 견고한 시대라 이 말씀이에요. 투쟁견고시대가 거의
끝나야 그 다음에 다시 환원되어서 아름다운 그런 평화의 시대가
올 텐데, 이 투쟁견고라고 하는 것이 어떻게 보면 나라 간에도 투쟁이
있을 수 있지만은, 개인도 투쟁의 시대, 그런 쟁투의 시대라고도
볼 수 있습니다. 오늘날 성취라고 하는 것이 참 이상해요. 옛날의
성취하고 달라서 꼭 상대하고 경쟁해서 반드시 상대를 물리쳐야 자기
가 성취하는 것처럼 생각하니, 이렇게 하니 바로 투쟁이죠.

입시를 통해 좋은 대학을 간다, 그러려면 많은 상대의 경쟁자들을
물리치고 들어가야 된다, 또 좋은 회사에 입사를 한다, 그것도 마찬가
지의 경쟁자들을 물리쳐야 된다, 대기업으로 성장한다는 것도 경쟁하
는 많은 기업들을 능가해서 그렇게 올라간다, 세계적인 기업이 된다,

외국에 있는 수많은 경쟁사들을 능가해서 거기에 오른다는 발상들, 이것들이 다 투쟁입니다. 물론 전에도 전쟁은 끊임이 없었고, 인류역사 속에 한 번씩 그러한 변환이 올 때는 많은 인류들이 다쳐서 죽고 그랬습니다마는, 오늘날은 보이지 않는 전쟁으로 인해서 많은 사람들이 다치게 돼 있죠. 이러지 않고 평화의 어떤 세계에서 서로가 자기 능력껏 그렇게 살 수 있는 방법은 없느냐는 거죠. 이제 민주 평등 자유 이런 걸로는 성취가 어느 정도 됐어요. 물론 여기까지 오기도 아주 힘들었습니다. 출신과 성에도 차별 없는 평등, 또 밝아지는 깨달음에도 차별이 없는 평등, 그게 삼막이죠. 무유고하가 된, 그렇게 해서 얻는 그 자유가 바로 해탈이 되겠는데, 그러한 평화를 이 세계에서 왜 성취할 수가 없느냐는 겁니다.

그런데 이것이 '후오백세後五百歲에 기유중생其有衆生이 득문시경得聞是經하고 신해수지信解受持하면 시인是人은 즉위제일희유則爲第一希有니라' 했는데, 아니 이런 투쟁견고시대에 이러한 법과 이러한 수행을 해서 확실한 믿음으로 그러한 안정의 세계에 도달할 수 있을까요? 신해수지信解受持라고 하면 그런 게 다 포함이 되는데, 더구나 젊은 사람들에게는 참 믿고서 따라오기가 힘들지 않느냐 하는 그런 의문이 있을 수 있죠. 이것을 이미 수보리 존자께서는 그 전 오백세에 질문을 하고 계신 것이죠. 지금 제가 이 경을 얻어 듣고서 환희심을 내고 체루비읍하고 믿는 마음을 내는 것이야 당연하고 마땅하지마는, 후오백세에도 그럴까요?라고 할 만하지요.

말하자면, 그 오백세라고 하는 걸 보면, 올해(2011년)가 불기 2,555년이 됩니다.(5가 셋 붙었어요.) 2,555년이면 짧다면 짧고 길다면 긴 세월인데, 인류문명의 역사와 속도로 봤을 때는 굉장히 긴 시간입니다. 그러나 한 세계가 형성되어서 그다음에 세계가 멸하는 데까지의 과정으로 본다면 굉장히 짧은 시간이죠.

지금도 아프리카나 미주 대륙에 가면 4천 년, 5천 년 된 수목이 있습니다. 저번에 보니까 6천 년 된 수목이 있더군요. 그 앞에서 인간이 뭐라고 그러겠어요? 이제 겨우 지금 인류역사의 황금기를 맞고 있는 이 순간에서, 성인이 출현한 지 2,500년밖에 안 됐는데, 그것의 2배를 능가하는 수목이 살고 있단 말예요. 그 수목에 물론 생각이 있는지는 모르겠습니다마는, 인간을 보면서 무슨 생각을 할까요?

그런 시간의 흐름을 봤을 때는 성인이 출현하심으로 인해서 인류는 급작스런 정신세계를 구축하고 이루어 낸 것이죠. 물질적으로나 정신적으로나. 그런데 물질이 요즘은 하도 빨리 발달하니까 정신이 쇠퇴된 것 같지만, 사실은 정신이 뒷받침해주지 않으면 물질세계는 더 이상 계속 진보할 수가 없어요. 그래서 다시 뒤돌아보지 않나요? 물리학에서는 도대체 이거 우리가 가는 길에서 보니까 전에 있던 말씀들에 다 있는 것인데, 이것을 우리가 모르고서 그냥 다 처음 보는 것처럼 그렇게 하고 있구나 하는 경우가 많습니다. 이미 그 이전에 지혜의 말씀을 다 하셨는데 말이죠. 그래서 오늘날은 종교와 과학, 그 이외에 모든 것을 통섭하는 시대라고 부릅니다.

한때 우리가 18세기 정도에서 칸트가 이성비판에 대한 책을 내면서 철학적인 어떤 맥을 잡아갈 때는, 그 시대를 대강 이성의 시대라고 했지요. 그 이전에 여러 가지 시대 명칭이 있습니다마는, 이성을 자각해서 인간이 여기까지 온 것도 상당히 높이 발전한 것입니다.

칸트는 물론 거기에 오성悟性이라고 하는 개념을 표현하고 있습니다. Verstand라고 해서 오성은 경험에 의지하지 않고 진리의 어떤 그대로를 인지하는 거예요. 이성과 감성의 중간에 있는 사유능력이지요.

그런데 그 다음 시대가 점점 과학으로 발전해 가고 보니까 지성을 강조하게 됩니다. 이제는 이성의 시대를 넘어서 지성의 시대다 해서 이치로 따지는 개념보다도 그대로 지적인 어떤 소산물로서의 결과에 많이 비중을 둔, 그걸로 인해서 물론 달에도 가고 다른 우주에 있는 모습도 보게 되고, 인간이 지구별이라고 하는 대단히 작은 안목으로부터 벗어날 수 있는 무한한 그러한 것을 인지하게 됐다고 봅니다. 오늘날 학설에는 우주가 하나만 있는 것이 아니고 다중우주가 있다는 이런 설도 있어요. 무슨 말씀인고 하니 우주가 여러 개 겹쳐져 있는데, 우리는 물질로 돼 있는 이 우주만 보고 있다는 거예요. 이 우주 속에 있는 나라고 하는 것도 이 우주의 나지, 다른 우주에 내가 또 있다 이 말씀이에요. 그것도 과거에 있었고 미래에 있는 것이 아니고, 다중우주 속에서는 동시에도 있을 수 있다는 거예요. 또 요즘 반물질이라 하는 것이 많이 나오지 않아요? 물질이 아닌 걸로 구성돼 있는 그런 세계의 우주가 있다고 보고, 그 에너지가 어느 정도 불을 밝힐 수 있는 에너지일 수도 있다고 봅니다. 우리는 여태까지 과학에서 반물질이라고 하는 것을 거의 생각을 못했습니다.

부처님이 구류중생을 말할 때 태란습화(난태습화)가 나오고, 유색이 나오고 무색이 나오잖아요. 무색이란 그냥 색이 없는 것이 아니라 물질이 아닌 세계이고, 그 다음에 또 유상이 나오고 무상이 나오죠. 무상이란 생각이 없는 세계. 비유상비무상이 나오게 되는데 그 중

이 무색이라고 하는 여기에 대해서, 우리가 실질적으로 그런 것이
존재하는가 하는 과학에서의 증명은 없었습니다. 여태 우린 그냥
그런 세계는 있을 수 있다고 하는 생각은 했지만요. 그런데 과학에서
지금 실험을 통해 증명해서 결과물을 내놓고 있습니다.

그게 다중우주론에 들어가게 되면, 정말 부처님이 구류중생을 말씀
하실 때 뭐를 이렇게까지 많은 중생의 종류를 얘기하셨을까? 한 인간만
가지고도 참 여러 가지 생각하기가 힘든데 물질이 아닌 세계까지,
생각이 있기도 하고 없기도 한 중생까지……. 이런 것을 미리 말씀을
해놓으셨기 때문에 지금 인간만 가지고 연구하는 범주에서는 이거
어떻게 해야 되느냐, 지금 다시 확장할 수도 없고 어떻게 해야 되느냐
하는데, 우린 염려할 거 없어요. 부처님께서 다 말씀해 놓으셨으니까.

그러고서도 무유정법無有定法이라고 하셨어요. 그렇지만 그것이
정해놓은 법이 아니다는 그런 가능성을 열어 놓으셨어요. 통섭의
세계는 얼마나 우리가 알 수 없는 무수한 세계로 현존되고 존재하는지
몰라요. 대강 나누어 놓은 것이 그 정도이고, 정말 높은 밝음의 깨달음
에서 봤을 때는 그 세계는 불가사량이지요. 그런 사람이 참 희유하다는
겁니다.

그런데 지성 다음의 세계는, 오늘날 세계는 뭐라고 해야 되느냐?
그 다음 세계가 대강 감성을 중시하는 세계가 왔다고 보지요. 오늘날
문화를 보십시오. 엔터테인먼트entertainment가 성행인데, 전에는 소
홀히 했던 연극이라든가 악기를 연주하는 음악이라든가 노래를 부르
는 가창이라든가 영화라든가 종합예술, 그거로는 여러 가지가 다

들어갑니다마는, 미적 세계에 대한 여러 가지, 이것이 전부 다 감성입니다. 감성 하나만 가지고는 안 되고, 감성과 지를 합쳐서 감성지感性知라고 합니다. 감성 그 자체로는 느낄 뿐이지 그걸 판단하지 못하잖아요.

그래서 칸트는 마지막 『판단력 비판』에서 그것은 반드시 아름답다고 느껴질 때 그걸 인정하고, 이것은 아름다운 것이다, 이렇게 됐을 때 아름다움으로 존재하는 것이라고 하고, 우리가 아름다움에 가치 의미를 두지 않는다면, 그것은 존재하되 그 사람과는 별개의 세계라고 봤어요. 굉장히 참 아름다운 세계에 우리는 있어요. 실제로 눈을 돌려보면 너무나 아름다운 세계에 있어요. 이 지구별이 얼마나 아름다운지 여러분들은 그 깊은 아름다움의 의미를 잘 모르실 거에요. 그냥 지나가요. 제가 보면 무심히 저렇게 지나갈까 생각이 들어요. 하나하나가 아름답지 않은 것이 없어요. 가만히 살펴보면요. 그런데 이것은 감성만 가지고 되는 것이 아니고, 감성에 지知가 붙는다는 겁니다.

문화의 모양으로 오늘날 그것이 많이 등장하고, 그것을 즐기려면 뭐예요? 감성지의 높이가, 안목이 높아져야 됩니다. 그것이 높지 않으면 뭐가 좋은지 모르잖아요. 오페라하우스에서 아주 굉장한 것을 공연한다고 해서 봤는데, 뭔지 하나도 모르겠단 말예요. 값비싼 돈 내고 가서 뭐가 좋다고 하는 건지. 그만한 수준에 이르러야지 좋은 걸 알아요.

미술품도 마찬가지입니다. 그게 아주 명화나 명작이라고 해서 사람들이 많이 가서 보는데, 그 앞에 가서는 뭔지 모르겠다 말예요. 그게 어떻게 완성된 건지 아세요? 하나의 창작품이 있으면 감상자가 그만한 창작품에 대한 반을 완성한다는 말이 있어요. 그걸 만든 사람은 반을 만들었고, 그래야 그것이 온전한 의미를 지니는 겁니다. 그것을 우리가 향수享受한다고 하는데, 향수한다는 것은 영어로 하면 그대로 enjoy에요. 또는 enjoyment. 우리는 그냥 즐기는 거냐? 그러는데, 인조이의 뜻이 상당히 높습니다. 그런 아름다움을 우리가 향수할 수 있는 그만한 소양을 가지지 않으면 향수 못하는 거예요.

복을 줬는데 복을 누릴 만한 자질이 안 돼 있으면 복을 못 누리는 거지요. 전 그래서 어떤 사람이 '아, 오늘 참 행복합니다' 그런 표현을 할 때, 그러지 말고 '향복합니다' 그래라 해요. 그게 무슨 말예요? 복을 향수한다고 하는 향복享福이 또 있다는 말입니다. 행복은 뭐예요? 흔히 행복한 그 상태를 얘기하지만, 복을 향수할 수 있으려면 자기가 복을 향수할 수 있을 만한 자질과 그릇에 이르러야 돼요. 수준에 이르러야 돼요. 그러지 않으면 주는 복도 받지 못해요. 이게, 지천으로 깔려 있는 축복의 이 지상에 살면서 이걸 받을 줄을 모른단 말예요. 얼마나 환희스러운 그 아름다움이 모든 일상에도 있는데, 그걸 향수할 줄 모르면 복을 못 받는 거와 마찬가지로 그렇게 되죠. 물론 복을 탐착하면 안 되겠지만, 이것이 오늘날 문화의 한 일반적인 모양입니다. 그러나 이 감성도 지나가고 있어요.

그럼 21세기는 뭐냐? 통섭의 시대입니다. 그게 이성, 지성, 감성 이런 것들이 모두 합쳐지고, 종교와 과학 이런 것도 모두 합쳐지고, 물질과 정신, 마음 이것도 모두 합쳐져서 통섭의 시대가 오고 있다는 겁니다. 이젠 이원의 시대가 아니고, 어느 것이 하나 더 뛰어났다는 시대가 아니라, 모든 것이 무르녹아서 융섭되는 그런 시대다, 원융圓融 의 시대라는 거예요. 그런데 이것이 투쟁의 시대로 표현되어서는 안 되겠죠. 대립과 투쟁견고가 아닌 그 반대의 손등, 손바닥, 이런 좋은 것들이 함께 지금 이 시대를 끌고 가야겠지요. 자기가 어느 것에 더 비중을 두어서 거기에 치중하느냐에 따라서 그 세계가 많이 복된 세계가 될 수 있죠.

何以故오 **此人**은 **無我相無人相無衆生相無壽者相**이니

왜냐하면 이 사람은 아상, 인상, 중생상, 수자상이 없는 것이니

所以者何오 **我相**이 **卽是非相**이며 **人相衆生相壽者相**이 **卽是非相**이니

무슨 까닭이냐 하면 나라고 하는 한 관념 이것이 원래의 그 상이 아니며, 또 남이라든가 중생이라든가 수자라고 하는 이 관념이 모두 다 상이 아니기 때문이니

원래 그런 관념은 없었던 거라 이 말씀이지요.

何以故오 **離一切相**하면 **則名諸佛**이니이다

왜냐하면 일체의 모든 상(관념과 분별)을 떠나면 곧 부처님이라고 이름하기 때문입니다.

여기서 諸佛은 제불이라고 원래 읽게 되어 있지만, 백성욱 선생님은 이를 '저불'이라고 하셨습니다. 모든 여러 부처님이 아니라 바로 그 부처님을 얘기하시는 거예요. 곧 부처님이라고 이름하는 것이니라는 말이죠.

❀

佛告須菩提하사되 如是如是니라 若復有人이 得聞是經하고 不驚不怖不畏하면 當知是人은 甚爲希有니 何以故오 須菩提야 如來說 第一波羅蜜이 卽非第一波羅蜜일세 是名第一波羅蜜이니라

부처님이 수보리에게 이르시되, 그러하고 그러하니라. 만일 어떤 이가 있어서 이 경을 얻어 듣고 놀라거나 무서워하거나 두려워하지 않는다면 마땅히 알아라. 이 사람은 심히 희유한 사람이니, 왜 그런고? 수보리야, 여래가 말씀하신 바 제일바라밀은 제일바라밀이 아님일세 이름이 제일바라밀이니라.

앞에서 '일체의 모든 상을 떠나면 곧 이름하여 부처님'이라고 했습니다. 그러니까 이제 부처님이 수보리에게 이르시되 '그렇고 그렇다. 만일 어떤 이가 있어서 이 경을 얻어 듣고 불경불포불외不驚不怖不畏하면 심히 희유하다'고 하셨습니다. 여기에서 두려움에 대한 세 가지 마음 상태를 표현하셨는데, 놀란다(驚)고 하는 것은 아이들도 깜짝 놀라면 경기가 있다는 그런 말을 쓰죠. '불경'은 놀라지 않는다는 말입니다. 포怖라고 하는 것은 마음속에 어떤 두려움, 무서움을 느끼는

겁니다. 놀라서 속으로 두려움을 느낀다는 거죠.

외외라고 하는 것은 바깥 외경에 그러한 것을 느끼는 것이죠. 환경으로 인해서 느끼는 그러한 것을 '외외'자로 표현합니다. 이게 다 놀랍고 두렵고 이러한 표현들인데, 이러한 것은 마땅히 이 사람이 그렇지 않다고 하면, 그 마음의 상태가 희유한 사람, 드물게 있는 사람입니다.

말하자면 자기가 습기가 많고 밝지 못하면 이 경을 얻어 듣고서 놀라거나 두려움을 느낄 텐데, 그렇지 않으면 이 사람은 희유한 사람이라고 합니다. 즉 '왜 그러냐? 수보리야, 여래가 말씀하신 바 제일바라밀은 제일바라밀이 아님일세 이름하여 제일바라밀이니라.'

우리가 흔히 제일바라밀 하면 육바라밀에서 보시바라밀을 생각합니다만, 범어의 원어에는 제일이라고 하면 우리말로 최고, 최상을 얘기하는 것입니다. 그러기 때문에 여기는 육바라밀의 제일바라밀이 아니고 바라밀 전체가 최고의 바라밀이라고 하는 것이다. 원어에는 그렇게 되어 있습니다. 그리고 우리는 여기서 보시바라밀을 비롯해서 육바라밀을 생각할 수가 있겠죠. 그런데 그 바라밀이라고 하는 것도 이름이 그러할 뿐이라는 겁니다.

須菩提야 **忍辱波羅蜜**을 **如來說 非忍辱波羅蜜**일세 **是名忍辱波羅蜜**이니라

수보리야, 인욕바라밀은 여래께서 말씀하신 바 인욕바라밀이 아님일세 이름해서 인욕바라밀이라고 하는 것이니라.

탐진치 중에 백 선생님은 치에 해당되는 것이 인욕바라밀이다고 했습니다. 사실은 화내는 진이 바로 참는 '인'하고 연관이 되죠. 그래서 바라밀 중에 수행이 어려운 것이 인욕바라밀입니다. 이는 그대로 하면 제3바라밀이 되는데,『금강경』은 반야경 전체 중에서 초기 경전이기 때문에 육바라밀 전체를 다 설하시진 않았습니다. 그런데 이설도 있습니다. 제일바라밀도 나타나 있지 않고, 다음 바라밀들도 안 나오지만은 마지막에 반야바라밀이 나오게 되죠. 인욕바라밀이 제일 수행하기 어렵기 때문에 인욕바라밀에 대한 사례와 설명이 많이 나온다는 것이죠.

何以故오 **須菩提**야 **如我昔爲歌利王**에 **割截身體**할세

왜 그러냐? 수보리야, 내가 옛적에 가리왕에게 이 몸을 마디마디 베일 때에

我於爾時에 **無我相無人相無衆生相無壽者相**이니

내가 이때에 아상, 인상, 중생상, 수자상이 없었으니

그런데 이제 우리가 참는다고 하는 것을 억지로 고통을 참는다, 이렇게 되면 근본적으로 참는 것이 아니지 않겠느냐는 겁니다. 근본적인 것은, 아·인·중생·수자가 만일 없다면 참는다고 하는 생각도 없이 참을 수가 있을 것이다는, 그러한 데 결부가 되는 것이죠.

❖

何以故오 我於往昔節節支解時에 若有我相人相衆生相壽者
相이면 應生嗔恨하리라

왜 그러냐? 내가 지난 날 마디마디 내 몸을 베일 때에 만일 아상, 인상, 중생상, 수자상이 있었다면 응당 화내고 원망하는 마음이 생겼을 것이니라.

　여기서는 과거에 부처님께서 인욕을 닦으실 때에 가리왕의 이야기를 사례로 드신 것인데, 대강 말씀드리면, 가리왕 자체가 악한 왕이라고 번역한 데도 있고, 악왕이라고도 그러죠. 원어는 칼리라고 되어 있는데, 왕이 어떤 군사훈련 비슷한 사냥을 나갔을 때에 자기 주위의 궁녀가 다 없어졌단 말이에요. 그래서 어디로 갔나 보니까, 어느 나무 아래 있는 선인 주위에 전부 둘러 앉아 있거든요. 가리왕이 화가 나서 "너는 뭐하는 사람이냐?" 이렇게 물으니

　"나는 참는 수행을 하는 사람입니다. 인욕수행을 하는 사람입니다."

　"그럼, 내가 시험을 해봐도 되겠느냐?"

　"해보십시오."

　그래서 가리왕이 선인의 팔을 잘랐죠.

　"참을 만하냐? 화가 나지 않느냐?"

　"괜찮소."

　그래야만 참는 수행을 하는 사람이 될 테니까요.

　그러니까 가리왕이 화가 자꾸 더 난단 말이에요. 그러니까 또 잘라요.

"그래도 괜찮으냐?" 그래서 자꾸 자르다 보니까 몸뚱아리만 남고 사지를 다 잘라버렸어요.

그것이 이제 여기 '아어왕석절절지해시我於往昔節節支解時'라고 하는 그 표현으로 나타나죠. 할절신체割截身體도 그렇습니다만, 웬만한 사람 같으면 대단히 아픈 마음과 함께 원망하고 또 화나는 마음이 났겠죠. 그게 바로 진한瞋恨입니다. 맨 마지막에 나오는 '응생진한應生瞋恨하리라'는 표현이 그것이죠.

그런데 아상·인상·중생상·수자상이 없는 수행을 하셨기 때문에 화날 근본이 없다 이 말씀이에요. 물론 몸이 대단히 고통스럽겠지만, 고통도 거기에 아·인·중생·수자가 개입되지 않으면 그것도 아마 초탈될 수가 있었나 봅니다. 그러니까 아·인·중생·수자의 근본을 내가 닦았기 때문에 인욕선인(인욕수행)이 가능했다는 말씀을 하시는 거죠. 만일 그것이 아·인·중생·수자가 있었는데 억지로 참았다면 속으로는 대단히 원망하고 화나는 마음이 생겼을 것이다 이 말씀입니다. 당연한 말씀입니다.

여기에 진瞋은 '입 구口'자에 참 '진眞'자를 했는데, 이것은 꾸짖는 마음입니다. '입 구'자를 했기 때문에 말로 상대를 질타하는 것이죠.

탐진치 할 때 진瞋자는 어떻습니까? '입 구'자가 붙지 않고 '눈 목目'자가 붙었습니다. 그게 좀 다르죠. 속으로 화나는 마음을 내는 것이 탐진치에서의 진인데, 화는 원망하는 마음이 자연히 나올 것이다. 우리가 참는다고 하면, 잘 참는다고 하면 괴로운 것을 속으로 꽉 눌러서 참는 것으로만 여기기 쉬운데, 그건 근본적으로 참는 것이 아니라는 것이죠. 여기까지 수행을 하려면 아상이 없어져야 됩니다.

아상이 없어진 거기에는, 아마 그 이전에 여러 가지 관을 많이 하셨겠죠. 이 몸뚱아리라고 하는 것이 진실된 내가 아니기 때문에, 이것은 오온이 가합해서 임시로 있는 나다, 이 나에 대해서 내가 화낸다거나 원망한다거나 그럴 근거가 없지 않느냐는 겁니다. 그런 아상이 사라진 다음에, 인상은 남에 대해서 그러한 것이 발해지는 근거가 또 없다는 겁니다. 중생이나 수자로서도 그러한 근거가 없어진다, 관념이 없어진다는 말입니다.

須菩提야 **又念**하니 **過去於一五百世**에 **作忍辱仙人**할세 **於爾所世**에 **無我相無人相無衆生相無壽者相**이니

수보리야, 또한 생각하니 과거 오백세에 인욕선인을 하고 있을 그때에도 아상, 인상, 중생상, 수자상이 없었으니

여기에 이제 인욕바라밀에 인욕선인이 나오는데, 사실 선인이라고 하는 것은 도교에서 수행을 해서 어떤 경지에 이르는 것을 지칭할 때 이렇게 말하는데, 아직 불법이 이렇게 완전히 역사상으로 있기 전의 이야기이기 때문에 선인이란 표현을 썼습니다. 석가모니부처님이 역사상으로 처음 부처님이 되신 불교의 창시자이기 때문에 그 이전에는 그냥 이러한 표현으로 대체할 수밖에 없죠. 인욕선인이라고 하는 거기에는 그런 것이 포함되어 있어요. 그러나 다른 수행에서도 인욕에 대한 수행은 다 필요한 것이기 때문에 이미 그 전에 이러한

결부가 되어 있다 이 말씀이에요. 그때는 사상이 없었으니.

❧

是故로 須菩提야 菩薩은 應離一切相하고 發阿耨多羅三藐三菩
提心일세 不應住色生心이며 不應住聲香味觸法生心이며 應生
無所住心이니

이런고로 수보리야, 보살은 응당 일체의 상을 떠나서 아뇩다라삼
먁삼보리의 마음을 발함일세 형색에 머물지 않고 마음을 내야
하며, 또 소리와 향기와 맛과 촉감과 관념에 머물지 않고 마음을
내야 하며, 응당 머무르는 바 없이 마음을 낼지니

　여기 중요한 것이 맨 위 구절에 '보살菩薩은 응리일체상應離一切相하
고 발아뇩다라삼먁삼보리심發阿耨多羅三藐三菩提心'이라는 이 구절입
니다.

　'이일체제상離一切諸相하면 즉명제불則名諸佛이니이다'를 받아 주
는 것이 '응리일체상하고 발아뇩다라삼먁삼보리심'이라는 이 구절입
니다. 아상·인상·중생상·수자상만이 아니라 일체에, 이 현상계에
존재하는 모습이라든가, 우리가 여섯 뿌리의 감각기관에 머무르게
되는 마음의 외경들, 그것이 여섯 경계죠. 그것이 바로 색성향미촉법이
되겠는데, 이러한 관념에 탐착하지 않고 그 마음을 아뇩다라삼먁삼보
리의 마음으로 발해야 된다 이 말씀이죠. 우리가 대강 이 경계에
대응해서 나오는 자기 그 내면의 마음을 자기 마음으로 대강 이렇게

생각을 하죠. 감각기관이 건강한 사람은 신체 건강이 구비되어 있어야 한다. 말하자면 눈으로 본다거나, 귀로 듣는다거나, 냄새를 맡는다거나, 맛을 본다거나, 이러한 감각기관이 고장이 나게 되면 생을 살아가는 데 있어서는 큰 불편을 느끼게 되는데, 이것이 건강함에도 불구하고 너무 그러한 데 탐착해서 마음을 내게 되면 경계에 휘둘림을 당하게 되고, 휘둘림을 당할 뿐 아니라 탐착하는 마음이 깊어져서 마음이 자유롭지 못하게 됩니다. 그래서 거기에 속박이 되고, 거기에 대한 훈습이 점점 자기의 마음에 어떤 큰 비중을 차지해서 밝은 마음이 되기가 어려우니까 그걸 경계하라 이 말씀입니다.

若心有住면 **則爲非住**니라

만일 마음을 어디에 머물게 되더라도 곧 머묾이 되지 않게 하라.

조용한 곳에서는 아무 소리도 들리지 않아요. 그때는 귀로 들리는 소리에 대한 마음은 지금 일어나지 않습니다. 선풍기 소리가 조금 들린다면 그 정도야 뭐, 바람소리가 들린다는 그 정도였는데, 갑자기 어디서 시끄러운 소리가 밖에서 들린다면, 그때는 마음이 상당히 동요가 되겠죠. 더구나 그라인더를 돌리는 공사장의 소리가 들리면 참기가 힘들 때가 있어요. 그럴 때는 심유주心有住가 되죠. 안 될 수가 없어요. 고약한 냄새가 날 때는 코를 잡고 막잖아요. 들리는 소리는 귀를 막으면 되고, 보는 것은 눈을 감으면 되죠. 마음만으로 통제가 안 되면 감각기관에 있는 것을 닫으면 되는 거죠. 셔터를 내리면 일단 중단이 되는데, 자꾸 마음을 닦으면 그렇게 닫지 않고도 그것에 휘둘리지 않게, 그렇게 할 수가 있습니다.

그 경지까지 가려면 인욕선인이 수행을 했던 것처럼 상당히 공부를 많이 해야 되겠죠. 일부러 누가 '저 사람이 얼마나 화를 안 내나, 시험해 보자' 하면서 어느 정도 계획적으로 한다면, 그걸 모르는 사람은 자기도 모르게 말려 들어가서 드디어 화를 내고 말 겁니다. 아는 사람은 아, 그렇구나 하면 화가 별로 안 나겠죠. 그러나 그게 더 수행이 많이 됐으면 아, 이거는 지금 아상에서 나오는 어떠어떠한 마음의 동요다, 이렇게 들여다보면 거기에 내가 휘둘림을 당할 이유가 없지 않느냐는 여기까지 갈 수가 있겠죠.

是故로 **佛說菩薩**은 **心不應住色布施**니라

이런 연고로 부처님께서 말씀하시기를, 보살은 물질세계에 머무르지 말고 보시를 해야 하느니라.

須菩提야 **菩薩**은 **爲利益一切衆生**하야 **應如是布施**니라

수보리야, 보살은 일체의 중생을 이롭게 하기 위해서 응당 이러히 보시해야 되느니라.

여기 이 말씀의 번역은 제가 많이 인용을 합니다만 '위이익일체중생

爲利益一切衆生한다'는 그 마음이 바로 대승보살 정신을 잘 표현하신 말씀입니다. 물론 자리이타自利利他라는 말이 있습니다. 남을 이롭게 하는 것과 내가 이로운 것이 동등하다고 볼 수 있는데, 내게 이로운 것이 내 이로운 것으로 끝나는 것이 아니라 남에게도 이롭게 할 수 있습니다. 그것이 이제 자리이타인데, 자리이타라고 하는 것을 더 뛰어넘으면 내게 이롭든 안 이롭든 남에게 이롭고, 일체중생에게 다 이롭다는 이 마음이 크게 일어나는 것이죠. 이게 보살의 마음입니다.

여기 한량없는 행원의 보현보살님이라든가, 또 우리가 『금강경』을 독송할 때 새벽에 독송하는 사람을 위해서 내가 그 사람을 밝게 해주리라고 하시는 문수보살님이시라든가 이런 대보살님들, 중생의 소리를, 고통의 소리를 들으면 내가 관해서 구제해주리라며 세상의 소리를 보시는 관세음보살님, 지옥 중생을 내가 다 제도해서 구제하지 않는 한 나는 보살의 계위에서 떠나지 않으리라 하시는 지장보살님 등 보살의 서원은 이렇게 무궁무진합니다.

'위이익일체중생한다'는 이 문구, 이 말씀이 바로 보살정신의 표현이라고 볼 수 있죠.

如來說一切諸相이 卽是非相이며 又說一切衆生이 卽非衆生이니라

여래가 말씀하신 바 일체의 모든 상이라고 하는 것은, 그것이 곧 상이 아니며, 또 일체의 중생이라고 하는 것도 중생이 아니니

라. (이름이 그러할 뿐이라)

須菩提야 如來는 是眞語者며 實語者며 如語者며 不一誑語者며
不一異語者니라

수보리야, 여래는 이러히 진실을 말씀하시는 분이며, 또 실다운
말씀을 하시는 분이며, 있는 대로를 말씀하시는 분이며, 허황된
말씀을 하시지 않는 분이며(속이는 말을 하지 않는 분이며), 다른
말을 하지 않는 분이시다.

　불광어不誑語는 허황된 말, 속이는 말을 하지 않는 것이고, 불이어자
不異語者는 다른 말을 하지 않는 분이시니 사실과 다른 말씀을 하시지
않는 것입니다.
　여기에서 이제 표현은 여러 가지가 있습니다만, 있는 여법한 대로의
진실을 말씀하시는 분이다는 것입니다. 이 중에 진어와 실어는 그런
대로 우리가 세간에서 쓰는 말이지만, 여어如語라는 말은 무위법의
불가에서 쓸 수 있는 말이죠. 여시라든가, 여여하다거나, 여법하다거
나, 이럴 때에 쓰는 그런 말씀이시죠.

須菩提야 如來 所得法은 此法이 無實無虛니라

수보리야, 여래가 얻은 바 이 법은 실도 없고 허도 없는 것이니라.

실實이라는 것을 번역을 해서 이것을 '진실', 이렇게 해 놓으면 '진실도 없다'가 되어 곤란해요. 위에는 진어자라고 하셨는데 말이죠. 그러지 말고 실과 허라고 하는 상대적인 개념으로 본다면, 그게 꼭 실다움을 추구하려고 하는 그것도 하나의 변이죠.

또 그것이 허망하다, 아무것도 없지 않느냐 하는 그것도 하나의 변입니다.

무실무허無實無虛라고 하는 이 말씀은 여기에 있는 여여한 상태, 진여라고도 하겠지만, 그것보다 불가의 좋은 표현으로 여여라고, 제32분에 '여여부동如如不動이다'라고 하셨는데, 있는 그대로의 참다운 모습, 그것을 표현할 때 여如를 두 번 씁니다. 거기에 비해서 상대적인 생각은 다 관념이라고 봅니다. 실답다거나, 허망하다거나, 이런 것이 다 상대적인 것이라고 봅니다.

불교의 가장 뛰어나고 수승한 점이, 부처님이 중도를 그대로 실현하시고 깨우치시고 설하셨다고 하는 그 점입니다. 한 변에 이렇게 치우치게 되면 그것이 여여한 것이 못 된다는 말씀입니다.

사바라고 하는 자체가 고락상반苦樂相半이라 그랬는데, 인토忍土라고도 합니다. 그래서 인토는 참을 만한 세상이다. 고만 있는 것도 아니요 낙만 있는 것도 아니다. 고가 지나면 낙이 있고, 낙이 차면 고가 오는 것이 인토인데, 이러한 상반세계를 떠나 여여한 입장에서 보면 무실무허죠.

❀

須菩提야 若菩薩이 心住於法하고 而行布施하면 如人이 入闇에

則無所見이니라

수보리야, 만일 보살이 어떤 관념에 머물러서 보시를 행한다면,
이 사람은 캄캄한 데 들어가서 아무것도 볼 수 없음과 같으니라.

　'어떤 관념에 머물러서 보시를 행한다면'이라고 한 것은 어떤 대상에
집착해서 보시를 행한다는 이 말씀이에요.
　여기서 암闇자는 문門을 만들고 그 속에 소리 음音자를 썼는데,
인위적으로 캄캄하게 만든 것이죠. 광의 문을 닫고 아무 불도 켜지
않으면 깜깜해지겠죠. 그러나 우리가 저녁이 되어 컴컴해진 것을
뭐라 그래요? 그것은 암자가 다릅니다. 암야暗夜라고 그래요. 캄캄한
밤이되 인위적으로 만든 것이 아니죠. 해(日)가 져서 시간으로 그렇게
어두워지거나 하는 것은.
　그런데 여기는 어떤 광 속에 들어가서 깜깜해진 그런 상태를 표현하
신 거죠. '입암入闇에 즉무소견則無所見이니라.' 왜 그런고 하니 햇빛이
다 차단되니까 아무것도 볼 수 없을 것 아닙니까.
　대상에 머물러 집착하는 마음의 상태를 이렇게 비유한 것입니다.

若菩薩이 心不住法하고 而行布施하면

만일 보살이 그 마음을 법에 머물지 않고 보시를 행한다면
(대상에 집착하지 않고 보시를 한다면)

이게 무슨 말씀인가 하니, 보시를 행해서 내가 이만한 과보를 받을 수 있을까? 이런 생각을 하면서 보시를 한다면 '입암에 즉무소견'이 되지만, 아무 그런 조건과 분별 없이 대상에 대해서 오직 자비의 마음으로 보시를 한다거나, 또 무기명으로 송금을 해서 도대체 누가 보시를 했는지 알 수가 없단 말예요. 요즘은 가끔 그런 사례가 나타나는데, 그거야말로 부주법하고 이행보시한 거죠.

제4분에 이미 보시바라밀이 부주상보시(무주상보시)가 돼야 한다, 이렇게 하셨죠. 다시 나오는 것이 됐는데, 그렇게 한다면

如人이 有目하고 日光이 明照하야 見一種種色이니라

이 사람은 눈이 있어서 햇빛이 밝게 비치는 데 모든 종류의 색을 뚜렷이 볼 수 있는 것과 같은 것이니라.

햇빛이 밝게 비치면, 여기 종종색種種色이라고 표현을 하셨지만, 많은 종류의 색깔들을 볼 수 있습니다. 같은 연두색의 봄이지만 햇빛이 구름에 가렸을 때 본 연두색과 햇빛이 밝게 비추었을 때 보이는 수많은 종류의 연두색은, 같은 색이지만 종종색이 밝게 드러나게 돼요.

그만큼 보이지 않는 세계에서 유별되는 수많은 기쁨이 존재하는 것이죠. 그것은 심주어법心住於法 했을 때는 전혀 나타나지도 않고 드러나지 않는 것이지만, 부주법不住法 했을 때는 결과가 그러하다는 겁니다.

須菩提야 當來之世에 若有善男子善女人이 能於此經에 受持讀
誦하면 則爲如來 以佛智慧로 悉知是人하시며 悉見是人이 皆得
成就無量無邊功德이니라

수보리야, 이제 오는 세상에 어떤 착한 남자와 착한 여인이 있어서
능히 이 경을 받아 지녀 독송한다면, 곧 여래께서는 부처님의
지혜로 이 사람을 다 아시고 다 보시나니, 모두 다 무량무변한
공덕을 성취함을 얻게 되리라.

　마지막 구절은 다른 부분에서도 설하신 부분이지만, 여래께서는
부처님의 지혜로 이 경을 수지 독송하는 사람을 다 아시고 다 보신다고
합니다.

　그거 왜 그렇습니까? 주파수가 같기 때문이에요. 당신이 발하신
이 『금강경』의 주파수는 우리가 어떤 공중주파를 잡아서 보게 될
때 동주파입니다. 통하게 되는 밝은 동주파이고, 어떻게 보면 대단히
고주파이기도 한데, 누가 지금 이 경을 읽는다 하면 주파가 동조되니까
자연히 동조되는 기운으로는 아실 뿐 아니라 보시는 거죠. 뭘 보시냐?
무량무변공덕無量無邊功德을 성취하는 것을 보십니다. 유위세계에서
는 무량이라고 하는 말이 잘 적용이 안 돼요. 양이 있고 변이 있죠.
아무리 넓은 영토라도 반드시 변두리가 있어요. 중국 땅이 넓다,
소련 땅이 넓다 하지만 반드시 끝나는 변이 있어요. 욕심이 많으면
크게 넓히려고 하고, 또 남한테 침략 당해서 사라지기도 하고 그러는데,

이는 유위세계에 있는 그러한 것들입니다.

양도 아무리 많다고 하지만은 유위세계의 양은 다 끝날 때가 있습니다. 줄어들 때가 있고, 소멸될 때가 있고, 사라질 때가 있죠. 그러나 이 밝음의 근본 세계에서의 성취는 양이라든가, 어떤 테두리, 한계, 이러한 것들로서는 표현할 수가 없으니까 '무량무변의 공덕을 성취한다' 이렇게 표현하셨어요. 이것을 이상적멸분離相寂滅分이라고 소명태자가 제목을 달았죠.

『금강경』 전체에 흐르는 불교의 요체가 삼법인三法印에 계합하고 있습니다. 삼법인은 제행무상諸行無常, 제법무아諸法無我, 열반적정涅槃寂靜이지요.

사실상 제목을 보면 제14분이 적정열반의 표현으로 되어 있습니다. 상을 떠나면 적멸에 이른다고 했습니다. 적멸이 바로 열반입니다. '적멸보궁' 할 때, 물론 부처님께서 마지막 사리를 나투신 그 적정한 당신의 열반이 적멸로 표현되셨는데, 상을 떠나면, 즉 이일체제상離一切諸相하면 즉명제불則名諸佛이라, 일체의 상을 떠나면 부처님이라고 이름할 수 있다고 했습니다.

그런데 부처님이 도달하신 데가 적멸이거든요. 삼법인 중에 마지막 법인인 열반적정의 경지가 부처님이 최종으로 도달하신 자리이고 또 모든 보살마하살과 중생이 목표로 하는 자리이기도 합니다. 궁극적으로 영원한 그런 안정된 밝은 자리는 변하거나 소멸하거나 없어지거나 한계가 있거나 양이 있어서 사라지는 그런 것이 아닙니다. 그 세계는 무위의 세계이기 때문에, 있는 밝음 그대로의 당처입니다.

사실상 그 뒤에도 여래를 설명하신 제29분의 위의적정분威儀寂靜分에도 '그 모습이 적정하시다'고 나오고, 그 적정하신 표현의 마지막이 뭐로 되어 있어요? '무소종래無所從來며 역무소법亦無所去일세 고명여래故名如來니라.' 즉 '어디로부터 좇아서 온 바 없으며 또 어디로 가는 바도 없음일세 이름을 여래라고 하는 것이니라' 하는 이 부분이 바로 적멸이요 적정입니다. 삼법인 중에 마지막을 표현하는 『금강경』의 밝은 부분들이 여기에 잘 계합되어 있습니다.

15. 경을 지니는 공덕의 말씀

須菩提야 若有善男子善女人이 初日分에 以恒河沙等身으로 布施하고 中日分에 復以恒河沙等身으로 布施하고 後日分에 亦以恒河沙等身으로 布施如是無量百千萬億劫에 以身布施하고

수보리야, 만일 착한 남자 착한 여인이 있어서 아침나절에 항하 모래수만한 몸으로 보시를 하고 또 한낮나절에 항하사 모래수만한 몸으로 보시를 하고, 또 저녁나절에 항하사 모래수만한 몸으로 보시를 해서, 이와 같이 한량이 없고 아득한 백천만억겁의 시간에 이 몸뚱아리로 보시를 하고

　초일분, 중일분, 후일분에 항하사 몸뚱아리만 한 몸으로 보시한 것만 해도 어마어마한 거죠. 하루를 삼등분해서 초일, 중일, 후일로 하면 하루 만에 항하사 등신으로 보시한 숫자만 해도 어마어마한 것인데, 어떻게 아침나절에 항하사 등신만 한 몸으로 보시를 하겠습니까? 시간으로 말하면 한정된 시간인데 말이죠. 그러나 우리가 이 한 마음으로 내는 세계는 그러한 것이 가능하겠죠. 비유로 하시는

말씀이니까. 그것도 모자라서 이와 같은 무량한 백천만억 겁에 몸으로 보시를 한다고 나옵니다. 겁이라는 건 한 겁만 해도 무량한 시간인데, 백천만억의 겁이라면 거의 무량이죠.

'몸뚱아리로 보시를 한다'는 말은, 우리가 생명 중에 제일 탐착하고 중시하는 것이 자기 몸뚱아리 아닙니까? 아마 억만장자라도 누가 총을 갖다 대고서 '너, 재산을 다 줄래, 죽을래?' 그러면은 '다 줄 테니 살려주시오!' 할 것입니다. 그만큼 몸뚱아리에 대한 탐착은 절대적이란 말이에요. 중생으로서는 죽어버리면 그만인데 가진 것이 무슨 의미가 있느냐는 겁니다. 그럼에도 불구하고 죽는 것도 마다않고 몸뚱아리로 신명을 다 바쳐서 보시를 합니다.

몸뚱아리라고 하면, 육체가 물질로 되어 있는 것이니까 물질화된 것이지만, 명命이라고 하는 것은 목숨이에요. 신명이라고 하는 명은, 즉 목숨은 좀 다릅니다. 그 속에는 다른 많은 것들이 들어가 있죠. 목숨은, 식물로 말하면 그 식물이 다시 돋아날 수 있는 씨가 있단 말이에요. 씨, 그건 명이에요 명. 인간에게도 그것이 있습니다. 어떤 아이가 팔이 잘렸는데 크면 팔이 돋아날 수 있습니까? 아이라서 돋아난 다고 생각할지 모르지만, 돋아나지 않아요. 한 예닐곱 되면 이가 빠지잖아요. 두렵죠. 하지만 그건 돋아난단 말예요. 그런데 어금니는 빠지면 안 나잖아요. 어떤 건 돋아나고, 어떤 건 안 돋아나지요.

생명 속에도 명이 있어요. 내 몸뚱아리 속에도 수많은 명이 있습니 다. 수많은 60조 세포 중에, 그냥 여기는 초일분에 항하사등신이라고 그랬는데, 자꾸 소멸되어 가는 피부 쪽에 있는 것들, 때로 밀려 나가는 이런 것들은 한 이틀 살기도 한다고 그러고, 어떤 거는 더 빨리 소멸되는 것도 있다고 그럽니다.

거기에 비해서 우리 골수 같은 경우는 그게 한 번 태어났을 때에 이미 죽을 때까지 모든 양이 있어서 불변이다는 이설을 냈다가, 요즘에 또 수정합니다. 그것도 그런 것이 아니라, 그것도 줄기만 하는 것이 아니라 늘 수도 있다고 그랬어요. 명이 있다 그랬어요. 그래서 자꾸 뇌세포를 연구하는데 그만 너무 고정불변적인 이설을 만들어 가지고 과학적인 논지에다 냈는데, 요즘 그것이 잘못되었다고 하는 수정들이 나왔어요. 그렇지 않다, 마음을 어떻게 쓰느냐에 따라서 이 뇌세포의 골수도 확장되거나 숫자가 늘어날 수 있다고 수정했어요. 고정불변이 아니다는 말이지요.

이 마음이라고 하는 것이 만들어내는 현상계, 그것에 사실은 불변은 없습니다. 그러나 여기 경문에서는 명은 안 들어가 있어요. 그냥 신身이죠. 등신이라고 그랬으니까요. 그런데 신身 속에 사실은 명이 들어가 있습니다.

체體 하면 그냥 몸이에요. 체는 우리가 불교에서 체성體性 할 때는 근본을 이야기하지만은, 우리가 신체로써 체라고 할 때는 조금 달라요. 그 사람 체구가 크다고 그러잖아요. 그건 몸뚱아리 형상이 크다는 것이고, 신은 그 속에 어떤 명이 들어가 있는 것을 함축할 때 신을 씁니다. 같은 몸의 구분이지만 우리가 『금강경』을 자꾸 닦아 공부할 때에는 물론 근본인 마음자리를 늘 관해서 밝혀야 되지만, 거기에 따라서 변하고 있는 자기 신과 그 속에 있는 명을 또한 관할 줄 알아야 돼요. 같이 밝아져야 돼요. 그래서 백 선생님께서는 백 일씩 하는 동안에 세포가 밝아지고, 천 일 하는 동안에 뼈가 밝아지고, 3천

일 하면 골수까지 밝아진다고 하셨어요. 그 속에 있는 몸뚱아리의 어떤 형색만 들여다본 것이 아니죠.

그렇게 밝아졌을 때에는 그 속에 다른 밝은 기운이 마음과 함께 자리할 수가 있다는 겁니다. 그런 걸 신비주의 같은 학파에서는 몸 속에 다른 영체가 있다고 합니다. 그 영체가 아주 밝은 은백색일 수도 있고, 여러 가지 있다고 합니다. 그러잖아도 부처님 탱화에는 이렇게 신광과 두광으로 빛을 표현한 것이 나오지 않습니까? 성인들은 대강 얼굴에 둥그런 빛의 두광을 표현하죠. 부처님은 얼굴에서뿐만 아니라 몸에서도 발하신단 말이에요. 이것은 입체의 조상에도 표현한 예가 많습니다.

우리가 보이지 않아서 그렇지, 카메라로 손끝을 찍으면 손끝에서 발하는 오라aura, 그 색깔을 찍는 그런 것이 있어요. 저 사람이 발하는 색에 따라서 그것이 얼마나 밝은가 측정합니다. 저 사람 마음이 얼마나 밝은가? 그것은 사람에게서만 나오는 것이 아니라고 합니다. 식물의 잎에서도 나옵니다. 사람의 손끝은 기가 모아져서 발해지는 통로라고 하는데, 백회가 있고 차크라가 있습니다만, 그러나 신체라고 하는 것은 언젠가는 버리고 가야 될 것이고, 신체 속에 있는 어떤 불변의 무엇 하나가 있다고 한다면 무위의 어떤 마음자리, 그것을 밝히는 것이 그거보다 더 수승하고 더 가치가 있고 의미가 있다는 거죠.

若復有人이 聞此經典하고 信心이 不逆하면 其福이 勝彼니 何況

書寫受持讀誦하야 爲人解說이라

만일 어떤 이가 있어서 이 경을 듣고 믿는 마음이 뒤바뀌지 아니하면 그 복이 더 나은 것이니, 하물며 베끼고 받아 지녀 독송해서 남을 위해 해설함이라.

옛날에는 경이 유통이 잘 안 되었으니까, 이 경을 베껴서 자기가 지니고 독송함과 함께 남에게 베낀 것을 자꾸 돌린단 말예요. 그리고 서사의 공덕이라고 하는 것은 실지로 글을 써보면 자기가 알던 것이 많이 새로워집니다. 글자를 안 써보면 막연히 그냥 알았던 것으로 끝나요. 그런데 써보면 서사 공덕이 좋다고 하는 것의 진위를 다시 한 번 확인하게 되죠.

須菩提야 以要言之컨데는 是經이 有不可思議不可稱量無邊功德이니 如來 爲發大乘者說이시며 爲發最上乘者說이시니라

수보리야, 요약해 말하건데는 이 경은 생각으로 헤아릴 수 없이 끝이 없는 공덕이 있는 것이니, 여래께서는 대승의 사람을 위해서 설하시며, 또 상승의 사람을 위해서 설하시니라.

불가사의는 사량으로는 생각할 수 없는 것이니까 불가칭량입니다. 양으로도 헤아릴 수 없는 무변공덕, 끝이 없는 공덕이 있다는 것이지요.

여기 '대승'이라고 하는 용어가 처음으로 나오게 되는데, 큰 수레바퀴를 탄다는 말입니다. 그 뒤에는 또 최상승이라고 다시 한 번 표현하셨어요. 그보다 더 위의 수레바퀴를 탄 사람을 말하죠. 여기 수레라고 하는 것은, 대승은 마하야나mahā-yāna를 얘기하고, 야나를 대강 승乘이라고 번역하는데, 이쪽 언덕에서 저쪽으로 수레를 타고 가죠. 우리가 뗏목에다 이 경을 비유했듯이 강을 건널 때도 뭘 타야 되지 않습니까? 그와 같이 어떤 목적지에 가기 위해서는 뭘 타야 되지요. 걸어가도 되겠지만 먼 거리를 가려면 뭘 타는데, 그것이 몇 사람만 수레를 타는 것을 작은 수레라고 비유해서 소승이라고 했지요.

사실은 소승과 대승의 구별도 처음엔 없던 것인데, 부파불교部派佛教가 생기고, 그 다음에 입멸 후 많은 부처님의 사상을 발전시키면서, 들었던 사람이라든가 혹은 성문, 연각, 독각을 이룬 그런 사람만을 위해서 부처님 말씀이 있어서는 안 되지 않느냐, 위익일체중생해서 모든 중생을 밝게 하는 그 방향으로 나가야 되지 않겠느냐, 그렇게 해서 이제 큰 수레를 만들어서 모든 사람을 다 타게 하자는 그 보살정신에서 나온 것이 대승이죠.

지금 남방불교 쪽으로는 부처님의 원 말씀이 전해져서 원시불교라고도 하여 아함부가 많이 유포되어 있고, 우리가 대승불교라고 하는 것은 북방불교인데, 티벳을 넘고 중국을 거쳐서 한국, 일본까지를 대승이라고 유별하는데, 사실은 대승불교 하면 대승정신에 입각해야 되죠. 자리이타를 더 넘어서서 위익일체중생하는 방향으로 가야만 대승이 되는데, 자기 이익을 위한 집단에 법이 머무른다면 비록 대승권 내에 있지만 대승이 못 되는 사례가 있을 수 있습니다.

요즘은 복지가 발달해서 불교계에서 경영하는 병원도 많이 지었죠.

복지도 그러하냐? 이렇게 반문하는데, 요즘은 많이 진전이 되어, 복지시설이 불교가 대단히 발달되었다고 그럽니다. 지금 몰라서 그렇지, 그런 시설과 단체를 많이 만들었다고 해요. 저번에 교수불자연합회 수련회를 가졌는데, 그때 복지에 대해 상당한 기간을 할애해서 전문적으로 연구를 했던 분이 발표해서 들으니까, 상당한 복지를 만들었음에도 불구하고 이걸 잘 활용하지 못하고 있다고 합니다. 홍보도 안 되어 있고, 그런 것이 있는지도 잘 모르고, 운영하는 체계도 미흡해서 그렇지만 실지는 많이 되어 있다고 합니다.

대승 정신에 입각해서 본다면 저는 좀 그런 말씀을 드리기 뭐하지만, 예전에 태국의 승왕을 뵈었을 때 상당히 놀랐습니다. 태국에는 에메랄드사원이라든가 이런 게 워낙 화려하고 장엄하고 그래서, 승왕이 거처하는 사원은 굉장히 장엄하리라 이렇게 생각을 하고 뵈었는데, 이층 조그마한 다락방 비슷한 곳에 계신단 말씀이에요. 승왕을 상가라차라고 그럽니다. 국왕도 와서 배알을 하는 승왕의 처소가 어떻게 된 영문인가 봤더니, 그 모든 시설을 전부 다 교육시설이나 복지시설에 내놨어요. 우리가 여기서 호화롭게 있을 일이 아니다, 이것은 전부 다 국민을 위해서 봉사하는 입장이지 대접받는 입장이 아니지 않느냐? 승왕이 그렇게 실천하시는데, 우리가 대승이라 하면서 한번 돌이켜봐야 되지 않느냐 하는 그런 생각을 했습니다.

그런데 제가 언어에 능숙하질 못함에도 단장이라고 저보고 성왕하고 대담을 하라고 그쪽 통역 한 분이 말하시는데, 그런데 성왕 말씀은 스스로를 '귀국은 대승의 나라이고, 우리는 소승을 수행하는 불교의 나라이다'라고 스스로 얘기하는 것을 보고 놀랐어요. 보통 소승에서는 소승이라 표현하지 않습니다. 상대를 대승이라고 높여주는 것도 놀라 웠습니다. 그런 점에서 우리가 많이 성찰해야 되지 않느냐, 대승이라고 하면서 우리가 얼마나 대승을 실천하고 있느냐, 그런 생각을 했어요.

'위발대승자설爲發大乘者說, 위발최상승자설爲發最上乘者說'이라고 했을 때는, 『금강경』의 정신 자체가 그러한 작은 법을 즐기는 부류에서 는 『금강경』을 잘 해득해서 남을 위해서 얘기해주기는 상당히 어렵다 는 말씀이지요.

若有人이 能受持讀誦하야 廣爲人說하면 如來 悉知是人하시며 悉見是人이 皆得成就不可量不可稱無有邊不可思議功德이니

만일 어떤 이가 있어서 능히 받아 지녀 독송해서 널리 사람을 위해서 설해준다면, 여래께서는 이 사람이 가히 양을 헤아릴 수 없고, 또 가히 칭할 수 없고, 또 끝이 없는 불가사의한 공덕을 모두 성취하는 것을 다 알고 다 보시나니

앞에서 이 경이 대승자와 최상승자를 위해서 설해진 것이기 때문에 이 경의 의미도 불가사의하고 불가칭량하고 무변공덕이 있다는 말씀 을 하셨는데, 거기에 이어져서 이 경을 받아 지녀서 독송을 해서 남을 위해서 이야기해준다면 여래께서는 여기서 '개득성취皆得成就 불가량不可量 불가칭不可稱 무유변無有邊 불가사의공덕不可思議功德'

이라고 하셨는데, 이는 바로 전 구절에 나온, 이 경이 '유불가사의불가 칭량무변공덕有不可思議不可稱量無邊功德'하다는 내용과 거의 비슷합 니다. 그러기 때문에 그걸 성취할 수 있다고 하는 것을 말씀하시는 것인데, 단지 뭐가 좀 다른가 하니, 불가량不可量이 그 전 구절에서는 불가칭량不可稱量으로 나왔죠. 여기는 불가량, 불가칭이라고 두 번 구별을 했어요. 양으로 말해도 가히 헤아릴 수 없고 또 가히 칭할 수 없다, 가히 말로 이를 수가 없다, 또 끝이 없고, 또 우리가 사량으로는 헤아릴 수 없는 공덕을 모두 다 성취하는 것을 여래께서는 다 아시고 다 보신다는 말씀입니다.

如是人等은 **則爲荷擔如來阿耨多羅三藐三菩提**니라

이와 같은 사람들은 곧 여래의 아뇩다라삼먁삼보리를 짊어진 것과 같은 것이니라.

여기서 하담荷擔은 어깨에 메고 등에 짊어지는 것을 말하는 용어인 데, 하荷는 어깨에 메는 것이고, 담擔은 등에 짊어진다는 뜻으로 이 전체가 짊어진다는 것입니다. 여래의 아뇩다라삼먁삼보리를 깨달아 서 여래와 같이 아뇩다라삼먁삼보리의 당처를 자기 것으로 해서 어깨 에 짊어졌다는 말이죠. 어깨에 짊어졌다고 하는 것은 남에게도 아뇩다 라삼먁삼보리를 성취시키기 위한 연설을 할 수가 있다, 얘기해 줄 수가 있을 것이다는 말입니다.

何以故오 須菩提야 若樂小法者는 着我見人見衆生見壽者見일세 則於此經에 不能聽受讀誦하야 爲人解說이니라

왜 그러냐? 수보리야, 만일 작은 법을 즐기는 사람은 곧 아견, 인견, 중생견, 수자견에 탐착함일세, 이 경에 능히 듣고 받아 지녀서 독송해서 남을 위해서 얘기해줄 수 없으리라.

소법자小法者라고 하는 것은 작은 법을 즐긴다고 해서 소승에다 비유한 것이라는 해석도 있는데, 자기 몸뚱이에 고를 면하고 낙을 얻는다, 또한 몸의 고통을 여의고 어떤 안정을 얻는 것까지는 되지만은, 그건 곧 아견, 인견, 중생견, 수자견에 아직도 탐착하고 있는 것이 된다는 것입니다.

여기 지금 『금강경』의 요체가 이 사상四相에 머물지 않는, 사상을 해탈하는 그런 것이 요체이기 때문에 이 나라고 하는 한 견해, 망상, 생각에 머물러 있는 동안은 그렇게 수행을 한다 해도 약락소법자가 된다는 것이죠.

그렇다고 해서 꼭 소승법이 자기를 수행하는 데 있어서 그렇게 자기만 생각하는 그런 범주는 아닙니다만, 소승을 떠나서라도 소법을 즐긴다고 하는 것은 이 대법을 깨달아서 이것을 실현하는 데 비하면 사상에 탐착하고 있음이 아직도 거기에서 벗어나지 못하는 견해에서 '불능청수독송不能聽受讀誦하야 위인해설爲人解說이니라', 즉 남을 위해서 얘기하는 데 있어서 능하지 못할 것이다 이렇게 말했습니다.

뭐, 어느 정도야 얘기할 수 있겠지만 능히 위인해설하기는 힘들 것이라는 거죠.

청수聽受라고 하는 것은 들어서 받아 지닌다는 말입니다. 그 앞에는 수지독송受持讀誦이라는 말이 여러 번 나왔죠. 이 경을 수지독송할 때, 혹은 '능수지독송能受持讀誦하야 광위인설廣爲人說하면'이란 앞 구절이 있었는데, 여기서는 청수聽受라는 말이 특이하게 나왔습니다. 그것은 진리를 곧바로 알아듣고 깨달아서 받아 지닌다, 이 대승의 본의를 그대로 알아듣는다는 말입니다. 이 작은 법을 즐기는 사람은 대승의 본의를 알아듣기가 힘들죠. 왜 그런고 하니 자기를 떠나서 광위인설廣爲人說할 수 있는, 또 요익중생하고 전체 중생을 이롭게 하는 발원을 그렇게 하기가 힘들 것이기 때문이죠.

須菩提야 在在處處에 若有此經이면 一切世間天人阿修羅所應供養하리니

수보리야, 이 경이 있는 곳은 어디든지 일체 세간의 천신과 사람과 아수라가 모두 다 공양을 올릴 것이니

當知此處는 則爲是塔이라 皆應恭敬作禮圍遶하야 以諸華香으로 而散其處니라

마땅히 알아라. 이곳은 곧 탑이 있는 곳과 같으니, 모두 다 공경하고 위요의 예를 행해서 모든 꽃과 향으로 그 장소에 흩뿌리느니라.

이 경이 있는 곳은 곧 탑이 있는 곳과 같다. 탑에는 부처님의 유골을 모신 탑, 13층탑, 9층탑도 있는데 그 탑이 있다고 하는 것은 부처님의 정신과 부처님의 기운과 부처님의 넋이 있는 것과 같습니다. 그런 기운이 있는 곳은 당연히 일체 세간의 하늘 사람과 또 우리 인간과 아수라가 모두 다 공양을 올릴 것이라는 말씀입니다.

물론 여기 세간이 있고 출세간이 있으니까 세간에 대한 형용이 아직도 몸을 완전히 떠나지 못한, 해탈하지 못한 그러한 형용이 됩니다마는, 그래도 이것은 아래 있는 삼악도에 비하면 천, 인, 아수라는 위에 있는 삼선의 선도라고 볼 수가 있죠.

여기서 천은 데바를 형용한 것으로, 하늘 사람, 천신을 얘기하는 것입니다. 어떤 사람은 천인아수라를 붙여서 생각하는데, 천을 띄어야 합니다. 천 자체로도 천인이죠.

인은 우리 사람이고, 아수라는 『금강경』을 공경하는 아수라 신입니다.

이곳은 부처님 탑묘와 같다고 했으니까, 마땅히 경이 있는 곳은 어디든지 탑이 있다고 생각을 해야 될 것이다고 하셨는데, 그러니까 '개응공경작례위요皆應恭敬作禮圍遶 한다'고 하는 것은 모두 다 공경을 올린다는 말인데, 여기서 작례위요는 부처님 법문 당시에도 맨 앞에 선현기청분이 있었지만, 그냥 제 자리에 가서 이렇게 앉는 것이 아니고, 부처님 주위를 세 번 돈다거나 그걸 작례위요라고 하고 삼잡三匝이라고도 부릅니다. 세 번 돈다고 해서, 또 여러 번을 돌게 되면 그만큼 더 공경을 한다고 하는 뜻이 되니까, 거기에서 우리나라의 탑돌이가 생기기도 했다는 그런 얘기가 있죠.

중국으로 봐서는 작례위요의 예가 일상화되지 못했기 때문에 대강 위에 있는 스승에게 그냥 앉은 자리에서 공경의 예를 올리지 빙빙 도는 예는 볼 수가 없죠. 그래서 맨 앞에도 작례위요의 구절을 번역에서 생략했어요. 자기네 풍습에 맞춰가지고.

그러나 탑에서는 우리가 돌아가면서 부처님에 대한 염송을, 또 부처님에 대한 공경을 얼마든지 올릴 수가 있죠. 사리탑이라든가 수마노탑이라든가 이런 데는 다 빙빙 돌 수 있게 되어 있어요. 빙빙 돌면서 부처님을 염송하면은 그만큼 더 공경의 예가 된다는 겁니다.

또 '화향華香으로 이산기처而散其處한다'고 하는 것은, 인도의 경우는 꽃들이 많고, 또 남방불교에만 가도 연꽃이 많아 공양 올릴 수 있게 되어 있습니다. 그래서 늘 꽃으로 공양을 많이 올리죠.

북방불교에서는 대강 음식으로 공양을 올린다거나 이렇게 하지만은, 꽃 공양을 올린 예가 부처님 전에도 나오죠.

그런데 여기에는 꽃의 뜻으로 화華자를 썼는데 열매를 맺는 그런 꽃, 그렇게 해서 어떤 하나의 결과를 나툴 수 있는 씨, 선근 그런 것을 뜻하는 꽃일 수가 있습니다.

결혼을 축하할 때도 '축 결혼'과 함께 '축 화혼'도 쓰는데, 이것은 자녀도 많이 둬라, 그러니까 대강 신부 측에 축하할 때는 화혼이라고 씁니다. 그런 뜻으로서의 화華이기에, 꽃 공양은 부처님께 그만큼 선근의 공덕을 심을 수 있다는 뜻입니다.

향은 독소를 제거하고 좋은 냄새로 장엄할 수 있으니까, 부처님 법문 하실 때는 바로 이런 기운이 그만큼 맑고 깨끗하고 장엄하기 때문에 그렇게 형용할 수가 있는 것이죠.

이 경이 있는 곳은 부처님 탑이 있는 것과 같아서 모든 사람이 작례위요하고 모든 꽃과 향으로 드리워서 뿌리느니라, 이렇게까지 표현을 하셨어요.

인쇄된 이 경은 그냥 종이에 박힌 글자같이 보입니다만, 여기에다 가치와 의미를 부여할 때는 그렇다는 말씀입니다. 그리고 『금강경』을 독송하는 기운도 그렇게 맑고 깨끗하고 장엄하기 때문에, 그때는 아마 이 우주 가운데서 그렇게 맑고 밝은 기운들이 독송하는 그 기운과 같이 유유상종이 되어서 호응을 할 겁니다. 그게 바로 여래의 호념이시고, 또 모든 '밝은 이'들이 환희하시는 모습이 되겠죠.

16. 능히 업장을 맑힐 수 있다는 말씀

復次須菩提야 善男子善女人이 受持讀誦此經하되 若爲人輕賤하면 是人은 先世罪業으로 應墮惡道언마는 以今世人이 輕賤故로 先世罪業을 則爲消滅하고 當得阿耨多羅三藐三菩提니라

다시 수보리야, 착한 남자와 착한 여인이 이 경을 받아 지녀 독송하되 만일 어떤 이가 경멸한다거나 천시한다면, 이 사람은 선세의 죄업으로 응당 악도에 떨어질 것이언마는, 금세인이 경멸하고 천시하는 연고로 선세죄업을 즉시 소멸하고 아뇩다라삼먁삼보리를 얻을 것이니라.

이 경천輕賤이라고 하는 이것은, 어떤 종교든지 처음에 유포될 때는 쉽지 않았고, 진리의 말씀을 유포한다고 해도 많은 사람들이 못 알아듣고 경멸하거나 천대한다거나 이럴 경우가 있었죠. 왜 그런고 하니 중생이 워낙 어둡고 미망에 젖어 있고 밝은 당처에 대해서 무지하기 때문에, 잘 알아들을 수도 없는 얘기를 가지고 그렇게 열심히 공경하고 정진하고 그러느냐, 그럴 수가 있습니다. 또 더구나 말세에 이를수록

그런 경우는 아주 많을 것입니다.

믿고, 그걸 한 말씀으로 환희심 내서 정진하는 이는 아주 희유할 것이고 경천하는 이는 많을 것이다, 그렇게 말씀하셨어요.

오백 년을 한 단위로 봐서 다섯 번 이렇게 내려오는 계법시대가 투쟁견고시대라고 하는, 지금 그런 시대에 접해 있기 때문에 어두운 기운이 많이 창궐하는 그런 시대는 그럴 수가 있죠.

그런데 이 경의 밝은 기운에서 봤을 때는 악도에 떨어질 만한 선세죄업이 있다 하더라도, 오늘날의 사람들이 경천을 하는 그런 연고로 이것이 서로 상쇄될 수가 있다, 선세죄업을 소멸할 수가 있다는 것입니다.

엄밀히 말하면 이 인과응보라고 하는 것은 꼭 불법의 법칙만이 아니라 엄연한 우주의 자연법칙입니다. 원인 지어서 원인 지은 대로 받는다, 씨 심은 대로 거둔다는 것이죠. 그러니 이것은 자연의 법칙에서도 늘 그대로 볼 수 있는 하나의 엄연한 진리이죠. 그러니까 좋은 선과의 씨를 심었으면 선과를 거둘 것이고, 나쁜 악과의 씨를 심었으면 악과의 씨가 열매를 맺었을 때 그만한 고통을 받을 것이다고 되어 있는데, 예외 조항으로 『금강경』을 읽음으로써 부처님이 하나 열어놓으셨어요.

제16분은 어떻게 보면 업장을 맑힐 수 있는 보통 법칙에서부터 아주 특별한 조항입니다. 물론 얼마 전에 백중기도를 다 올리시고 하셨지만, 부처님도 방편으로 좀 그런 것을 열어놓으셔야죠. 중생들이 자못 미망에 젖어서 악도에 떨어지는 그런 경우는 있을 수 있는데, 구제를 해야 될 거 아닙니까?

그런데 구제는 부처님의 어떤 힘으로 구제되는 것이 아니에요.

스스로의 정진의 힘으로 그것이 구제되는 것이고, 또 자기와 인연
닿은 사람이 악도에 떨어졌다고 하더라도 인연 닿은 사람이 다시
밝은 정진을 한다거나, 또 어떤 부처님께 복의 공덕을 짓는다거나,
'밝은 이'들께 공덕을 회향해서 그렇게 해서 소멸이 될 수가 있습니다.

그 예외의 날이 백중입니다. 지옥문을 열어놓고, 비록 지옥에 떨어져
있는 어떤 인연 닿는 그런 자기의 친지들이 있다 하더라도 이 날은
특별히 선지식을 봉양하고 그렇게 하는 공덕으로 조금 더 나은 단계로
갈 수 있다고 되어 있습니다.

그런데 여기는 어떤 한 날을 정한 게 아닙니다. 이 경을 읽음에도
불구하고 누가 경천을 한다고 합시다. 그렇게 경천을 하게 되면 마음의
고통을 받을 수도 있지만은, 그걸로 인해서 선세죄업이 소멸되는구나
하고 이렇게 생각한다면 꼭 경천하는 사람을 탓할 일만은 아니에요.
경천하는 사람을 언젠가는 밝아지라고 이렇게 염을 하겠지만, 그것이
소멸될 수 있는 어떤 길이 있고, 그럼으로 인해서 곧 아뇩다라삼먁삼보
리를 더 밝게 성취할 수도 있다는 겁니다.

須菩提야 我念하니 過去無量阿僧祇劫에 於燃燈佛前에 得値八
百四千萬億那由他諸佛하야 悉皆供養承事하야 無空過者니라

수보리야, 내가 지금 생각하니 과거 무량한 아승지겁에 연등부처
님 전에 팔백사천만억 나유타의 모든 부처님들을 만나서 모두
다 공양하고 받들어 모셔서 헛되이 지난 적이 없었느니라.

아승지阿僧祇에서 지祇자의 발음은 원래는 '지'이지만은 범어의 음사에 가까운 것은 아승기가 됩니다. 그런데 승지 하면 하나의 수가 되지만은 그것은 헤아릴 수 있는 수이고, 아승지 하면 거의 헤아릴 수 없는 수, 무앙수라고도 하고, 우리말로는 쉽게 무수라고 그러는데, 너무 수가 많아서 수로는 표현하기 힘든 수입니다.

그런데 그것이 과거에 무량한 아승지겁이니까, 겁만 해도 또 표현하기 힘든 만큼 긴 시간이죠. 겁을 몇 가지로 나누어서 또 설명합니다. 칼파(Kalpa, 劫波)에서 나온 음사를 겁劫이라고 표현하는데, 어떤 가벼운 옷자락으로 바위를 스쳐서 바위가 다 닳는 것이 한 겁이라는 등 여러 가지 비유가 있습니다.

반석겁, 정겁, 한겁 이렇게 있는데 참으로 무량한 시간입니다. 무량 위에다 아승지라고 하는 무수無數의 언어를 음사하고 또 거기다 가파를 번역해서 겁을 넣었으니까, 석가모니부처님께서 수행해 오신 과거의 시간으로는 아득한 시간이죠. 그런데 연등부처님에게 수기를 받으셨기 때문에, 연등부처님 이전에 수많은 부처님을 만나서 모두 다 공양 올리고 받들어 모신 그 말씀을 하고 계신 거죠.

득치 팔백사천 만억 得値八百四千萬億 나유타제 불那由他諸佛하야
팔백사천만억 나유타의 모든 부처님들을 만나서

만나되 가치 있게 만나는 것을 '득치得値'라고 그럽니다. 길을 가다가 우연히 친구를 만났다고 했을 땐 조우했다고 그러죠. 그런데 아무개를 우연히 만났다? 우연히 만난 게 아니죠. 득치에서 치値는 뭐예요?

값이 있다, 영어로 하면 value라고 하는데, 가치가 있다는 말이죠.

가치가 있고 값이 있는 사람을 만난다고 하는 것은 그 인생에 큰 다행이고, 하루에 다행이고, 그 시간에 다행입니다. 그런데 팔백사천만억의 나유타 부처님이라고 표현했는데, 나유타nayuta도 그렇게 많은 숫자입니다. 한 천억 정도 되는지, 아유타ayuta의 백 배라고도 그러는데, 많은 숫자를 표현할 때 나유타를 쓰긴 하지만, 그 위에 있는 팔백사천만억이라고 했으니까 거기다 나유타를 곱하면 무량한 수죠.

실개공양승사悉皆供養承事하야 무공과자無空過者니라
모두 다 공양하고 받들어 모셔서 헛되이 지난 적이 없느니라

우리 탐진치의 분별의 숫자도 팔만사천에다 비유를 하고, 탐심에 팔만사천, 진심에 팔만사천, 치심에 팔만사천 이렇게 하는데, 팔백사천만억을 그렇게 해서 깨치면 그만한 숫자의 부처님이 생기겠죠. 그 분별마다 하나의 각을 이룬다면 각을 이룬 모든 부처님의 숫자가 팔백사천만억 나유타의 부처님이시다는 겁니다. 그 모든 부처님에게 모두 다 공양을 올리고 받들어서 행하는 일을 승사承事라고 하는데, 그냥 일하는 것이 아니라 아주 공경하는 마음으로 받들어서 일을 한다는 뜻입니다. 받들어 모신다고 하는 그때에 뭘 행하는가 하면, 그 수행의 승사를 한다는 것이죠.

무공과자無空過者라고 하는 것은 헛되이 보내지 않는다는 말입니다. 『금강경』에 공空자는 나온 적이 없었죠. 반야심경에는 공空자가 많이

나옵니다. 여기서 공空자가 나왔지만, 이런 요체로서의 그런 공이 아니라 편공입니다. 이걸 헛된 공이라고 불러요. 공이라고 다 진공은 아니에요. 진공에는 묘유가 생성되니까 참된 공에는 묘한 있음이 나투어지는데, 이런 편공, 헛된 공에는 아무것도 나올 것이 없어요. 허무만 나오지요. 불법은 절대로 허무주의가 아닙니다. 편공에 빠지면 허무주의자같이 됩니다. 서양 사람들이 공을 emptiness라고 번역합니다. 그래서 말하기를 비어 있는데, 비어 있다고 하는 것은 허무나 무상이 아니냐고 하지만, 불법에서 말하는 제법무상과 서양인이 생각하는 무상은 좀 다르죠.

그래서 이 편공이 아닌 진공을 이해하려면 상당히 밝아져야만 이걸 이해할 수가 있습니다. 하루 종일 하는 것도 없이 보내면서 시간이 왜 이렇게 가지 않냐, 그러면서 별 의미도 없는 그런 데다 시간을 헛되이 보낸다고 한다면 어떻게 이런 득치得値를 하겠어요. 가치 있는 일을 만나겠습니까? 자기가 한 발심을 하고, 내가 의미 있게, 가치 있게 하루를 보내고 한 달을 보내고 일 년을 보내고 내 일생을 보내야 되겠다 하는 확고한 자기 입지가 있다면 결코 헛되이 보낼 수가 없을 거예요.

석가모니부처님께서는 이미 그러한 입지가 그 전생에도 확고히 서 있었기 때문에 한 번도 헛되이 그렇게 생을 보낸 적은 없으시다는 이 말씀이에요.

❧

若復有人이 於後末世에 能受持讀誦此經하면 所得功德은 於我

所供養諸佛功德이 百分에 不及一이며 千萬億分乃至算數譬喻에 所不能及이니라

만일 어떤 이가 있어서 이후 오는 말세에 능히 이 경을 받아 지녀 독송한다면, 그 얻는 바 공덕은 내가 모든 부처님을 공양해서 올린 그 공덕이 백분의 일에도 미치지 못하며 천만억분 내지 산수 비유에 미치지 못할 것이니라.

이 말씀은 비슷한 말씀이 다른 구절에도 나오지만, 말세에 이 경을 믿고 이해하고 독송하는 사람이 참 희유할 것이다는 것입니다. 앞 구절에도 나왔었죠.

그런데 이러한 공덕을 부처님께서 그냥 득치 팔백사천만억의 나유타 모든 부처님께 공양올리고 받들어 모신 공덕에 비한다면 사실은 그 공덕이 수승해야 되겠는데, 오히려 이 말세에 수지 독송하는 공덕에 비하면 백분의 일도 안 된다, 백분의 일은커녕 천만억분 내지 산수로 비유할 수 있는 그 공덕에도 못 미친다고 하셨습니다.

어떻게 이렇게 부처님께서 스스로 낮추실 수가 있습니까!

그만큼 이 중생을 생각하고 말세의 중생을 제도해주시기 위해 호념하시고 계심을 볼 수 있지요.

맨 처음 부처님 계실 때의 그런 성문 연각들이야 다 쉽게 부처님의 말씀을 이해하고 수행하셨지만, 그 다음에 자꾸 오백세가 또 지나고 또 지나고, 그래서 500×5＝2,500이 됩니다. 지금이 불기 2555년으로 5가 이렇게 세 개가 붙었는데, 바로 여기서 말씀하시는 어후말세의

연대와 거의 비슷하지 않습니까?

　앞으로 인류의 역사는 더 획기적인 밝은 고개를 넘어갈 수도 있고, 잘못하면 어두운 문턱을 넘어갈 수도 있습니다. 우리들이 저질러 놓은 많은 잘못이 있기 때문에 대단히 편리하고, 대단히 안락하고, 대단히 풍족한 시대에 사는 것 같지만은, 이 고개턱을 잘 넘어가야 되겠는데, 이때에 이 경을 수지 독송해서 밝힌다면 자기 스스로의 한 공덕만이 아니라 수많은 중생들, 같은 동시대의 수많은 인류들에 대해서도 그러한 에너지와 기운을 미칠 수가 있겠지요. 그것이 바로 『금강경』의 '위발대승자설이시며 위발최상승자설이시니라'의 뜻입니다. 작은 법을 즐기는 자는 여기에 이르지 못할 것이니라는, 바로 그 말씀입니다.

　그리고 또 능히 업장을 맑힐 수 있습니다. 그 시대에는 왜 그런고 하니 경천하는 사람이 많고 그렇게 정진하려고 하는 사람은 드물 것이고 희유할 것이기에, 그런 시대에 그 밝은 기운을 그렇게 정진한다고 하는 것은 그만큼 그 문턱을 넘어가는 데 커다란 공덕을 이룰 것이기 때문입니다.

須菩提야 若善男子善女人이 於後末世에 有受持讀誦此經하면 所得功德을 我若具說者인데는 或有人이 聞하고 心則狂亂하야 狐疑不信하리라 須菩提야 當知是經義가 不可思議일세 果報도

亦不可思議니라

수보리야, 만일 착한 남자와 착한 여인이 이후 말세에 이 경을 받아 지녀 독송한다면 그 얻는 바 공덕을 내가 낱낱이 말한다면, 혹 어떤 사람이 듣고 마음이 심히 산란해져서 여우와 같이 의심하고 믿지 않을 것이니라. 수보리야, 마땅히 알아라. 이 경의 뜻이 불가사의하므로 그 얻는 바 과보도 역시 불가사의한 것이니라.

마지막 말씀하신 결론을 제16분인 여기서 다시 내리십니다. '수보리야, 만일 착한 남자와 착한 여인이 오는 말세에 이 경을 받아 지녀서 독송을 한다면,' 즉 밝아지는 마음의 수행을 열심히 한다면 이 말씀이죠. '그 얻는 바 공덕을 내가 낱낱이 말한다면'에서 구설具說이라고 하는 것은 '구체적으로 다 얘기해준다면'이란 말씀이에요. 그냥 막연히 얘기하는 것이 아니라, 하나하나를 낱낱이 예증을 들어서 얘기해준다는 뜻입니다. 그런데 예증은 드실 필요가 없죠. 대강 공부하고 정진하는 사람은 아실 테니까.

그러나 그러지 못한 사람은 얻은 바 공덕의 말씀을 듣고 마음에 심히 광란을 일으켜서 산만하기 이를 데가 없는 거죠. 광란이라는 것이, 뭐 설마 그러려나, 무슨 공덕이 그렇게 많겠느냐 하며 여우와 같은 의심을 내서 믿지 못하는 것이지요. 여우가 의심이 많으니까 조금 가다가 뒤를 돌아보면서 오줌을 싸고, 여우가 다니는 곳은 냄새가 아주 고약하다 그럽니다. 그것만이 아니라 겨울이 다 가기 전에 강이 풀릴 때는 얼음이 쪼개져서 둥둥 떠다니는데, 그 전에 강이 얼었을 때는 강을 쉽게 건너갔는데, 얼음을 타고서 강을 건너가야 되나 말아야 되나, 강 이쪽에서 강을 건너가야 되는데, 상당히 망설여지죠. 그것도 호의불신이라고 봅니다.

의심이 많다고 하는 것은 자기 마음이 확립되지 못했기 때문에 의심이 많은 거죠. 물론 혹세무민하는 얘기를 그대로 믿어서는 안 되죠. 그게 무지해서 혹세무민하는 소리가 바른 소리 같이 들리는데 그거야 조금만 밝아져서 공부를 하면 이 소리는 그른 소리고, 이 소리는 참다운 소리다, 이 정도야 금방 들어올 거 아닙니까.

그렇게 됐는데도 불구하고 이 사람들은 그걸 분별하지 못하고 참된 소리도 전부 거짓된 소리같이 들린단 말예요. 자기 마음이 항상 심즉광란心則狂亂하죠. 늘 누구를 믿지 못하니까요. 믿지 못하는 만큼 괴로운 게 어디 있어요. 자꾸 의심하는 것만큼 서로가 서로를 의심하기 시작하면 한량이 없을 뿐만 아니라 그 마음이 항상 산란해요. 그런 곳에는 행복이 있을 수 없고 기쁨이 있을 수가 없어요. 그 자체가 고통 덩어리이기 때문에.

사람이 서로 믿고 신뢰할 수 있는 사람끼리 모인다고 하는 것만 해도 커다란 다행이고 행복입니다. '저 사람은 내가 절대로 믿을 수 있는 사람이다'는 그런 친구를 만난다거나, 그런 반려자를 만난다거나, 그런 도반을 만난 것처럼 행복한 일이 없을 겁니다.

이번에 중국 여행을 다녀왔는데 많은 인원은 아니었어요. 11명의 교수들이, 퇴임한 원로교수가 절반, 현역 교수들 절반. 그렇게 해서 보타낙가사를 참배를 하는데 아무튼 가는 과정이 길기도 하고, 상해에서부터 쭉 다리가 잘 놓여져서 바다로 무려 35km, 저쪽에서 올 때는 55km라고 그래요. 바다를 가로지르는 다리죠.

그 전에는 상해에서부터 항주를 거쳐서 영파라고 하는 곳을 거쳐서 상당한 시간이 걸렸는데, 지금은 4시간가량이면 그 다리를 건너서 거기에 닿을 수가 있습니다.

영파寧波라고 하는 말은 우리가 안녕 할 때의 '녕'자에다 파도 할 때 '파'를 써 '파도여 안녕'이란 뜻인데, 도시 이름도 시적이고 아주 좋아요.

거기서 배를 타고 또 보타산이 있고 낙가산이 따로 있어서 가는데, 모두 그동안 수행을 많이 했고, 닦고, 자기 나름대로 다 일가를 이루었기 때문에 하나하나 얘기가 다 법담이에요. 뭐 심각한 이야기를 하지 않고 유머를 하는데도 다 뼈 있는 얘기고, 즐거운 얘기고, 그런 것이 좋고, 기쁘고, 환희로운 도반이고, 서로 다 알아들으니까 공양시간에 그런 이야기를 나누고. 그렇게 한 번씩 성지 순례를 하고 돌아오면 인상에 남죠.

그래서 사람이 신뢰와 믿음을 가지고 그런 사람을 만나서 시간을 보낼 수 있고 같이 정진을 할 수 있다면 정말로 다행이고 큰 복입니다. 그 자체가.

여기는 『금강경』을 읽는데도 불구하고 그것을 비웃는 벗이 있다거나 친구가 있다면 구제해야 될 사람인데, 그렇게 괴로워할 필요는 없어요.

왜 그런고 하니 그런 거로 인해서 아뇩다라삼먁삼보리를 곧 성취할 수 있다고 하였으니까요. 언젠가 그 사람도 다 그 마음속에는 불성이 있고 밝아질 수 있는 씨앗이 있을 테니까요. 언젠가는 아, 그렇게 내가 몰라서 그런 걸 경천을 했구나. 왜 내가 이렇게 좋은 것을 뒤늦게 깨닫게 되는고 하는 그런 날이 오겠죠. 이생이 아니더라도 어느 생에는 꼭 올 거예요. 그런 걸 생각한다면 조급할 필요도 없는 거죠.

이 경의 뜻이 불가사의하기 때문에 이건 사량으로는 생각할 수가 없다 이 말씀이에요. 불가사의한 일은 세간에도 많죠. 세간에서는 역사 속에서 남아 있는 커다란 공적도 불가사의라고 표현을 합니다. 예를 들면 세계 7대 불가사의가 있습니다. 생각나는 대로 말하면, 커다란 규모의 문화 유적인 이집트의 피라미드, 불교유적으로는 남방불교의 크메르문화가 만들어낸 앙코르 왓트(왓트라고 하는 게 템플을 얘기하니까 앙코르 사원이죠), 자바의 족 자카르타에 있는 보르부드르도 대강 불가사의에다 넣습니다. 달에서 보면 흔적이 보인다는 만리장성도 있죠.

그런데 그런 것이야 형태로 되어 있고 어떤 물질로 되어 있으니까 인간의 어떤 공력으로 이루어낼 수 있는 것이지만은, 마음의 세계, 보이지 않는 세계의 불가사의는 무위의 세계이기 때문에 유위로는 형용할 수가 없단 말이에요. 사량할 수도 없고.

이 경의 뜻은 불가사의라고 보셔야 돼요. 지금 바로 앞에 무유변, 불가칭량, 불가사의, 이렇게 나왔죠. 그런데 뜻이 그러하기 때문에 그 얻는 과보도 역시 불가사의한 것입니다.

과보는 우리가 사량해서는 안 될 것입니다만, 과보는 사실 사량할 수가 없어요. 왜 그런고 하니 아뇩다라삼먁삼보리라고 하는 무위의 세계는 그 밝음이 무엇으로 말로 표현할 수가 없는 것이기 때문에 그것은 불가칭 불가사량이지요.

그러나 부처님께서 이제 이후 말세에 경을 정진해서 얻는 공덕을 표현하신 것에 벌써 불가사의한 것이 나타나죠. '천만억분 내지 산수비유에 소불능급이니라.'

한 마음이 밝아져서 자기가 본래의 참다운 모습을 찾아서 그것이 확립된다면, 말로는 그것이 불가사의한 것 같이 보이지만은 그 자체가 당처에 이르는 길이기 때문에, 『금강경』의 과보는 그러한 것이라는 거죠.

중생의 사량으로는 헤아리기 힘들고 헤아릴 수도 없을 것이다, 스스로 정진해본 사람만이 체증하고 체득할 수 있는 그런 세계이다라는 거죠.

여러분들이 말로 표현할 수 없는 기쁨을 느낄 때 그러한 것도 불가사의한 것입니다. 『금강경』을 독송하면서 일어나는 환희심이라든가 밝음의 그런 느낌이 마음에 가득 찰 때는 그걸 무엇으로 표현할 수가 있겠어요? 불가사의한 것입니다.

여기는 분명히 석가여래의 그런 밝은 당처가 꽉 차 있기 때문에 우주의 어떠한 에너지하고도 비교할 수가 없습니다. 그걸 확실히 아셔야 돼요. 『금강경』만 독송할 때는 잘 몰라요. 그런데 『금강경』에서부터 다른 어떤 정진하는 처소라든가 다른 데서 보면 아주 그 기운이 그렇게 다르구나 하고 느껴요.

여기 머리로 우주의 광명 에너지를 받아들인다, 이게 뭡니까? 작은 우주 조금 밑에 있는 몸체는 큰 우주라고 할 수 있지만, 사령관은 어디 있어요? 여기 머리에 있잖아요. 이 우주 에너지를 이렇게 해서 받아들인다는 겁니다.

다시 신구의, 탐진치 삼업을 벗어서 밝은 기운으로 다시 채우고, 그렇게 회향을 해서 여기에서부터 에너지와 소통되는 기운이 여래의 밝은 기운과 상응되게 되면 불가사의한 기쁨을 아마 맛보실 거예요.

2부

내가 없는 평등의 길

17. 마침내 내가 없다는 말씀

*제17분의 바로 마지막 결론에 진정한 보살은 통달무아通達無我라고 말씀
하십니다. 선현기청분에서 수보리 존자가 마음 닦는 법, 마음 쓰는 법을
질문하셨고, 부처님이 제3, 4분에서 답을 해주셨죠. 그걸 아주 응축해서
간단한 구절로 초입에 나오게 됩니다.

───────────

爾時에 須菩提 白佛言하되 世尊하 善男子善女人이 發阿耨多羅
三藐三菩提心인데는 云何應住며 云何降伏其心이니잇고

때에 수보리 부처님께 여쭙되, 세존이시여, 착한 남자와 착한
여인이 아뇩다라삼먁삼보리의 마음을 발할진데는 어떻게 머무르
며 어떻게 그 마음을 항복받아야 되겠습니까?

　여기에 어떻게 머무른다고 하는 것은, 다시 말해 어떻게 생활해서
마음을 써야 하며 어떻게 그 마음을 항복받아야 되겠습니까? 하는
질문은, 어떻게 마음을 닦아서 수행해야 되겠습니까? 세상살이 수많
은 일들을 하나하나 대했을 때 거기에 일어나는 마음들을 어떻게

조복받고, 어떻게 그 청정한 마음을 그대로 유지해서 아녹다라삼먁삼
보리의 마음을 내어야 되겠습니까? 하는 그런 질문이지요.

아녹다라삼먁삼보리의 마음이라고 하는 자체가 물론, 부처님이
무상정등정각을 이루신 본래의 밝은 당처의 마음이기도 하지만, 이
마음은 누구나 중생들이 갖추고 있는, 자기 마음속에 있지만 그 보물을
알지 못하고 있는 그런 마음이라고 하셨지요. 그 마음을 발하려면,
본래의 그 밝았던 마음을 그대로 발하려면 어떻게 마음을 일상생활에
서 쓰고 어떻게 그 마음을 항복받아서 닦아야 되겠습니까?

아녹다라삼먁삼보리의 마음을 그대로 발해서 쓸 수만 있다면 그대
로 불보살이시죠.

그렇게 수행을 더 할 여지도 없는 당처입니다만, 이 마음이 세간에서
의 여러 가지 상황에 따라서 염착이 된다거나 또 흔들린다거나, 그러한
본마음에 대한 청정한 것이 유지되지 못하는 상태가 자꾸 일어나기
때문에 어떻게 해야 되겠습니까?

佛告須菩提하사되 若善男子善女人이 發阿耨多羅三藐三菩提
心者인데는 當生如是心하되 我應滅度一切衆生하리라하라

부처님이 수보리에게 이르시되, 만일 착한 남자와 착한 여인이
아녹다라삼먁삼보리의 마음을 낼진데는 마땅히 마음을 이러히
내되 내가 일체의 모든 중생을 멸도하리라는 이 마음을 내라.

자기 마음속에 일체의 중생이 될 그런 마음의 씨들이 남아 있다면 전부 멸도해서 모든 분별을 다 닦아라.

제3분에는 구류중생이 나왔죠. 9가지의 태, 란, 습, 화, 유색, 무색, 유상, 무상, 비유상비무상, 이 9가지 중생들 모든 씨앗이 자기 마음속에 있다면 이 분별을 다 멸하고 제도해서 그 마음을 안정시키라는 말씀입니다.

안정시킨다고 하는 것이 바로 멸도의 다른 뜻인 니르바나(열반)입니다. 바로 그 멸도가 다 됐다면 아뇩다라삼먁삼보리의 마음을 그대로 발할 수 있을 것이다. 그걸 가지고 있는 것이 그런 분별의 중생심들이기 때문에, 그 분별의 중생심을 마땅히 멸도해서 부처님을 향한, 성인을 향한 마음으로 바꿔라는 거죠.

아뇩다라삼먁삼보리의 마음이라고 하는 것은 바로 부처님이 어떻게 보면 정각을 이루신 그 마음이고, 어느 중생도 다 갖고 있는 그 마음이죠. 그런데 그것을 성취하고 보니까 이미 갖고 있었던 본래 밝은 마음이더라. 그러면 모든 중생도 갖고 있을 것이 아닌가? 내가 따로 어떠한 것을 성취해서 얻어낸 것이 아닌 이상 모든 중생도 분명히 이 마음을 다 갖고 있을 것이다. 그런 가정 하에서 본다면 아뇩다라삼먁 삼보리의 마음을 발한 그 자리가 어떤 것이냐? 사실은 멸도일체중생滅度一切衆生한 그 마음자리인 겁니다.

그 일체중생이라고 하는 것은 인간의 어떤 부류에만 해당되는 것이 아니라 모든 생명체에 다 해당되는 것이고, 또 생명체가 아닌 데까지 확대되는 거예요. 생명체라고 하는 것은 이 앞에 있는 구류중생으로 본다면 태란습화 정도, 그 다음에 물질이 있고 없는 데까지 이것이

미친다면 유색·무색까지 되는 것이고, 또 생각이 있는 것에만 우리가 중생이라고 한다고 비유상에 그치겠지만, 비무상은 생각이 없는 데까지도 포함이 된다는 거죠. 참 대단히 우리가 분별할 수 없을 정도로 광범위한 그런 대상입니다. 그저 인간 위주의 분별로 우리들이 깨치지 못했으니까 중생이라고 가정하자, 이 정도가 아니에요.

말하자면 우주에 현현되어 있는 모든 그런 일체법이 다 포함이 되는 거예요. 그것은 뭐냐? 내 마음의 어떤 인에 의해서, 원인에 의해서 결과로 현현된 그런 것이다, 만일 원인이 없으면 그렇게 나타난 결과는 없을 것이다, 일체중생이 내 마음의 어떤 원인으로서 현현된 그런 것이다는 겁니다. 내 마음이 다 멸도되었다면 일체중생이라고 하는 개념은 없는 것이죠. 사실은 그게 뭐예요? 다 내 분별과 내 의식에 그런 망상과 망념이 일으킨 어떤 현현들이라는 겁니다.

오늘 아침에 정진을 하는데 이 생각이 간절하게 나와요. 많이 참 진실하신 말씀이신데, 사람들은 자꾸 분별해서 봐요. 바깥에 있는 수많은 구류중생들 하고 내 속에 있는 중생은 아무래도 그렇게 일치된 것이 아닌 다른 것으로 보인단 말예요. 다른 걸로 뵈는 이유가 뭡니까? 아상이 있기 때문에 그렇게 뵈는 거예요. 아상의 벽이 무너지면 다른 걸로 뵐 이치가 하나도 없어요.

그러면서도 또 하루를 살다가 보면 그 무리, 중생의 무리 속에서 또 잊어버린단 말예요. 자기도 모르게 분별의 발동이 시작되어서 또 그런 아·인·중생·수자상 속에서 노닐다가, 그 다음에 다시 정신을 차리고 보면 그게 전부 다 여몽환포영如夢幻泡影이라, 그게 환영이라는 말이에요. 그러니까 이 아응멸도일체중생我應滅度一切衆生한 그 자리는 이미 분별이 없는 게 아니겠어요? 그런 티끌과 망상이 다 멸도됐다, 멸도된 그 자리가 뭐예요? 바로 부처님 광명이 임할 수 있는 자리고 내 마음의 곳간이 깨끗이 정화되고 텅 비었으니까 어떤 빛도 그대로 쏟아져 들어올 수가 있는 자리라는 겁니다.

부처님 광명이 임할 수 있는 곳간은 내 스스로가 마련하는 것이지, 부처님이 이렇게 해주시고 저렇게 해주시는 게 아니에요. 자기 스스로가 준비가 됐느냐, 안 됐느냐가 문제죠.

'멸도일체중생'이라고 하는 것은 우리가 사홍서원을 할 때 중생무변서원도衆生無遍誓願度 이렇게 합니다만, 자칫하면 아상에서 얘기를 하기가 쉽기 때문에, 그런 생각 전혀 없이 자신을 정화해서 머무름 없이 마음을 발했을 때 그것은 '시명장엄불토'는 될 수 있을지언정, 내가 일체중생을 멸도하겠다는 한 분별이 남아 있는 한에는 아상이 되기 쉬우니 주의할 일입니다.

여기 대승 경전인 『금강경』의 대상이 사실은 보살을 위한 것이거든요. 보살, 물론 마하살까지 포함이 되지만, 성문 연각의 그 범주를 뛰어넘어선 것이 바로 이 대승정신인데, 큰 수레바퀴에 타고서 모든 일체중생을 다 멸도하려고 하는 그 발원을 가진 사람을 위해서 설하신 것입니다. 그래서 소법자小法者는, 약락소법자若樂小法者는 대승 경전을 잘 소화하지 못할 것이다, 그렇게 말씀하신 겁니다.

그래서 여기 사실은 아응멸도일체중생이라고 하는 이 커다란 과제의 답은 보살의 발원이고 행원입니다. 스스로가 해결해야 될 대 과제죠. 이렇게만 되면 아뇩다라삼먁삼보리의 마음은 저절로 발해지는 것이고, 그 자리는 청정해서 바로 불국토가 임하고 있는 그 자리입니다.

❖

滅度一切衆生已코는 **而無有一衆生**이 **實一滅度者**니라

일체의 중생을 다 멸도하고 나면 실제로 한 중생도 멸도를 받은 사람은 없느니라.

한 마음이 그대로 본래의 마음 그 당처에서 밝아졌다면 굳이 거기에 제도를 받고 멸도된 중생이 있다고 할 수도 없다. 한 분별이 일어날 때마다 한 중생이 생겨나고, 한 중생심이 마음에 씨 심은 대로 언젠가는 중생으로 화현될 자기의 과가 일어난다. 그것이 일어난 무수한 바깥 현상계가 무수한 중생이 그대로 현현돼 있는 그 모습들이다.

거기에 예를 들면 자기가 은혜에 감사할 줄 모르는 마음을 잠깐 가졌다면 그것이 난생이 될 수도 있는 것이고, 또 남에게 의지하는 그런 마음을 너무 강하게 가졌다면 태생이 될 수도 있는 것이고, 또 숨기는 마음이 자기 마음속에 씨 심어졌다면 그 언젠가 습생이 될 수 있는 그러한 인을 자기 자신이 갖게 되는 것이고, 또 변덕스러운 마음이라든가 과장하고 싶은 마음이라든가 자기를 드러내고 싶은 마음이라든가, 이런 것이 불현듯 생겼다면 그건 언젠가 화생이 될 소이연이 된다는 거예요.

이런 분별들이 일어나지 않도록 멸도한다면 그러한 과는 없을 것이고, 그러한 과가 없어졌다면 멸도된 중생도 사실은 없는 것입니다.

❖

何以故오 **須菩提**야 **若菩薩**이 **有我相人相衆生相壽者相**이면 **則非菩薩**이니라

왜 그러냐? 수보리야, 만일 보살이 나라든가, 남이라든가, 중생이라든가, 또 수자라든가 이런 상이 있으면 보살이 아니니라.

사실상 인상·중생상·수자상은 아상의 일차적인 뿌리 위에서 자라나는 것들이죠. 아상이 없어지면 인상·중생상·수자상은 자연히 소멸될 거 아닙니까.

구경무아분 제17분에는 구경에는, 필경에는 아상이라고 하는 것이 원래 없었는데 아상을 갖고서 스스로 고통의 바다를 헤엄치게 되었다고 합니다.

그러니까 고통이라고 하는 자체가 뭐예요? 아상이 있음으로써 생기는 거예요. 그래서 아함부 초기 법문의 '고집멸도'에서 고라고 하는 정체가 과연 어떤 것으로 존재하고 있는가? 그걸 잘 들여다봐라! 묘관찰지妙觀察智로 잘 들여다봐라고 얘기해요.

보살의 구비 조건, 보살의 요건에 사상四相이 없어야 한다고 강조하는 것은 전에도 나왔고, 제3분에도 나왔고, 이제 앞으로도 반복되는데, 그만큼 『금강경』의 한 요체이기 때문에 그렇습니다. 사람들이 이 말씀을 알아들으면 수승한 선근이요, 그게 무슨 말씀이냐? 왜 나라고 하는 것이 있는데 없다고 하느냐? 한다면 미망의 범주에 있는 거죠.

내가 무엇을 한다 하는 데서부터 모든 분별이 생겨나서 인상·중생상·수자상의 사상이 같이 덩달아 일어나는데, 내가 만일 그 마음을 부처님을 향한 마음이라든가 성인을 향한 마음이라든가 아뇩다라삼먁삼보리의 마음을 그대로 낼 수 있는 그런 청정한 마음이라고 한다면 사상四相도 사실상은 없는 것이죠. 본래 없는 것이죠. 그러나 내가 무엇을 한다는 이 분별이 이미 생겼을 때는 덩달아서 인상, 중생상, 수자상이 생겨나는 것입니다.

제21분 뒤에는 이런 말씀이 나옵니다.

'중생중생자衆生衆生者는 비중생非衆生이 시명중생是名衆生이니라', 즉 중생이라고 하는 것은 중생이 아니며 이름이 중생이니라.

바로 그 전에는 '피-비중생疲-非衆生이며 비불중생非不衆生이니라', 즉 중생이 아님도 아닌 것이며, 중생이라고 할 수도 없는 것이다.

중생이 멸도되고 제도되었으면 이미 중생이 아니죠. 그러나 멸도되지 않았기 때문에 중생의 옷을 입고, 중생으로 걸어가는 나그네이죠. 중생의 옷을 벗으면 나그네가 아닙니다. 자기가 주인공으로서 길손이 아닌, 당처의 한 손님이 아닌 당당한 그런 주인공이 돼요. 그런데 중생의 옷을 입고 있기 때문에 항상 나그네에요. 중생 자체가 꿈속을 헤매는 나그네가 되어 있어요. 자기는 뭘 성취했다고 하지만 나그네가 성취하는 것은 그것이 다 참다운 것이 아니고, 실다운 것이 아니죠.

그런데 무엇을 성취했다고 하는고? 그걸 잘 들여다보세요.

성취하려면 오직 아뇩다라삼먁삼보리의 마음을 성취하는 것만이 길손이 아닌 본래 자기 모습의 성취입니다. 그것은 생로병사가 없고, 그것은 소멸이 없고, 그것은 영원한 겁니다. 본래 자기 당처의 모습은 길손이 아니고 중생이 아닙니다.

所以者何오 **須菩提**야 **實無有法**일세 **發阿耨多羅三藐三菩提心 者**니라

왜 그러냐? 수보리야, 실로 어떤 법(관념)이 없음일세 아뇩다라삼 먁삼보리의 마음을 발하는 것이니라.

아뇩다라삼먁삼보리의 마음을 발할 만한 법이 있지 않음일세 그 마음을 내는 것이니라. 거꾸로 얘기하면 실로 무슨 정해진 법이 있지 않으므로 아뇩다라삼먁삼보리의 마음을 발할 수 있는 것이니라.

그러니까 여기에 '실무유법實無有法'이라고 하는 이것도 『금강경』의 중요한 요체죠. 무아無我는 바로 구경의 무유법하고도 서로 상통되는 겁니다. 우리는 자꾸 뭐가 정해진 이치가 있어서 어떤 것을 이루고 또 그 본 깨끗한 경지의 마음을 발한다, 이렇게 생각하기 쉬운데, 어떻게 보면 그것과는 상당히 반대이지 않습니까? 부처님이 말씀하신 경지는 그것이 아니라는 겁니다.

네가 원래 거꾸로 되어 있기 때문에 지금 상태를 거꾸로 소급해서 들어가면 된다. 지금 너는 속으로 많이 차 있기 때문에, 그게 나라고 생각하기 때문에 거두어 내고, 비워 내고, 닦아 내고, 청정화시키면 원래 네가 있었던 원 자리를 보게 되는데, 그 자리는 원래 무슨 법이 있어서 아뇩다라삼먁삼보리의 마음을 발했던 그 자리가 아니라 그런 하나의 분별, 망상, 티끌, 이런 것이 없기 때문에 발하게 되는 그 자리다, 그 말입니다. 까닭이 무엇입니까? 실로 있는 법이 없음일세 아뇩다라삼먁삼보리의 마음을 발하는 것이니라.

어떠한 분별이라든가, 나라든가 남이라든가 중생이라든가 수자라는 분별도 분별이지만은 그 이외에 마음에 일어나는 탐진치의 모든 분별, 그 이외에 또 구류중생의 씨가 되는 분별, 이러한 분별이 없음일세 아뇩다라삼먁삼보리의 마음을 발하게 되는 것이니라.

須菩提야 於意云何오 如來 於燃燈佛所에 有法하야 得阿耨多羅 三藐三菩提不아

수보리야, 그대의 생각은 어떠한고. 여래께서는 연등부처님 처소에 법이 있어서 아뇩다라삼먁삼보리를 얻었다고 하겠는가?

지금 바로 위에서 '무유법일세 아뇩다라삼먁삼보리의 마음을 발하느니라', 이렇게 하셨기 때문에 이 답은 당연히 부정으로 되겠지요.

어떤 법이 있어서 아뇩다라삼먁삼보리를 얻었다고 생각하겠는가? 모든 사람들이 그 전에 부처님한테 수기를 받은 말씀이 나오지만은, 아뇩다라삼먁삼보리를 전에 어떤 부처님이 밝게 가르쳐주셔서 아뇩다라삼먁삼보리를 얻지 않았을까? 이렇게 표현을 할 수가 있죠.

또 아뇩다라삼먁삼보리의 마음이라고 하는 것은 어떤 '밝은 이'가 무슨 법을 가르쳐주어서 얻을 수 있는 것이 아닌가? 생각할 수 있는데,

그게 아니라는 말씀입니다. 불법의 쉽고도 어려운 점이 바로 이 점입니다. 무엇이 있어서 이렇게 성취되는 것이 아니라는 것이지요.

역설이죠. 아무것도 없음으로 인해서, 그것이 텅 비어 있음으로 인해서 성취되는 것입니다. 그것이 차 있다면 그 차 있다고 하는 분별로 인해 그것은 얻을 수가 없는 것인데, 아무것도 없는 거기에 밝은 빛이 쏟아져 들어갈 수 있음으로 해서 그곳에서부터 출발될 수가 있다는 것입니다.

여기 법이라고 하는 것은 우리가 보통 법률, 헌법 할 때 그 법이라기보다는, 또 불법의 다르마의 그 법이라기보다는 하나의 분별의 관념, 이런 것이라고 볼 수가 있습니다.

우리 생각에 아·인·중생·수자의 분별이라든가 또 뭐를 탐하는, 뭐를 성취하겠다고 하는 것 등인데, 좋은 의미에서는 좋은 의욕이 되죠.

그러나 그것도 자칫하면 집착이 되고 분별이 되기 쉬우니까 마음을 쉬어라, 방하착해라, 아뇩다라삼먁삼보리는 얻을 수 있는 것이 아니다, 그 자체가 비어 있음으로써 밝아지는 당처이기 때문에 뭘 얻어서 채운다고 하는 것은 반대가 되기 쉽다고 말씀하시는 겁니다.

연등부처님 처소에 법이 있어서 아뇩다라삼먁삼보리를 얻은 것인가? 당연히 그 대답은 다음과 같습니다.

不也니다 **世尊**하 **如我解佛所說義**로는 **佛**이 **於燃燈佛所**에 **無有**

法하야 **得阿耨多羅三藐三菩提**니이다

아닙니다, 세존이시여. 제가 부처님이 설하신 바의 뜻을 이해하기로는 부처님이 연등부처님 처소에서 있는 법이 없음으로(한 분별도 없었으므로) 아뇩다라삼먁삼보리를 얻은 것입니다.

오직 부처님을, '밝은 이'를 향한다고 하는 그 공경의 마음 외에는 뭐를 부처님이 이런 것을 주시겠지, 밝음을 주시겠지 하는 분별도 없었으므로 아뇩다라삼먁삼보리를 그대로 성취할 수가 있었다는 겁니다. 역으로 설명하면 그래요. 있는 법이 없음으로, 거기 있지 않음으로, 무유법이므로 아뇩다라삼먁삼보리를 얻은 것입니다. 그 전에 무유정법無有定法이라고 하는 것이 있었죠. 일정한 어떤 법이라고 하는 카테고리가 있지 않음으로, 이런 말씀이셨는데, 불법 하면 법은 법이지만, Dharma 하니까 분명히 법입니다. 법이지만은 무유정법을 얘기하는 겁니다. 카테고리에 넣은, 범주 속에 있는 법이 아니고, 그러니까 유위법이 아니고, 이 불법은 무위법에 가까운데, 무위법은 무유정법이란 거죠.

우리가 사는 이 세계는 유위법의 세계, 유의 세계인데, 상대 세계라고 할 수 있죠. 그럼 무위의 세계는 유무의 상대가 없는 세계에요. 유위라고 하는 것은 그대로 노장사상에서 무위가 있으니까 그렇게 해석한 용어로 나온 것인데, 그대로 해석을 하면 함이 있다는 뜻이죠. 함이 있다고 하는 것은 조작적이라는 말입니다.

우리는 기계를 작동(operation)할 때 조작한다 그러잖아요. 무위로

되는 것이 아니잖아요. 조작해서 스위치를 눌러야 작동이 되지요. 모든 게 스위치를 누르고 버튼을 눌러야 시작이 되잖아요.

자꾸 고차원이 되면 버튼을 누르지 않고 어떤 텔레파시로 작동을 시키겠죠. 센스가 텔레파시가 갈 수 있는 데까지 점점 진화되면 점점 무위에 가까워지는 거죠. 전에는 리모컨이 없을 때만 해도 TV를 꼭 손으로 눌렀죠. 요즈음은 자동차도 리모컨으로 열고 채우고 하잖아요. 점점 수준이 높아지면 조그마한 리모컨마저도 이제는 센스로, 영적 텔레파시로 진화 될 수 있는 데까지 갈 거예요. 점점 유위의 조작의 세계에서부터 원초의 무위의 세계로 진화된단 말이에요. 그게 근본이기 때문에. 무슨 법이 있어서 그렇게 되는 것이 아니지요.

우리가 어학을 할 때 생각해 보세요. 문법을 알아야 돼요. 문법이 틀리면 도대체 문장이 제대로 안 된 거니까요. 그러나 점점 진화됨에 따라 문법에 전혀 구애가 없이, 문법은 이미 갖추어져 있으므로 그것을 표현해도 문법에 어긋남이 없는 자유로운 표현이 된단 말예요. 그것이 더 고등이지, 문법에 맞았나 안 맞았나 하고 분별하는 것은 아직도 카테고리 속에 있는 거죠. 공자님이 마지막 70에 그 닦은 경지가 뭐예요? '종심소욕 불유구從心所欲 不踰矩'라는 말이 나오죠.

내 마음이 욕구하는 대로 따랐을 뿐, 이걸 해야 된다 하지 말아야 된다는 문법에 제어를 받지 않았단 말이에요. 그럼에도 하나도 잣대로 재서 어긋남이 없었어요. 내가 말을 마음대로 구사해도 하나도 문법에 어긋남이 없고, 문법이 있는지 없는지조차도 생각을 못한다는 그 경지에 가게 되면 회화가 능통해졌다고 할 수 있죠. 우리말을 처음

배운 외국인들은 한국말이 그렇게 어렵다고 그래요. 문법이라고 하는 것은 꼭 있어야 되지마는, 그것을 벗어나게 되면 자유롭습니다.

말하자면 우리가 소를 어디서 찾았어요? 발자국을 보고 찾지요. 심우가에 나와요. 사나운 소를 찾아는 냈는데 길들여지질 않아서, 말을 듣지 않아 채찍을 치고 코에다 고삐를 잡아서 끌어야 겨우 길들여지지요. 야성의 모든 것을 다 길들여서 성숙해진 다음에는 나중에 소를 타고 피리를 불면서 귀가하는 장면이 나오죠. 나중에는 소도 다 잊어버리고.

이는 정진의 모든 단계를 비교한 건데, 점점 마음을 닦아가는 인간이 점점 더 진화하는 그 과정도 여기다 비유할 수가 있죠.

자기 한 마음이 지어서 밝고, 요익중생하고, 남에게도 이롭고, 나에게도 이로운 그러한 발원이 있다면 당연히 이뤄집니다. 부처님이 꼭 거기에 호념하고 부촉해주시지 않아도 그것은 밝은 기운이 호념해서 이뤄질 수 있도록 합니다.

그러나 마음속에 나한테 어떤 그 이기적 자아의 그 편협된 생각, 또 요익중생의 어떤 청정한 마음의 발원이 아니고 아주 사상에 염착돼 있는 그런 것이라면 이뤄질 수도 있고 안 이뤄질 수도 있는데, 그거 왜 그런가, 잘 들여다보세요. 이뤄진다고 하는 것이 중요한 것이 아니고 근본을 잘 통찰해서 그걸 해결하면, 그런 것들이 부수적인 것이고 지엽적인 것이죠. 원래 그런 분별이라고 하는 것이 없었으므로 아뇩다라삼먁삼보리를 얻는 것이니라.

佛言하사되 如是如是니라 須菩提야 實無有法일세 如來 得阿耨
多羅三藐三菩提니라

부처님이 말씀하시되, 그러하고 그러하니라, 수보리야. 실로 있는
법이 없음일세(어떤 분별도 없음일세) 여래께서는 아뇩다라삼먁삼
보리를 성취하신 것이니라.

'무유소득 가득일세' 했기 때문에, 여기다 그걸 얻었다 안 얻었다
하면 이게 또 그렇게 되죠. 사실은 성취했다고 표현하신 백 선생님(백성
욱 박사) 번역이 훌륭하시다고 생각해요. 한자는 '얻을 득'자를 썼지만.

須菩提야 若有法하야 如來 得阿耨多羅三藐三菩提者인데는

수보리야, 만일 어떤 법이 있어서 여래께서 아뇩다라삼먁삼보리
를 얻었다고 할진데는

燃燈佛이 則不與我授記하사되 汝於來世에 當得作佛하면 號를
釋迦牟尼라하리라하라

연등부처님이 내게 수기를 주시지 않으셨을 것이니, 네가 이제
오는 세상에 부처를 이뤄서 호를 석가모니라 하리라 하는 이런
수기는 안 주셨을 것이다.

만일 법이 있어서 여래가 아뇩다라삼먁삼보리를 얻었다면 위와 같은 수기를 안 주셨을 것이다.

❖

以實無有法일세 得阿耨多羅三藐三菩提니 是故로 燃燈佛이 與我授記하시고 作是言하사되 汝於來世에 當得作佛하면 號를 釋迦牟尼라하리라하라

실로 있는 법이 없음일세 아뇩다라삼먁삼보리를 얻었음이니, 이런 연고로 연등부처님이 내게 수기를 주시고 이렇게 말씀하시되, 이제 오는 세상에 부처를 이루면 호를 석가모니라 하리라 하라.

같은 말씀이 이제 이렇게 여러 가지로 표현이 되는데, 실로 있는 법이라 하는 것은 네가 한 분별이다, 원래 당처에는 그런 분별이 없다, 무슨 법이 있어서 아뇩다라삼먁삼보리를 얻었다고 여긴다면 연등부처님이 그러한 생각을 하는 자신에게는 수기를 주시지 않으셨을 것이다는 말씀이죠.

실로 있는 법이 없어서 아뇩다라삼먁삼보리를 얻었기 때문에, 실로 있는 법이 없다고 하는 것은 우리가 여러 가지로 해석을 할 수 있습니다. 탐진치가 다 분별을 각각 이루죠. 하나씩 팔만 사천의 분별을 이룬다고 합니다.

탐심이 만들어낸 팔만 사천의 분별을 깨치면 깨친 것과 같다고 해서 등각等覺이라고 표현을 하고, 그 다음에 진심嗔心은 자기를 내세

우니까 진심이 생기는 거죠. 아상이 없으면 진심이 생길 리가 없는데 아상이 강하면은 화를 자주 내고, 많이 낼 수가 있습니다. 저놈이 내 자존심을 건드렸다, 나를 무시했다 등, 여러 가지 상태로 마음이 반응을 하니까 그렇게 팔만 사천 가지의 분별을 또 만듭니다. 아상이 만들어내는 분별이라고 하는 것이 참 많은 중생을 만들어냅니다. 이게 다 한 중생이에요.

60억 인구 중에 팔만 사천 명씩 대표자들이 있다면, 너는 도대체 진심의 어떤 대표자냐? 하고 이름을 붙이라고 하면 표상들이 하나씩 있을 거예요. 나는 이러이러한 마음의 소행이 있는데, 그러다 보니까 마음이 불편해서 얼굴이 찌그러지다 보면 벌써 나타나죠. 저 사람 마음이 편하질 못하구나, 하고 말이죠.

그래서 깨친 진심의 각을 묘각妙覺이라고 합니다. 묘할 묘자, 묘각 뒤에 무실무허가 나오지만, 진공 속에는 묘한 것이 있어서 묘유妙有라고 그러죠.

그런데 편공 속에는 아무것도 없어서 무기공이라고 합니다. 우리가 공이라고 하는 것이 그저 없는 줄로만 생각하는 것도 문제가 있어요. 공은, 완전히 비어 있는 공은 사실상 물리학적으로 말하면 완전히 차 있는 것과 같아요. 진공에서 어떤 한 입자만 빼도 진공은 허물어집니다. 묘유는 이치를 설명하기가 힘들어요.

편공이라고 하는 것은 정말 아무것도 없어, 편공에서는 허무주의가 나오지만 진공에서는 허무주의가 안 나옵니다. 거기엔 이생기심의 대활력의 역동적 에너지가 나옵니다.

그래서 불법을 무슨 허무주의로 보고, 제행무상이 삼법인의 하나니까 아무것도 없는데 뭘 하자는 거냐? 하고, 인생은 꿈이라 그러고 이슬이라고 그러니까 허무주의로만 보는데, 그게 아니에요.

아뇩다라삼먁삼보리의 당처가 있잖아요. 그것은 진공 속에서만 나올 수 있는 거예요. 편공 속에는 나오지 못합니다.

그러니까 그 수많은 진심의 분별로, 팔만 사천에 가려서 아뇩다라삼먁삼보리의 마음이 어느 구석에 있는지 전혀 알지 못하는 거예요. 내 속에 항상 귀한 영지 보물이 있는지 모르는 거예요. 밤낮 잘난 생각에, 자기 화내는 마음에 자기라고 하는 걸 치장하느라고 언제 영지 보물이 있었던가, 까마득하게 잊어버리고.

그 다음에 이제 치심은 어리석은 마음이기도 하지만 제 잘난 마음이 어리석은 마음입니다.

아·인·중생·수자 중에 수자도 잘난 어리석음이고, 그걸 깨쳤을 때 나오는 각이 바로 원만각圓滿覺입니다. 대원각이라고 하기도 하죠. 큰 변조광명이 그대로 드러나는 원만각, 그렇게 됐을 때에 실로 무유법이다, 그렇게 말할 수 있는 거예요. 그게 한 티끌이나 한 분별이라도 있으면 그러한 것은 이루어질 수가 없죠.

그래서 부처님은 여러 생을 닦으셨죠. 전생담에 보면 몸으로도 보시하고 마음으로도 보시하고, 하나하나의 행을 실천해서 닦으신 것이 무수한 복력과 공덕을 쌓았기 때문에 그냥 밝아서 깨친 어떤 누구하고도 비교할 수가 없어요. 부처님의 기운이라고 하는 것은, 석가모니부처님의 기운이 『금강경』에 가득 차 있기 때문에 이 기운은 무엇 하고도 비교할 수가 없습니다.

말하자면 기독교에서 예수님을 높은 위상에 올려놓고 위에 하나님 아버지가 계신다고 그러지만, 아들인 예수님에 대해서는 누가 예수님하고 비교를 한다면 가당하지 않죠. 아무리 많은 성인들이 출현했지만은 누구도 예수님과 비교할 수 없습니다. 우리야 예수님을 대보살 또는 여래의 화신으로 보지만요.

이는 또 석가모니부처님에 대해서도 마찬가지에요. 수많은 깨달은 조사가 나오고, 또 제2석가라고 하는 나가르주나(용수보살)라든가, 그 이외에도 중국으로 와서 수많은 조사들이 나왔지만, 그러나 이 복혜의 어떤 공덕으로 그렇게 밝아진 석가모니부처님과는 비교할 수가 없다는 겁니다.

석가모니부처님이 그 다음에 수기를 주시고 마음을 향한 그런 미륵존여래불이 계시다면 그 밝음도 누가 그와 비교를 하겠어요? 어느 조사와 어느 깨친 이도 그와 비교를 할 수 없겠지요.

저번에 TV에서 어느 분이 기독교의 사랑은 아버지의 사랑과 같아서 엄격하고(우열, 선악, 선택), 불가의 사랑은 어머니의 사랑과 같아서 포용적이라는 말씀을 하셨는데, 일리가 있다고 생각했습니다.

화두에 깊이 들어간 선가에서는 물론 선을 행하고 악을 행하지 말라고 하지만, 선도 행했다고 생각하지 말라고 합니다. 네가 선이라고 하면 악에 대립되는 선이 아니냐, 네가 뭘 했다고 하면 그것은 선도 아니다, 그런 유별되는 이원론적 생각이 불법에서는 가당치가 않다 이 말이지요. 그게 무위법이고 무유정법이에요.

그래서 이제 석가모니라고 하는 호를, 무유법無有法이기 때문에 수기를 주시고 붙여주셨다는 겁니다.

❖

何以故오 **如來者**는 **卽諸法**에 **如義**니라

왜 그러냐? 여래라고 하는 것은 모든 법에 이와 같은 뜻이니라.

모든 법에 이와 같은 뜻은, 우주만상이 다 한 마음을 닦아서 마음에 있는 대로의 표현이니라. 네 마음에 그린 대로의 표현이니라. 마음이 불편한 사람이 산을 보면 그 산이 대단히 불편하게 보입니다. 저 놈의 산이 꽉 막고 있어서 답답하다, 왜 이렇게 울퉁불퉁하냐?고 합니다. 그런데 마음이 편안하게 안정된 사람이 산을 보면 그 산 참 잘 생겼다, 바위도 적당히 있고, 멋있다고 합니다.

산 자체에 뭐가 있어요? 그 말은, 강을 보거나 수목을 보거나 바다를 보거나 자기 마음에 평정과 평화와 사랑이 넘치는 사람은 보는 것마다 그런 마음으로 보인단 말예요.

백 선생님 법문에도 '금강산에 가서 만물상에 삐죽삐죽한 걸 보고 아, 왜 저리 기치창검이 날카로우냐. 제 마음이 기치창검이 꽉 차 있거든. 아, 참 씩씩하고 기운이 좋다. 제 마음이 활달하거든. 제 마음속에 기치창검이 없으니까'라는 법문이 있습니다.

제 마음에 있는 현현대로 우주는 그대로 반영되어 그 모습을 보이는 것입니다.

'제법諸法에 여의如義니라.' 이 여의가 '뜻 의意'자로 되면 용이 여의주를 물고 네가 원하는 대로 해주리라 하는 여의如意가 됩니다.

부처님의 말씀에는 '뜻 의'자를 잘 쓰지 않습니다. 진실된 높은

수준의 말씀이기 때문에 '옳을 의義'자를 쓰는 겁니다. 인간의 마음 같은 '뜻 의'자를 쓰지 않아요. 중생심이 되기 쉽기 때문에.

그러나 여의는 누가 가지고 있어요? 용이 가지고 있습니까? 각자의 마음속에 여의가 있습니다. 각자의 마음속에 다 여의주를 품고 있어요. 그 여의주를 어떻게 굴려서 어떻게 활용하느냐는 각자의 몫이에요

아뇩다라삼먁삼보리의 마음을 발할진데 어떻게 그 마음을 쓰며 어떻게 그 마음을 항복받아야 되겠습니까? 이게 바로 멸도를 통해서 여의를 자각하라는 말씀이에요. 여래의 여의를.

우주 만물이 그렇게 현현돼 있어요. 여의한 대로 현현돼 있어요.

若有人이 言如來 得阿耨多羅三藐三菩提라하면 須菩提야 實無有法일세 佛이 得阿耨多羅三藐三菩提니라

만일 어떤 이가 있어서 여래께서 아뇩다라삼먁삼보리를 얻었다고 말한다면 수보리야, 실로 있는 법이 없음일세 부처님이 아뇩다라삼먁삼보리를 얻은 것이니라.

그걸 다시 결론으로 한 번 더 말씀하시는 것이죠. 그 마음에 한 티끌과 분별도 없음으로 그 마음이 텅 비어 아뇩다라삼먁삼보리의 마음을 성취한 것이니라.

여기 지금 단계가, 어떠한 법이 있어 연등부처님께서 수기를 주시고 당득작불해서 석가모니라 하겠느냐는 겁니다. 무유법이기 때문에

그렇게 하셨죠. 그렇기 때문에 앞에서 '여래자는 모든 법에 이와 같은 뜻이니라'고 하셨죠. 이와 같다는 '진실하다, 여실하다'는 뜻입니다. 여래 자체가 여의란 말씀이에요. 여기는 어떤 분별이라든가 무슨 관념이나 인간적인 속성에서 오는 그런 것은 이미 다 떠나 있죠. 원래의 밝음 자체를 말씀하시는 것이기 때문에 그게 뭐가 있고 없고, 좋고 나쁘고, 이런 것들이 거기에서는 하나의 먼지라 이 말씀이죠.

어떤 사람이 만약 아뇩다라삼먁삼보리를 얻었다 하면 그것은 무유법無有法이기 때문에, 무유법이라는 것이 법이 없다고 해석할 수도 있겠지만, 있는 법이 없다 그 말씀이죠. 그것은 관념이 없다는 말입니다. 대강 우리는 마음이라는 것이 일체를 만드는 것인데, 그 일체를 만드는 마음에 뭔가 있어서 일체를 만든다고 생각하기 쉽지만, 실제로 마음의 본성은 그냥 비어 있다, 비어 있기 때문에 밝습니다. 그것이 본래의 자기 마음의 모습입니다. 거기서 무명이 생기기 시작한 것은, 뭐가 있다는 생각이 자꾸 관념을 낳기 시작했기 때문입니다.

무유법인데 유법이 자꾸 생기기 시작한다 이 말이죠. 왜 그런고 하니 바깥에 있는 모든 경계가 자기에게 있는 여섯 개의 뿌리(육근)에 받아들여질 때에는 그것이 모든 분별을 만드는 대상이 되기 때문에, 거기에 작용하고 있는 마음이 사실상 자기 원래 마음은 아니고 대응하는 마음이죠. 그런데 그것을 자꾸 자기 마음으로 여기게 되면서 그걸 쌓아가서 내 생각이거니, 내 분별이 옳거니 하는 생각이 자꾸 생기면서 자기 아집이 생기게 되고, 그 아집이 아·인·중생·수자를 만들어내는 것이죠. 원래 그런 것들이 다 없었던 것인데 말이죠. 여래는 그 당체가 밝기 때문에, 무유법이라 원래 밝은 세계죠. 그늘이나 응달이 없는 밝은 당체의 세계입니다. 그러므로 아뇩다라삼먁삼보리를 얻었다고 말씀하시는 것입니다.

여래의 세계는 삼세가 평등합니다. 삼세의 한계와 극까지 무너져서 없습니다. 삼세라고 하는 것은 바로 과거, 현재, 미래의 시간인데, 그 시간이 평등하며, 또 공간으로도 시방이 평등합니다. 동서남북 상하팔방에서 위아래 있는 세계가 평등하여 그 분별도 무너져서 없어 진다는 말입니다.

엄연히 위아래가 있는데 어떻게 위아래가 없다고 하느냐고 물어볼 수 있겠지요? 지구 반대편에서는 자기가 위라고 생각하고 바로 앉았 지, 다른 데서 보면 거꾸로 앉은 거예요.

기준점을 어디다 마련하기는 했지만은, 그런 것이 어디 있어요? 자기의 한 아상에서부터 전부 방위가 있는 거예요. 위다 아래다, 좌다 우다 하면서 어느 좌표를 그려서 어디에 있다, 좌표가 있으니까 어디에 있다는 걸 생각하지만, 그것도 뭐예요? 사실은 무슨 약속이지 요. 그린 위치에서부터 시작을 해가지고, 쪼개가지고, 360도로 방향을 나누어서 지구의 표면을 나눠놨어요. 적도가 0이니까 꼭대기가 90이 되잖아요. 그 사이가 45도. 대강 우리 인류 문화권이 북위 45도에 많이 있어요. 남위는 가다 보면 저쪽 아프리카, 오스트레일리아 조금 위쪽, 남미 이렇게 되는데 북위만 못하지요.

우리나라 절반이 38도 삼팔선 아니에요? 40도 조금 아래인데 사계가 뚜렷하고 적당히 고통이 있어 밤낮 더운 것도 아니고 밤낮 추운 것도 아니고, 견딜 만하면 봄이 오고, 덥다 하면 가을이 오고, 좋다 하면 또 추위와 혹한이 오고, 또 봄이 다 왔나 하면 영하로 도로 내려가고,

마음이 풀릴 만하면 채찍을 한 방 치고, 이러면서 살살 이 마음의 긴장과 고삐를 적당히 조율해서 노력하게 하고 자기의 정체를 돌아보게 하고, 거기서 인류의 문화권이 싹트기 시작한 것이지요.

그렇게 해서 인간의 어떤 고락, 상반되는 그런 것들을 잘 정진하게끔 해준 거기에서 문화가 점점 진화되고 여기까지 오지 않았나 보아집니다. 그런데 그것도 뭐 이쪽에서 보면 인간이 다 약속해 놓은 거고, 북위 남위는 그렇게 되었다 하더라도, 동서는 그런 게 어디 있어요? 하지만 자기가 만들어서 0도로 시작하고, 360도를 나눠놔요. 하루를 계산하는 법도 시간을 나눠놓았고.

기실은 기준점을 정할 때 유법이 된 거지, 원래는 무유법이지요. 그런 것에, 아무 문화에 관계없이 생활하는 저 자바라든가 아프리카의 사람이 자기가 생활 하는 것하고 그게 무슨 상관이 있어요. 인간의 약속이 그래요.

그런데 하여튼 점점 조작된 세계를 우리는 상당히 세련된 문화의 양상으로 받아들이게 됐고, 거기 길들여지고 그걸로 인해서 우리는 문명과 문화 인식이 어떤 면에서는 진화가 됐지만, 어떤 면에서는 굳어져 가고, 콘크리트화가 되어 자꾸 틀에 갇히게 되었단 말예요.

그것을 일탈시키고, 해탈시키고, 본원을 보게 해서 새로 여는 이 작업이 그래서 굉장히 참 필요한 겁니다. 통찰력을 갖게 하고, 전체를 총체적으로 돌이켜보게 하고, 성찰하게 하고, 자기 깊은 내면으로 들어가서 이 근원이 뭔가? 어디에서부터 이런 것이 왔는가? 그걸 돌아보게 하기 때문입니다. 그러려면 뭐예요? 그건 무유법에 입각해서 봐야 돼요. 유법으로 보면 안 되죠. 그게 될 수가 없죠.

아뇩다라삼먁삼보리라고 하는 이 원초의 마음, 부처님이 성취하신 이 마음의 입장에서 보게 되면 이 우주의 진행이, 여여한 모든 것이 그대로 통찰이 됩니다. 이것은 진리이고 아니고, 상대적으로 되는 것이 아니고 전체가 총체적으로 통찰이 된단 말입니다. 모든 공간과 시간이 여여한 그대로.

須菩提야 如來所得阿耨多羅三藐三菩提는 於是中이 無實無虛니라

수보리야, 여래가 얻은 바 아뇩다라삼먁삼보리라고 하는 것은 그 내용이 실도 없고 허도 없는 것이니라.

이것은 상대성이 아니라는 말씀과 같습니다. 사실은 실다운 거죠. 실어자라 하고, 여어자라 하고, 또 사실은 비어 있고. 그런데 그것이 실이라고 하면 허를 생각하고, 허라면 실을 생각하고, 이렇게 상대를 생각하게 되니까, 그런 상대의 실과 허가 아니라 이 말씀이죠. '무실무허無實無虛니라' 한 것은 아뇩다라삼먁삼보리라고 이렇게 음사를 해서 밝은 당체를 형용을 했지만, 그것이 기호화된 언어로 아뇩다라삼먁삼보리인데 가장 위가 없고, 가장 바르고, 가장 보편적이고, 모든 일체법과 통하고, 가장 바른 지혜다, 이렇게 했는데 그 자체가 한정된 실이 있다고 한다면 그것은 아뇩다라삼먁삼보리가 아닐 거예요. 그것은 한계가 있기 때문이죠. 무유정법이 되어야 하는데, 그것이 또 비어 있는 그것만이라고 한다면 그것도 아뇩다라삼먁삼보리가 아닐 거예요. 바른 깨달음과 지혜이기 때문에 올바른 밝음이라 이거죠.

밝은 당처이기 때문에 실이라든가 허라고 하는 중생의 이원적 표현으로 할 수 없는 것입니다. 제14분에 실상이라는 말이 쓰였습니다마는, 그 실상은 허상에 대한 대비의 실상이 아닙니다. 그래서 번역을 할 때 truth라고 합니다. 『생명의 실상』이란 책이 'truth of life', 이렇게 번역이 돼서 미국에까지 상륙을 했죠. 조금 다른 수행단체이긴 합니다만.

실상 뭐가 실상이냐? 진리가 실상이다.

모두 다 열반에 들게 해서 해탈시키면 거기 남는 것이 뭐냐? 진리가 남는다, truth가 남는다, 실상이 남는다. 그 실상이 뭐냐? 바로 아뇩다라삼먁삼보리로 보는 세계다는 겁니다. 그러나 여기에서 우리가 분별하는 실實, 이렇게 하면 시명실상이 되죠. 그래서 실도 없고 허도 없는 것입니다. 이 허는 허무의 허입니다. 아까 얘기한 대로 편공의 허입니다. 아무것도 없는 편공의 허.

당처는 허무의 허가 아닙니다. 밝은 당처의 그 광명을 허라고 하는 것은 더구나 가당치가 않죠.

是故로 如來說 一切法이 皆是佛法이니라

이런 연고로 여래께서 말씀하신 바 일체의 법이 모두 다 불법이니라.

일체 현현된 우주만상의 법도 그러하지만 세간이나 출세간의 모든 법이 다 불법이니라. 이 마음먹은 바의 발현과 상응되는 그런 표현들이니라. 이 법당에 앉아서 부처님 말씀을 자기 마음과 상응시키고, 또 부처님의 밝은 에너지를 충전시켰을 때만 불법이고, 응작여시관의 대문을 나서서 세간에 나갔을 때는 달라지는 것이 아니라, 모든 법은 다 개시불법이다.

이 말은, 길을 걸어가거나 전철을 타거나 시장 속을 거닐거나, 모든 것의 마음의 현현은 다 불법이라는 말씀입니다. 그때 마음에 일어나는 모습들을, 어떻게 그 마음을 써야 되고 어떻게 그 마음을 항복받아야 되겠습니까? 하는 데에 잘 호응이 되지요.

조용한 데에 앉아서 이렇게 할 때야 마음을 굳이 그렇게 항복받아야 될 일도 많지 않거니와 마음 쓸 걱정을 안 해도 되지 않나요? 그렇게 밝은 마음이 샘솟듯 쏟아져 나온다면 말이죠.

그러나 시장 속, 아우성 속, 일렬로 에스컬레이터를 타고 올라가면서 더운 기운에, 소음 속에 내 마음이 어떻게 거기에서 휘둘려지는가 할 때, 자기 마음을 잘 들여다보면 짜증이 난다는 게 바로 화나는 마음들이에요. 진심이 날 수가 있어요. 자기 몸이 불편하면 짜증이 나게 되어 있어요. 자기 몸이 편안하면 기쁨이 샘솟듯 하는데, 몸뚱이에 휘둘리기 때문에 자기 몸이 피로하고 불편한데, 누가 와서 자꾸 묻는다거나 얘기를 하자고 하면 그것도 싫단 말예요.

이럴 때 그 마음을 어떻게 써야 되겠습니까? 그때는, 일체법이 개시불법이므로 이때 그 마음을 바쳐야 되겠지요. 여기에 일체법이라고 하면 이게 무위법이냐 유위법이냐? 이렇게 분별하는 이도 있는데,

유위법과 무위법이 분별 없이 다 포용되어야죠. 세간법이든 출세간법이든 일체법이 다 그걸 포용한다고 봐야죠.

어떤 이는 일체법을 유위법으로 봅니다. 그래서 유위법이라 한 것은 뭐냐? 연기법이다, 다 인연 상응해서 이것이 있으므로 저것이 생기고 저것이 멸함으로 이것이 없어진다. 사람이 태어나서부터 살아가는 모든 것이 그 인연법으로 볼 때에는 연기緣起다, 이렇게 보는 거죠. 연기법이 불법이다고 하지만, 연기법만이 불법일 수는 없는 거죠. 요체는 사실 무위법 아닙니까? '응작여시관' 하는 것이 무위법이거든. 일체 유위법은 전부 다 하나같지만, 하나같이 보는 그것은 무위법이란 말입니다. 무실무허가 사실은 무위법입니다.

실하다 하는 것은 유위법이에요. 허하다 해도 유위법이에요. 실도 아니고 허도 아니다 하면 무위법이에요. 이것이 전부 다 개시불법이다. 그렇게 해서 현현되어 있는 모든 우주의 삼라만상이라든가, 일체 자기가 세간에서 인연을 맺고 있는 소이연들이 다 누구의 아들딸로 나서 누구의 아버지와 어머니가 돼서 이렇게 살고 있는 모습 그 자체가 다 한 마음의 밭고랑에 자기가 심은 씨앗이 그대로 만들어내고 있는 연기법들이에요. 그게 전부 다 불법이다는 거지요. 어떤 법당에서 불법을 닦는 그 부분만이 불법이고, 세간의 여러 가지 잡다한 것은 불법이 아니다, 이렇게 분별하지 말라는 말씀이지요.

그러나 진정한 자기의 모습이 불법이다 하는 것은 역시 그런 세간사 속에서 휘둘리지 않고 응작여시관 하는 마음의 본체, 그것이 진정한 불법이라 할 수 있겠죠. 그러나 '불법자는 즉비불법'이란 말씀 또한 잊지 말아야지요.

❀

須菩提야 所言一切法者는 卽非一切法일세 是故로 名이 一切法
이니라

수보리야, 말한 바 일체법이라고 하는 것은 곧 일체법이 아님일세
이런 고로 그 이름이 일체법이라고 하는 것이니라.

일체법이라 한다고 거기에 어떤 분별을 내서 무위법, 유위법, 세간
법, 출세간법, 이렇게 하면 또 분별이 되니까, 그건 일체법이 아닌
일체법이다 이 말씀입니다. 이름을 그저 일체법이라고 하는 것이지,
거기다 자꾸 분별을 붙일 필요도 없다는 거죠. 중생의 마음이라는
것은 역시 여래의 마음에 근원을 두고 있긴 하지만 중생의 마음입니다.
아·인·중생·수자가 있고, 아·인·중생·수자를 통해서 자꾸 일체법을
보니까 일체법이 자기 마음에 투영된 대로 그걸 만들어내거든요.
그게 니르바나, 열반이 못 되고, 응작여시관 해야 되는데 응작여시관
할 수가 없어, 자꾸 자기의 소아, 가아, 아상이 개입되어서 이치로는
그런 줄 알면서도 그렇게 안 됩니다. 화를 안 낸다고 하면서 속에는
화가 쌓이고, 바쳐도 이게 잘 안 돼. 그러면 그 다음 그것이 어느
순간, 아침에 깼을 때 안 바쳐진 것이 울컥 올라와서 괴롭힐 수가
있다는 겁니다.
그러니까 이것이 일체법이라고 하는 모든 테두리, 어찌 보면 모든
세간이 그걸 통해서 우리가 자기를 비추어 볼 수 있기 때문에, 그게
없다면 아마 산중에 폭포가 쏟아지는 수려한 곳, 전혀 자기를 자극할

것 없는 그러한 자연 속에 있다면 대단히 마음이 편안하고 안정될 것입니다. 그런데 그것이 일체법의 전부는 아니거든요. 그러한 마음이 시중에 나와서도 그래야 하는데, 시중에 나와서는 온갖 외부의 것에 휘둘려진다면 일체법이 아니죠. 그렇게 되면, 그런 처소에 갔을 때만 적용이 된다 이 말이에요. 그런 데에서는 마음을 그냥 깊이 닦고 자기가 부정하는 마음, 불평하는 마음, 탐진치의 마음이 일어나는 뿌리를 잘 다스려서 세간에 나왔을 때 그것이 든든한 마음, 휘둘리지 않는 마음으로 어느 정도의 힘을 얻었을 때 세상을 유익하게 할 수 있습니다.

백 선생님이 금강산에서 오래 계실 때, 독일에서 학위를 받아오셔서 산중에 들어가 계시니까, 요시찰 인물도 되셨겠지만, 거기에 궁금해하는 사람이 찾아가서 물었다고 합니다.

"뭐, 이렇게 여러 제자들을 데리고 계시는데, 어떻게 하고 계십니까? 무슨 책을 읽으라고 하십니까?"

"난 책 같은 거 읽으라고 하지 않는다."

"아, 그럼 젊은 사람이 책도 안 읽고 하면 어떡합니까?"

"책을 읽으려면 앞에 있는 자연을 보고, 거기 뭐라고 쓰여 있는 줄 알아야 제대로 읽는 것인데, 거기 뭐라고 쓰여 있는지 한번 읽어 봐라."

그거 읽을 수가 있어요? 그 사람이 내가 보기에는 도를 닦는 사람이라기보다는 명예직 같은 걸 아마 세간에서 좀 했을거요. 그러니까 자기가 아는 테두리에서의 세계가 좀 다른 거죠. 닦은 사람은 거기까지 유추할 수 있겠지마는, 그런 세계는 어두워서 그런 사람에게는 일러줘봐야 무슨 말씀을 하고 있는지 못 알아듣죠.

"그러니까 내가 읽어 보니까 정력을 낭비하는 자는 빨리 죽느니라. 왜 그런고 하니 저 단풍이 울긋불긋하고 빨갛고 좋다고 하지마는 그것이 굉장히 푸르고 창창하던 것을 지나서 죽게 됐으니까. 그 옆에 있는 침엽수들은 오히려 싱싱하게 푸르름을 내뿜는데, 이거 나 죽소! 하고 전부 그렇게 됐단 말야. 이게 이렇게 읽어져서 내가 세상에 나가면, 세상에 나가서도 부정적인 것으로 자꾸 보게 될 거란 말이지. 그건 세상에 유익할 것이 하나도 없다. 정력을 낭비하는 자가 빨리 죽느니라 하고 내가 그렇게 읽고 나갔다면, 내 주위에 모인 사람에게 유익하지 못할 것이다. 그 기운이 그것을 증하기 때문에. 내가 저 책을 이렇게 읽을 때에는 좀 도움이 될 거다. 소나무, 잣나무, 침엽수를 보니까 싱싱하고 푸르고 기상이 좋지. 정력을 낭비하지 않고 적절히 절제해서 자기를 유지하는 자는 오래 사느니라. 그렇게 읽는다면."

앞으로 100세까지 산다고 하는데 오래 살면 씩씩하고 건강하게 살아야지, 그렇게 빨갛게 그냥 '나 죽어' 해서는 안 될 거 아니에요?

"이런 마음으로 읽어질 때에는 내가 나가서 세상에 내뿜는 기운도 그러할 것이니까 소나무, 잣나무 같이 긍정적인 마음은 남에게도 유익하고 사회에도 유익하고 국가에도 유익한 것을 줄 수 있을 것이다. 이렇게 읽어질 때까지는 난 여기서 더 많은 마음을 수련해야 된다."

그게 일체법이에요 사실은. 자기 마음이 반영하는 대로 읽는 것이지요. 자기 정도의 수준이 닿는 데만큼 세상을 내다보고 그렇게 해석한다, 그러니까 닦아야 된다는 말이에요.

사람이 여실한 마음을 발하는 것은, 어떤 상황이 어려울 때 그 사람의 진실한 모습이 나와요. 좋을 때는 잘 몰라요. 여행을 해보면 그 사람을 안다는 말이 그래서 나옵니다. 여행을 하면 어려운 경우가 많이 있는데, 그 사람의 고약한 보이지 않던 성격이 나와서 서로 싸우게 되고 말도 안하는 사람들이 생기는데, 그것은 보통 좋을 땐 모르던 것이 어떤 상황에서 그게 튀어 나왔다면 그게 그 사람의 다른 숨어 있는 이면의 모습이라고 볼 수 있겠죠. 그런 것이 없어져야지요.

그 모난 것이 더 닦이고 긍정적으로 완전한 것의 일부로서 채워졌을 때, 원래가 무명無明이 있었던 것이 아니고 원래 '명'이 있었어요. 원래 밝음이 있었어요. 그게 여래에요. 여래는 닦아서 여래가 된 게 아니고 원래 밝은 그 당체를 말합니다. 명明이지 무명이 아니에요.

그런데 이것이 점점 무명 속에서 그냥 습관화되니까 무명이 자기의 본 생각이고 마음인 줄로 알게 되었죠. 무의식중으로 그게 자기 본마음이고 사람들의 마음이라고 생각을 하게 됐지요. 본래 그런 게 아닌데. 그렇게 생각하니까 모든 게 부정적으로 일이 처리가 되고 결과가 그렇게 돼. 이게 도대체 될까 말까 하는 불완전한 생각, 어두운 그늘이 결과를 그렇게 만드는 거예요.

밝고 완전하고 긍정적인 생각만으로 충만해 있는 자기 마음속에서의 결과는 그런 것을 나투지 않습니다. 그렇기 때문에 여기 일체법이라고 하는 것은, 잘 자기 마음에 투사되는 어떤 대상으로 생각을 한다면 여기 닦아야 될 일들이 많지요.

뒤에는 이제 일체법에 무아라고 하는 것이 나오죠. 그래서 '득성어인得成於忍'(제28분)이 나오게 되는데, 일체법에 무아가 될 수 있다면 그건 정말 보살에 이른 사람이라고 할 수 있을 것입니다.

須菩提야 譬如人身이 長大니라

수보리야, 비유하건대 몸이 아주 큰 것과 같은 것이니라.

須菩提言하되 世尊하 如來說 人身長大는 卽爲非大身일세 是名
大身이니이다

수보리 여쭙되, 세존이시여, 여래가 말씀하신 바 몸이 크다고
하는 것은 그런 큰 몸을 얘기함이 아님일세 그 이름이 큰 몸입니다.

　큰 몸이라고 하는 것은 여기서 큰 마음을 비유했다고도 볼 수 있겠고,
또 큰 마음이라고 하는 것은 '위발대승자설이시며 위발최상승자설이
시니라' 하신 보살의 마음일 수도 있는 것이죠. 몸뚱이가 크다고 해서
그 사람 마음이 꼭 크다고 하는 것은 아니니까 그냥 '시명대신是名大身이
니이다'고 한 겁니다. 그런 큰 몸이 아니므로 그 마음을 대범하게
쓸 수 있다면 그것은 큰 몸의 마음이다, 이렇게 할 수도 있겠어요.

須菩提야 菩薩도 亦如是하야 若作是言하되 我當滅度無量衆生
이라하면 則不名菩薩이니

수보리야, 보살도 이러해서 이런 말을 짓되, 내가 마땅히 무량의
중생을 다 멸도하리라 한다면 보살이라고 이름 할 수 없는 것이니

이게 어떻게 보면 조금 모순되는 것 같이 여겨지죠. 당연히 '모든 중생을 멸도하리라 하라' 이렇게 앞에서 말씀하셨는데, 또 '아당멸도무량중생이라 하면 즉 불명보살이라' 하시니 말예요. 이건 무슨 말씀이신고 하니, 아·인·중생·수자가 생하면 이건 보살이 아니라고 말씀하셨죠. 멸도일체중생이라 하더라도 일체법에 아·인·중생·수자가 없어야 그것이 보살이라고 할 수가 있겠는데, 내가 멸도를 한다고 하는 것은, 여기 무량중생을 멸도한다고 하는 것이 외양적으로는 구류중생을 다 멸도한다면, 부처님만이 하실 수 있는 그런 멸도라고 할 수밖에 없는데, 속에 있는 중생은 일차적으로 다 멸도해야 될 거 아닙니까? 그래야 닦는 사람이라고 할 것이고 보살행을 하는 사람이라고 할 테니까. 그러나 이제 멸도무량중생이라고 하는 한 상을 가지면 그것도 아상이 되니까 아상이 곧 불명보살이요, 결국 멸도한다는 한 생각이나 분별이 없어야 된다는 것이지요.

何以故오 **須菩提**야 **實無有法**을 **名爲菩薩**이니라

왜 그러냐? 수보리야, 실로 있는 법이 없음을 (그런 분별이 없음일세) 이름해서 보살이라고 하는 것이니라.

일반 도덕책 같으면 마땅히 이렇게 하는 것이 참 좋은 것이 아니냐 하면 끝날 텐데, 그것이 문제가 아니고, 그 뿌리에 어떤 한 자기의 상이 떠올라서 자기를 다시 무명화하느냐, 그늘을 만드느냐, 그걸 책하시기 위해서 끊임없이 다시 부정을 하시는 이 말씀이 굉장히 근본적으로 밝혀주는 말씀입니다. 그러니까 '아당멸도 무량중생'이라고 하는 것이 당연한 말씀이지만, 그것은 한 생각을 갖고 분별을 지으면 보살이 아니고 실로 있는 법이 없음을 이름해서 보살이라고 한다는 것입니다.

또 사홍서원에 '중생무변서원도', 이것이 보살의 서원이니까 마땅히 그렇게 해야 되겠지만, 멸도무량중생이라고 한 생각을 제가 짓는다면 그것도 아상이 되기 쉽다. 그러면 어떻게 생각을 하라고 그러셨어요?

부처님 시봉을 하는 내가 중생을 멸도하는 마음을 세웁니다. 이렇게 한다면 내가 짓는 것은 아니잖아요. 늘 밝은 당처를 향할 수 있다면, 그럼 아상은 거기에 덜 개입이 되죠.

그러니까 내가 한량없는 중생을 제도하리라는 그건 사실상 부처님만이 제도할 수 있는 것이지만, 그러나 한량없는 중생을 제도하는 제 마음속에 있는 것은 제가 해야지요.

'아당멸도 무량중생'이라고 하는 이 자체의 생각만 가진 이 분별로도 보살이라고 할 수 없다고 이렇게 말씀하신 것은, 행여 또 거기에 무슨 분별이 들어가서 티끌을 만들까봐, 상이 그림자를 드리울까봐 하신 말씀이지요.

是故로 佛說一切法이 無我無人無衆生無壽者니라

이런 고로 부처님이 말씀하신 바 일체법이 나도 없고, 남도 없고,

중생도 없고, 수자도 없는 것이니라.

궁극에 가서 이 사상四相이 없어지는 것이 자기의 밝은 본연의 진면목을 회복해가는 것이기 때문에 사상이 남아 있는 한 보살이 아니며, 그것은 일체의 법을 대하는 자세에서도 그러합니다.

보살이 상당한 계위에 있는데, 지혜 있는 사람, 즉 보디사트바에 해당되는 대승정신의 요체가 올바른 자기의 모습을 증득하기 위해서 아뇩다라삼먁삼보리를 득해야 하죠. 득한다고 할 수도 없지마는. 아뇩다라삼먁삼보리 자체에는 사실상 네 가지 상이 없어야 이루어지는 것인데, 부처님은 브라만교에 있는 아트만을 부정하셨어요. 어떤 사람은 아트만이 뭐냐, 바로 진아가 아니냐? 그 진아로 살아가기 위해서 닦는 것이 아니냐?라고 합니다. 그 아트만하고 우리 한자의 진아眞我와 혼동하면 안 됩니다. 아트만 자체는 진아라고 번역이 됐지마는, 아트만이라고 하는 실체가 없다고 부처님이 말씀하셨습니다.

참 여기에서 어려운 것은, 수자상을 조계종 표준본에서는 '영혼이 있다는 관념'으로 해석했습니다. 우리가 영혼이 없다면 더 이상 뭘 추구할 게 있느냐? 이렇게 되기 쉽습니다. 그런데 이것은 업식의 영혼을 얘기하는 겁니다. 그냥 개별적이고 지속적인 업식의 영혼을. 제가 생각하기에 무아라는 개념이 그래서 참 어려운데, 내가 완전히 없다고 한다면 그 없는 나에 대한 것이 궁극의 목표이고 그것이 가장 밝은 거라고 하면 그 다음에 뭘 하자는 얘기인가? 이렇게 되는 거죠. 뭐 하자는 얘깁니까? 응무소주하야 이생기심하자는 얘기거든요. 사실은 응무소주하야 이생기심하기 위해서는 무아가 되어야 된다, 그래야 중생을 위한 보살이 되는 것이지, 그냥 무아가 돼서 무기공에 빠진다면 그건 아무것도 아니죠.

햇볕이 쬐는 조그만 초가삼간 마루에 앉아가지고 어떤 노파가 아주 햇볕을 쬐고 즐긴단 말이에요. 아침 먹고 나와 햇볕 쬐고, 점심 먹고 쬐고, 저녁에 해가 떨어지면 들어가서 자고. 그 양반이 정말 지혜 있는 자연의 오묘한 것을 다 통달해서 그런다면 대단한 도인이 될 수 있어요. 그러나 무기공에서 그런 행위를 계속한다면 글쎄, 그게 무아에 가깝다고 할 수 있을까요? 의미 없는 짓이죠.

사실은 그건 무위가 아닙니다. 무위가 인위가 아니라는 뜻이지만 노장사상에서 무위의 참뜻도 그런 것이 무위가 아니에요. 나라고 하는 몸뚱아리에 붙어 있는 아상·인상·중생상·수자상, 그 아상이라는 자체를 잘 통달해서 이게 과연 진정한 나인가, 이것을 밝게 비춰 봤을 때 무아가 나오지요. 그걸 퇴계선생은 '체찰'이라고 해요. 율곡선생은 젊었을 때 몇 시간 뵙고 근원적인 것을 물었지요. 그런 것들은 시공을 초월한 진짜 자기라고 할까, 성품의 자기라고 할까 그렇지요.

성품의 자기는 광명으로 증하니까 홍익인간의 뿌리인 성통광명性通光明, 그것에서 깨닫게 되면 그게 재세이화在世理化가 되지요. 그래서 두 분이 다 성리학의 대가들이지 않습니까? 그것이 세상의 이치입니다. 우리가 물物의 이치를 뭐라고 해요? 물리라고 그러죠. 요즘 양자역학이 다 물리에서 파생되어 나온 원리들이에요. 물의 이치도 자꾸 닦으면 격물치지가 되는 것인데, 그런 근원적인 것들을 잘 들여다보고 외부세계의 이치나 내부세계의 성찰까지 철저히 자신의 본성을 닦아 나갔지요.

그러니까 이것들이 전부 자기를 거울에 비친 대로 그게 자기라고 믿고 있는데, 거울에 비친 자기가 이게 과연 나인가? 하고 반조返照를 해봐요. 어떤 원인으로 이렇게 생겼을까? 어느 선지식께서 남긴 유명한 일화가 있잖아요. 전에 젊었을 땐 저게 나였거니 하고 밤낮 봤는데, 늙어서 보니까 그게 진정한 난가? 거울을 들여다 볼 때마다 아무 의심 없이 저게 나구나 하고 봤는데, 어느 날 갑자기 그게 과연 진정한 나인가?

이 일체법에 전부 그러한 반영(Reflection)으로서의 아상·인상·중생상·수자상이 들어간다면 그건 '개시불법'이 아닙니다. 개시불법인 듯하지만 진정한 개시불법이 아니에요. 일체법에 무아·무인·무중생·무수자가 됐을 때 일체법은 제대로 볼 수 있는 일체법이란 말이죠. 그렇기 때문에 '불설 일체법이 무아, 무인, 무중생, 무수자니라' 이렇게 말씀하셨어요. 거울도 이중거울을 놓고 보면 무량한 깊이와 반복으로 끝이 안 보이는 거예요, 도대체 내가 몇백 명인지도 모르게 말예요. 이중거울이 그런 겁니다. 의식의 중첩되는 세계, 꿈, 그런 것으로 비유해서도 얘기하는데, 그랬을 때 자기 모습에 속지 않는 것, 진정한 자기 모습을 볼 수 있는 것을 혜안이라고 할 거예요. 여기 제18분에 혜안이 나오지만.

須菩提야 若菩薩이 作是言하되 我當莊嚴佛土라하면 是不名菩薩이니

수보리야, 만일 보살이 이런 말을 짓되 내가 마땅히 불토를 장엄한다고 한다면 이는 보살이라고 이름할 수 없는 것이니

何以故오 如來說 莊嚴佛土者는 卽非莊嚴일세 是名莊嚴이니라
왜 그러냐? 여래가 말씀하신 바 불토를 장엄한다고 하는 것은 즉 장엄이 아님일세 그 이름이 장엄이니라.

불토를 장엄하는 것이야말로 한 마음을 장엄하는 것인데, 태국 위쪽에 가면 청년들이 하나의 발원이 있어요. 우리나라 같으면 잘 살게 돼서 집도 좋은 것 장만하고 차도 좀 좋은 거를 갖고자 하지만, 그런 바람이 아니라 태국 청년들은, 저 미얀마도 그렇고, 이렇게 발원합니다. '내가 조금 돈을 벌면 탑을 하나 세우는 것이 발원이랍니다. 부처님 공경할 수 있는 탑을 하나 근사하게, 멋지게, 장엄하게 세우는 것이 소원입니다.' 우리가 보기엔 무슨 발원이 그러냐. 자기는 집도 없으면서 탑을 하나 세우는 것이 자기의 꿈이라니. 하지만 그 마음 자체는 굉장히 불토를 장엄하고 있는 것이죠. 한국 청년들한테 물어봐서 그런 발원을 하는 사람이 몇이나 되겠어요.

그러나 여기서는 그러한 장엄이라고 하는 생각이 없단 말씀이에요. 그 사람에게는 그런 분별이 없다는 겁니다. 만일 그것을 내가 부처님 불토를 장엄한다고 생각하면서 그런 생각을 짓는다면 그건 보살이 아니라는 거지요. 또 사실상 부처님 불토는 이미 장엄이 되어 있어요. 이루 말할 수 없이 잘 장엄이 되어 있습니다.

우리가 세간에 절을 잘 지어서 장엄을 합니다. 불사는 대강 이상하게도 어느 스님이 발원을 해서 백일기도를 하고 정진을 하고 이러면 그 불사가 잘 이루어져요. 아무 준비도 없이, 그냥 자기 정진한 기운으로. 부처님이 아마 호념하시는 기운으로 그렇게 되나 봅니다.

지리산에 쌍계사가 있어요. 그 위에 옛날에 일곱 왕자가 성불했다는 칠불암이 있어요. 그쪽의 어느 스님이 겨울엔가 찾아갔는데 위에까지 차가 잘 올라가도록 도로도 포장이 잘되어 있는데, 전에는 조촐한 사찰이 있었어요. 그런데 당신이 발원해서 한 2, 3년 정진을 하셨는지, 그렇게 하니까 저절로 장엄하게 되더라는 거예요. 그때 부처님의 가피력이 이런 것이구나 하고 느꼈어요. 참 어려운 난공사였겠는데 잘되어 있어요. 원력이 장엄을 이룬 것입니다.

그러나 기실 이제 우리가 세간이 아닌 부처님의 세계를 어떻게 장엄하는가? 이미 부처님 세계는 다 장엄되어 있는 세계입니다. 『화엄경』에 나오는 우주적 부처님 세계, 장엄되어 있는 부처님 세계, 거기 어떤 큰 숫자를 형용한 것을 보면, 한 불세계에 불보살의 숫자가 80억입니다. 우리 인류의 숫자가 60억에서 조금씩 인구 증가가 되면 더 늘어나겠지만, 여기 『금강경』에도 나유타 제불이라 했습니다. 진짜 부처님이 그렇게 많으신가?

우리가 어떻게 알아요? 여기 세간에 자기 분별로만 형상으로 보고 있는 이게 전부라고 생각하고 있는 좁은 소견으로 말예요. 지금 과학에서, 특히 물리에서 자꾸 우주를 탐험하면서 생명체가 인간만이라고 생각하는 것은 이제는 아니다, 얼마든지 다른 모습의 생명체로, 또 고급 영의 그런 생명체로, 또 밝은 어떤 테크놀로지와 복지와 환희의 그런 세계로 존재할 수가 있다고 보고 있습니다.

구류중생 중에도 유색·무색 했을 때, 무색은 이미 물질화되어 있는 생명이 아닙니다. 유색은 물질화되어 있는 생명이지만. 유상·무상에서 비유상·비무상까지 가게 되면, 거긴 이미 사고의 방법마저도 해탈되어 있어요. 이 모든 세계의 생명들이 다 중생입니다. 부처님이 말씀하신 방대한 중생계, 우주적 중생, 우리가 사량할 수 없는 그런 장엄된 불토의 그 중생. 그럼 보살도 중생계에다 넣기 때문에 숫자는 뭐라고 표현할 수가 없죠. 아승지 세계라. 승지는 셀 수 있는 거지만 아승지는 셀 수 없는 수니까 무량수인데, 거기다 또 나유타라고 하는 곱하기를 했잖아요.

등각, 팔만 사천 묘각, 팔만 사천 원만각, 팔만 사천…… 그것이 한 중생에게 그렇게 화현이 되는데, 하물며 팔만 사천이 팔만 사천씩 그렇게 해 보세요. 그럼 뭐라고 표현을 하겠습니까. 그렇게 해서 밝은 당처가 생겨나는 것이에요. 내가 한 밝은 생각을 할 때에는 우주의 그 밝은 기운이 모두 환희작약하신단 말씀이에요. '여시여시' 하며 다음과 같이 말입니다.

'네가 밝음을 깨쳐가는구나. 네가 지금 그런 밝은 생각 속에 들어 있구나. 갸륵하고 기특하다.'

부처님 세계에서 제일 기뻐해주시는 것은 중생이 한 마음이 밝아져서 아뇩다라삼먁삼보리의 마음을 발하는 순간입니다.

그때 얼마나 기쁘시겠어요. 다른 무슨 어떤 공양보다도 그렇게 올리는 마음의 공양은 법계와 부처님 세계가 다 상응하는 순간입니다.

그때 한 마음을 잘 바쳐야 됩니다. 그때 여의가 어디를 향하고 있는가를 잘 들여다봐야 합니다. 이것이 진정한 장엄이지요.

무아가 되어 있는 그 상태에서의 밝은 당처를 향하고 있는가? 만약 그렇지 않으면 아뇩다라삼먁삼보리의 마음이 이미 아니죠. 무아가 되어 있지 않으면.

그러나 조금 어두운 생각, 분별의 생각, 팔만 사천의 기운이 엄습할 수 있는 씨앗의 생각을 하게 되면 그 기운이 일체의 어두운 기운과 습합해서 번뇌 망상이 증폭되는데, 그런 기운은 감당하지 못해요.

그러기 때문에 한 마음 한 마음을, 순간순간, 현실 현실에 어떻게 항복받아야 되는가가 대단히 중요한 것입니다. 하루에 그게 몇 퍼센트 가량 네가 밝은 생각을 해서 그 순간순간에 밝았고, 몇 퍼센트 가량 어두운 생각을 했나를 정확하게 통계를 낼 수 없지만 그걸 저녁에 또 바쳐야 되고, 아침에 눈 뜨면 바쳐야 되고, 그렇게 해서 자꾸 밝은 쪽으로 진화가 된다면 그건 이미 중생이 아니에요.

아뇩다라삼먁삼보리에 가장 친한 중생은 중생이 아니에요. 아뇩다라삼먁삼보리의 마음에 계합될 수만 있다면 그건 뭐라고 이름 붙일 수가 없어요. 중생이니, 중생이 아니니, 보살이니 그런 이름이 필요 없어요. 아뇩다라삼먁삼보리 자체가 무위법이기 때문에.

이 제17분에 아뇩다라삼먁삼보리가 몇 번이나 나왔는지 세어보세요. 많이 나왔죠?

불토를 장엄한다고 하는 것은 아뇩다라삼먁삼보리의 마음을 발했을 때 가장 장엄이 되겠지만 그것도 '시명장엄'이고, 그 분별을 바칠 때 부처님이 제일 기뻐하실 것입니다.

❖

須菩提야 **若菩薩**이 **通達無我法者**인데는 **如來說 名眞是菩薩**이니라

수보리야, 만일 보살이 무아법을 통달했을진데는 여래께서는 이를 일러서 진정한 보살이라고 이름할 것이니라.

결국은 '통달무아법자인데는 진시보살이니라.' 이것이 바로 제17분의 구경무아인데, 제17분의 내용이 바로 뭡니까? 제3분과 제4분을 응축해서 한 것이 아닙니까? 그리고 그 결론은 뭐예요? 구경무아란 말이죠. 무아가 그렇게 어렵기 때문에, 자기 본 모습인데 허깨비를 보고 자꾸 자기라고 그런단 말이에요. 이것을 제대로 닦으면 아마 아뇩다라삼먁삼보리에 달하겠지요. 그 올바른 밝힘(enlightenment), 올바른 깨달음이어야 한다는 겁니다. 삼보리는 삼먁에서 출발해요. 삼먁은 올바른 보편이니까, 이것은 주관이 아니고 진정한 객관이라고 보아야 합니다.

무아가 이렇게 좋은 것입니다. 무아가 이렇게 좋은 것인데 자꾸 유아를 붙잡고 못 놓습니다. 무아가 되면 어떻게 하냐? 두려운 거죠. 무아가 돼서 어떻게 살란 말이냐 하면서 말이죠. 중생이기 때문에 그렇습니다.

그렇지만 무아라면 이렇게 좋아요. 그럼 진시보살이 되고, 아뇩다라삼먁삼보리와 함께 세상을 살아갈 수 있다면 법열과 환희작약과 여의의 세계에 살 수가 있는 것입니다. 여의의 부처님 세계에서.

18. 한 몸으로 같이 본다는 말씀

*한 몸으로 분별 없이 똑같이 본다, 똑같이 관찰한다는 이 말씀이시죠. 여기 5안이 나옵니다만, 이것은 아마 여래의 그 보시는 단계는 다르지만, 여래가 보시는 건 다 밝은 당처에서 보시기 때문에 분별 없이 다 같이 보실 거예요. 그래서 보시는 단계는 다르지만 보시는 바는 같다는 겁니다.

須菩提야 於意云何오 如來 有肉眼不아 如是니다 世尊하 如來 有肉眼이시니이다

수보리야, 그대 생각은 어떠한고. 여래께서는 육안을 갖고 계시느냐? 그렇습니다, 세존이시여. 여래께서는 육안을 갖고 계십니다.

육안肉眼을 우리 한글 그대로 하면은 몸뚱이에 붙은 눈이니까 그냥 '고기 눈'이 됩니다. 우리가 대상을 보고 있는 이 눈을 그냥 육안이라고 하죠. 그런데 이 육안은 우리 몸이 지·수·화·풍 이렇게 4대로 이루어졌다고 그렇게 얘길 하는데, 말하자면 하나의 물질의 결합에서 생긴 거니까 물질을 그냥 보는 것이죠. 물질화되어 있지 않은 것은 잘

보질 못합니다. 만일 물질이 가려져 있다면 그걸 투과해서 가려진 그 뒤를 보지 못하죠. 그것은 육안이기 때문에 그래요.

물론 이 육안에도 과학적으로나 생리학적으로는 시신경이 있고, 시신경이 보는 범위가 있고, 또 우리가 빛의 어떤 범주와 가시광선 안에서 인간이 볼 수 있는 눈의 한계가 있고 여러 가지가 있습니다만, 일단은 이 제한적인 눈이라고 할 수가 있겠습니다.

그러니까 물론 이것은 이제 바깥에 있는 경계로 말하면 색성향미촉법이라고 하는 여섯 경계 중에 첫째 경계인 색을 보게 되는 것인데, 그 색이 바로 물질이니까 물질화되어 있는 형용이나 모양 이런 거를 보게 되는 거예요. 그리고 그것도 물질로 되어 있는 신경을 통해서 인식하고 있는, 여기 마지막 안식의 그것을 인지하게 되는 겁니다. 이것이 크다 작다, 혹은 멀리 있다 가까이 있다, 혹은 여러 가지 색깔에 모양이 이렇다, 이런 것들을 인식하게 되는데, 『반야심경』에는 '색즉시공 공즉시색' 이렇게 나오지요. 그런데 육안은 진일보해서 이 물질이 곧바로 공이고 또 공에서부터 물질이 나온다, 여기까지는 못 보죠. 그만한 지혜도 갖추어져 있지 않고 그냥 보이는 것만을 그대로 보고 판단하고 인식하고, 거기에 따라서 행동하는 것입니다.

눈으로 보는 것은 우리 육근이라고 하는 여섯 뿌리의 첫째가 되는 것이기 때문에 마음의 어떤 작용되는 영향에는 대단히 큰 것이라고 볼 수 있죠. 이걸 가지고 우리는 대강 받아들이는 의식에서 안식이라 해서 눈에서 생기는 어떤 인식의 마음 그렇게 봅니다. 물론 이제 부처님의 오안이 진행됩니다만 그 첫 근원은 육안에서부터 출발을 합니다. 또 우리가 사람의 눈을 바라봐서 그 사람의 마음을 들여다본다는 그런 말이 있잖아요. 그 사람이 진실한가, 그 사람이 여실한가? 그걸 보려면 눈동자를 들여다봐라. 그게 심안의 어떤 내용이 눈동자 속에 있으니까 사람을 처음 대할 때 눈동자를 잘 보면 그 사람의 내면까지도 유추할 수 있다, 그런 것이죠. 육안을 통해서 일단은 보게 됩니다. 물론 이것이 정신적인 어떤 안목으로까지 진전을 하려면 다음 단계로 자꾸 나가게 되는데, 두 번째 단계가 이제 나타나죠.

須菩提야 於意云何오 如來 有天眼不아 如是니다 世尊하 如來 有天眼이시니이다.

수보리야, 그대 생각에 어떠한고? 여래께서는 천안(하늘눈)을 갖고 계시느냐? 그렇습니다, 세존이시여. 여래는 천안을 갖고 계십니다.

이것이 진일보한 눈이라고 볼 수 있고 또 어떤 시간과 공간을 초월해서 볼 수 있는 눈이라고도 할 수 있습니다. 아까 색즉시공에서 여기 정도 되면 공을 거의 볼 수가 있는 눈에 이른 것이라고 볼 수가 있죠. 왜 그런가? 시공간을 초월해서 본다는 것은, 요즘 예를 들면 천안이 통하지 않아도 매체에 의해서 천안을 활용되는 것이, 바로 멀리 있는 걸 볼 수 있는 기계가 있지 않습니까? 그 기계 이름이, 그 기계 이름은 번역되지 않고 그대로 씁니다. 텔레tele-비전vision이죠. 멀리 있는 걸 본다 이 말씀이에요. 멀리 있는 거를 보는 것을 뭐라고 그럽니까?

그건 번역이 됐어요. tele-scope인데, 멀리 있는 거를 본다고 해서 망원경, 이렇게 번역을 했죠. 또 멀리 있는 거를 듣고 말하는 거를 뭐라고 해요? tele-phone이잖아요. 그거는 전화라고 번역을 했어요. 뭐 이렇게 번역을 해놓고서 맨 나중에 나온 문명의 이기인 television은 번역을 안 했습니다. 중국에서는 약자를 따서 그냥 TV라고 그럽니다.

tele라고 하는 것은 '멀리' 있는 것을 알거나 보거나 할 때의 형용인데, pathy 중에는, 우리 감정을 다 pathy라고 합니다만, 텔리파시 telepathy가 있죠. 역시 상대가 멀리 있는 것을 알아내는 그런 감정입니다. pathy 중에도 empathy(공감), sympathy(연민) 등 여러 가지 종류가 있습니다만, 그런 마음의 상태를 그대로 알아내는 것을 그렇게 얘기하죠.

그러니까 이 천안은 실제로 굉장히 과학적이고 이미 갖추어져 있는 눈인데, 사람들이 인지를 못하고 이렇게까지 달통이 못 됐을 뿐이죠. 시공간 속에 이미 다 이렇게 모든 빛의 파장으로, 혹은 모든 입력된 어떤 기억으로 다 돼 있는 겁니다. 그러니까 입력되어 있는 걸 열어 보면 과거의 것도 다 지금 열어볼 수 있잖아요?

컴퓨터에서, 또 어떤 매체에서 비춰진 장면은 채널만 거기다 맞추면 보고 싶은 그 장면을 보죠. 요즘은 더 발달되어서 감시 눈까지 만들고 다 비추고 그것이 입력이 돼서, 비록 지나가버린 시간이지만 다시 틀면 아, 누가 무슨 짓을 했구나, 거기 다 비춰지는 겁니다. 뭐, 염라대왕 앞에까지 가서 그렇게 고하지 않더라도, 틀면 이제는 다 비춰지게 돼 있어요. 숨을 길도 없고 거짓말할 수도 없고, 자기 행동을 어떻게 왜곡할 수가 없어요. 왜 그런고 하니 이건 시공간에 이미 다 이렇게 비춰져 있기 때문에 그렇습니다. 이걸 보는 것이 천안이에요.

물론 부처님은 그런 기계의 활용이나 매체를 통해서 보시지 않고 당신이 깨달은 그 능력에 의해서 그대로 보시고자 하면 마음먹는 그 자리를 보시는 겁니다. 요즘은 인공위성에서 찍은 사진으로 집마당까지도 확대해서 볼 수 있는 그 정도의 능력을 지금 갖추고 있어요. 지구 꼭대기에서 찍었지만 세밀하게 볼 수 있는 대상은 지구만이 아니죠. 다른 천체, 별, 여기까지 이 망원경이 자꾸 개발이 되어서 낱낱이 전부를 볼 수 있도록 점점 천안이 발달되어 갑니다. 기계적인 천안이지만은. 이건 이미 이렇게 될 수 있는 원리에 의해서 그렇게 되는 것이지, 이것이 원래 그렇게 안 돼 있다면 그렇게 안 되는 거예요.

부처님은 이미 그러한 세계를 아시니까 그러한 원리에 입각해서 보시는 거예요. 어떤 도인이 금강산에서 시계를 봤는데, 가장 잘 보이는 시계가 뭐냐? 옛날에는 서울역에 붙어 있는 시계가 크게 대중이 다 볼 수 있도록 되어 있으니까, 이렇게 딱 비춰 보셨다는 거죠. 아, 시계가 지금 몇 시로구나 하고 말예요. 유럽 같은 데 가면 고대에는 일반대중이 다 볼 수 있도록 큰 시계가 광장에 있어서 지나다니는 사람이 시간을 알 수 있도록 그렇게 했죠. 그런데 이런 천안이라고 하는 것은 어떤 공간의 장애를 벌써 이미 무화시켜서, 색즉시공이라고 했지만, 공화시켜서 그대로 통투해서 보는 겁니다.

須菩提야 於意云何오 如來 有慧眼不아 如是니다 世尊아 如來

有慧眼이시니이다.

수보리야, 그대 생각은 어떠한고. 여래께서는 혜안을 갖추고 계시느냐? 그렇습니다, 세존이시여. 여래께서는 혜안을 갖추고 계십니다.

　지혜의 눈인데, 이 지혜의 눈이라고 했을 때에는 어떤 사건이 일어난 것의 원인, 앞으로 어떻게 될 결과까지를 대강 이렇게 통투해서 보는 그런 눈이다, 이렇게도 얘기하고, 바로 색즉시공 공즉시색을 보는 눈이다, 이렇게도 얘기합니다. 왜 그런고 하니 모든 물질화되어 있는 것은 무상한 것이므로, 이것이 제행무상이죠. 제행무상에서 진일보하면 제법무아가 되는데 그 진리의 어떤 면모를, 가장 근원을 그대로 본다 이 말씀이에요. 이것은 우리가 그냥 물질을 보는 육안에 비해서는 굉장히 많이 진화된 정신적인 눈이라고 볼 수가 있죠. 그렇게 보게 되니까 자연히 원인과 결과를 보게 되는 거예요, 그래서 아, 이것이 이러한 연기로 서로 만나서 이렇게 이루어졌고, 이것이 이제 시간이 다 돼서 이러이러하게 멸하게 돼서 없어지겠구나, 그걸 보는 거예요. 이것과 저것이 만나서 이것이 이루어졌구나, 그러니 이것과 저것의 수명이 다 되면 이렇게 사라지겠구나, 그걸 보는 것이지요.

須菩提야 **於意云何**오 **如來 有法眼不**아 **如是**니다 **世尊**하 **如來 有法眼**이시니이다.

수보리야, 그대 생각은 어떠한고. 여래께서는 법안을 갖고 계시느냐? 그렇습니다, 세존이시여. 여래께서는 법안을 갖추고 계십니다.

이 법안이라고 하면 '불법' 했을 때 다르마를 생각하게 되는데, 굉장히 객관적인 그러한 눈이라고 볼 수가 있죠. 그러니까 그 사물의 일어나는 원인, 과정, 결과를 객관적으로 비춰볼 수 있다는 겁니다. 그러니까 무엇이 실상인가? 진리하고 실상은 통하지만 좀 다른데, 진리라면 이치로 보는 것이고, 실상은 있는 모습 그대로를 보는 것이지요.
법안은 실상을 본다고 할까요? 여실한 실상을 그대로 본다. 대강 우리는 자기 마음의 어떤 분별로 봅니다. 육안이라고 했을 때는 예쁜 사람은 예쁘게 보이고 미운 사람은 밉게 보이잖아요. 똑같은 사람인데 자기 주관에 따라서 저 사람은 예쁘게 보는데 나는 그 사람 미워, 그러면 그건 뭐예요? 자기 마음의 분별이 거기 씌워져 있다는 거죠. 한번 밉기 시작하면 계속 그 사람은 아무리 예쁜 짓을 해도 밉게 보인단 말이에요. 저 사람 하는 짓은 왜 이렇게 미워? 그렇게 되면 그건 올바른 객관적 관찰이 아니죠. 마음이 거기에 작용되는 해석이니까. 법안에서는 그런 것은 용인되지 않습니다. 있는 그대로, 여실한 실상을 그대로 봅니다.

須菩提야 於意云何오 如來 有佛眼不아 如是니다 世尊하 如來 有佛眼이시니이다

수보리야, 그대 생각은 어떠한고. 여래께서는 불안을 갖고 계시느냐? 그렇습니다, 세존이시여. 여래께서는 불안을 갖추고 계십니다.

물론 여래께서는 불의 명호에 대한 다른 존칭이니까 불안을 갖추고 계시겠죠. 그런데 이건 정말 완전히 깨달으신 부처님의 전지전능한 눈이니까, 이 눈에 비치는 모든 대상은 제도되는 입장에서 비추어진다 이 말씀이에요. 부처님이 중생을 보는 그 자비심은 마치 부모가 자식의 잘못을 연민으로 보듯이 그렇게 보실 테니까요. 물론 그게 호념과 부촉의 첫 질문에 이것이 나왔지만 미혹한 중생, 어두운 중생, 정신의 병을 앓는 중생, 많은 어둠에서 고통을 당하고 있는 중생, 이러한 중생을 제도하시려는 마음으로 보시겠지요. 잘못 나가면 그것이 재앙으로 나타날 테니까요. 그게 다 자기가 지어서 받는 것이지만.

최근 생명존중이라고 하는 입장에서 봤을 때, 먹기 위해서 가축을 기른 숫자가 지구 인구의 10배라고 합니다. 옛날에 소 같은 경우는 같이 식구처럼 일을 했어요. 그래서 죽으면 내가 어떻게 식구를 먹느냐, 너는 묻어 주리라, 평생을 같이 그렇게 일을 하고서 내가 차마 너를 잡아먹을 수가 없다, 그렇게까지 했거든요. 그렇지 않은 경우는 뭐, 내가 오늘은 큰 잔치가 있거나 여러 동네 사람들을 위해서 네가 그만큼 일했지만은 또 보시도 해야 될 테니까, 너는 생명의 은인이자 또 우리 모든 잔치에도 은인이 된다. 그렇게 축원해주고 또 잡아먹고 그랬단 말입니다.

그 다음부터는, 사실상 한국인의 대장은 좀 초식에 가까우니까 더 육식적인 서양인에 비해 좀 길다고 그러지요. 그러니까 이렇게 많이 좀 삭음질(되새김질)을 해야 되지 않습니까? 육식은 빨리 내려가야 되지만. 그런데 자꾸 육식을 하게 되니까 어떻게 돼요? 자꾸 안에서 많이 고이게 되고, 그래서 대장염이 자꾸 생깁니다. 언제부터 그렇게 고기를 좋아하고 대량으로 키워 잡아먹고 그랬어요? 전에는 정말 무슨 잔칫날이나 귀한 날이나 한 번씩 고깃국을 먹는 것이 보통 민가에서의 생활이었고, 대강은 채식이나 발효음식 이런 걸 먹고 해서 건강했지요. 사실은 장 자체 구조가 그렇게 되어 있으니까 암 걸릴 것도 별로 없었죠.

그런데 미식, 식도락이라 할 수밖에 없는 이런 방향으로, 인간 위주 문명으로 나가게 되니까, 서양에서도 여기에 자성하는 운동이 많이 일어났어요. 닭을 그냥 좁은 공간에 가두어서 많이 키우니까 닭들이 막 신경질이 나잖아요. 닭도 다 생물인데. 그래서 서로 막 쫀단 말이이요. 화가 나니까. 그러니까 부리를 막 잘라. 그 다음에 달걀도 하루에 하나 가지고 안 되겠어. 어떻게 하면 이거 한 이틀에 세 개 낳게 할 수 없나? 그래 가지고는 거기다 빨리 낳는 약을 주고 뭘 먹이고 그러니까, 이게 다 비정상적으로 생명을 변형시키는 것이죠. 그 보를 인간이 받는 것입니다.

옛날에도 그런 얘기가 있습니다. 영특한 짐승은 죽을 때에는 알잖아요. 말하자면 소는 끌려가서 죽어야 된다든가, 도살될 때에는 눈물을 흘린다고 그러는데. 죽을 때 많이 닦지 않는 한은 독소를 분비하게 되어 있어요. 식물은 덜하지만 동물은 독소를 분비하게 되어 있어요. 내가 왜 이렇게 억울하게 죽어야 되나. 독소가 안 나올 수가 없지요.

뱀은 원래가 독소를 자기 몸에 갖고 있는 게 아니고, 그 뱀이 물 때 침샘 속에서 갑자기 독소를 생성해서 그것을 내뿜는답니다. 그 다음에 그 독소를 자기도 삼켜야 되지 않습니까? 그런데 그 순간에 갑자기 해독제가 나와서 스스로 다치지 않습니다. 말하자면 자기가 문 침샘으로 남을 물어뜯으려고 했던 것이 그대로 해독이 안 되면 스스로 다치게 된다고 합니다.

남을 상하게 하려고 한 사람은 누구나 자기가 스스로 먼저 다칩니다. 여기 분비물 중에 그런 독소가 나오거든요. 그 독소가 어디로 가요? 자기를 상하게 하지요. 그게 원리예요. 그러니 뭐, 이렇게 된 걸 가지고 병이 돈다고 막 도살하고 그러니까 이게 다 재앙이 되지요. 여기에 대한 성찰을 좀 더 다른 차원에서 해야 돼요. 이거 언제까지나 이럴 수 있겠어요? 다 이게 순리가 아니죠. 그런 면에서 봤을 때에는, 부처님의 법안이나 불안으로 봤을 때에는 저걸 어떻게 제도를 해야 되나? 인간을 제도해야 되나, 동물을 제도해야 되나? 어느 쪽을 제도해야 되나? 양자가 다 제도돼야 되겠지만, 먼저 제도가 돼야 될 대상은 인간이에요. 인간이 저지르니까.

이번에 교불련 동계수련을 금선사에 가서 하는데, 자꾸 도살된 가축의 영가천도만 생각을 하고 있어요. 그래서 영가천도도 좋지만은 인간도 좀 성찰해야 될 거 아니냐? 근본을 일으킨 것은 인간 아니냐? 하고 반성들을 했어요. 이런 면에서 많이들 생각을 해야지요.

이 생명이라고 하는 것이 생물을 섭취 안 할 수는 없어요.

에스키모인들도, 이번 겨울에 많이 추웠잖아요, 식량을 어디서 구해야 될 거 아닙니까? 그들은 대강 북극에 있는 물범 같은 그런 거를 사냥을 해야 합니다. 뭐, 다른 식량이 없으니까요. 그럴 때 어떻게 하는지 아세요? 그냥 닥치는 대로 이놈저놈 찔러보다가 죽은 놈 건져 오는 게 아니고, 하나 선택을 한다고 그래요. 옛날 고대로부터의 방법이 그래요. '나는 너를 통해서 겨울 생명을 유지하게 되니까 너는 나를 먹여 살리는 수호신이 된다. 우리 식구를 먹여 살리는 수호신이 된다. 내가 너를 잘 모시마. 감사하고 고맙게 너를 모실 테지만 어쩔 수가 없다.' 하고 사냥을 합니다. 이건 보살로 승격시키는 거예요, 물범을. 그러곤 의식을 거행하고 딱 한 마리 잡아가지고 집에 옵니다. 고기는 그렇게 저장도 하고, 표피는 망토로 입어야 될 거고, 신으로 신어야 될 거고. 그리고서 사냥한 대상을 그런 감사한 신주로 모시는 거예요. 그러니까 서양에서 그냥 취미로 사냥을 한다거나, 이런 거 하고는 완전히 다르죠.

문명화되면서 그러한 생명 본위의 존중 사상이 많이 잘못 되어가고 있어요. 겨울에 가죽옷 입고 다니는 사람 탓할 수는 없지만. 이번 겨울 추우니까 짐승의 가죽을 옷으로 뒤집어쓰고, 그로 인해 얼마나 많은 짐승들의 가죽이 도살되었는지 모릅니다. 전부 인간 본위로만 생각하는 것이 얼마만 한 재앙으로 다가오는가 하면, 잘 모르긴 해도, 이번 겨울 몹시 춥고 한파가 닥치고 눈이 많이 오고 기상이변이 오고, 이런 재앙들에 대해 밝은 근원적 성찰을 하고, 그런 눈을 갖추고, 그런 성품을 인간들이 전부 함양해서 그것이 밝은 쪽으로 성찰이 되도록 그렇게 해야죠. 부처님은 그걸 연민의 눈으로 보시니까 아, 이건 이렇게 스스로 각성해서 제도되어야 되겠구나, 그렇게 보시는 거예요.

須菩提야 **於意云何**오 **如恒河中所有沙**를 **佛說是沙不**아

수보리야, 그대 뜻은 어떠한고. 갠지스 강의 모래를 부처님께서 설하신 바가 있느냐?

갠지스 강의 모래는 비유로 여러 번 말씀을 하셨지요.

如是니다 **世尊**하 **如來說 是沙**니다.

그렇습니다, 세존이시여. 여래께서는 그 모래를 말씀하신 바가 있습니다.

須菩提야 **於意云何**오 **如一恒河中所有沙有如是沙等恒河是 諸恒河所有沙數佛一世界 如是**가 **寧爲多不**아

수보리야, 그대 뜻은 어떠한고. 한 갠지스 강 가운데 모래가 있고, 모래수만한 갠지스 강이 있고, 또 그 모래수만한 부처님 세계가 있다면 얼마나 많다고 하겠느냐?

문장이 한 문장으로 붙어서 문장이 굉장히 길고 해석하기도 중첩이 되는 거 같은데, 이해하고 나면 간단한 말씀이에요. 많은 것을 형용하고 계신 말씀인데, 하나의 갠지스 강에 모래가 있고, 그 모래수만한

갠지스 강이 있고, 또 그 모래수만한 갠지스 강의 또 모래수만한 부처님 세계, 이렇게 되죠. 옛날에는 한강의 백사장에 모래가 있었는데, 그 모래만 한 수의 한강이 있고, 또 그 모래수만한 한강의 또 모래수만한 부처님 세계가 있다고 한다면, 이렇게 되죠. 영위다부아? 이거 얼마나 많다고 해야 되겠느냐?

❖

甚多니다 **世尊**하 **佛告 須菩提**하사되 **爾所國土中所有衆生**의 **若干種心**을 **如來悉知**하시나니

심히 많습니다, 세존이시여. 부처님이 수보리에게 이르시되, 이 국토 중에 있는 중생의 약간종심을 여래께서는 다 아시나니

이렇게 많은 불세계라, 부처님 세계가 그렇게 많다 이 말씀이죠. 일체동관분에서 부처님이 다 같이 분별하지 않고 보신다고 하는 것은, 이렇게 많은 세계를 일체동관으로 보신다 이 말씀이죠.

부처님이 수보리에게 이르시되, 이 국토 중에 있는 중생의 약간종심을, 약간이라고 하는 것은 여럿이라고도 하겠지만, 그렇게 많은 숫자가 아닌 것도 약간이라고 그러죠? 마음의 종류라고 하는 것을 나누면 굉장히 많은 것입니다.

그런 마음의 종류를 여래실지하시나니. 즉 여래께서는 다 아시나니. 당신이 그 마음을 닦아서 전부 거기에 대한 통찰을 하셨기 때문에 당신 마음에 비치는 중생의 그 수많은 국토 중의 그런 마음을 다

아신다 이 말씀이죠.

다 아시는데, 이것의 일차적 해석은 탐진치로 나눠서 탐심에 그만한 숫자가 있고, 화내는 그 마음에도 팔만 사천의 그것이 있고, 또 잘난 마음이나 어리석은 마음에도 그런 분류가 있는데, 그것은 어두운 마음의 양적인 분류이고, 이것도 깊이로 나누게 되면 여러 가지로 나누게 됩니다.

'소유중생所有衆生의 약간종심若干種心을.'

요즘은 심리학이 발달되었지만 마음의 근본 종류를 얘기해야 치료 방법을 얘기할 거 아닙니까? 그래서 이러이러한 상태에서 이런 것을 생각해서 그 마음을 내지 마십시오, 그 마음을 편히 하십시오, 뭐 이렇게 말합니다.

불교에서 얘기하는 것은 심리학에서 얘기하는 것보다 근원적으로 깊다고 하는데, 그걸 유식학이라고 그럽니다. 유식론이라고도 하고 유식철학이라고까지도 얘기합니다. 이것이 다 대승불교에서 많이 발달이 됐고, 또 원효스님도 『대승기신론』에서까지 이걸 굉장히 많이 다루고 주석하셨지요.

마음을 자꾸 연구하다 보면 불교의 깊이에 놀라지요. 프로이드나 융이 얘기했던 그런 범주에 비하면 말입니다. 심리학은 폭과 시간을 굉장히 넓게 잡아 무의식에서 집단무의식, 고대유산(archaic heritage), 자꾸 이렇게 내려가는데, 그건 시간적으로 보면 저 고대 유인원까지 연결돼 있는 그런 의식을 연구하지만은, 우리 불가에서의 유식은 마음 그 자체에 대한 심도를 깊이 내려가요. 근원에서 또 근원으로.

더 근원을 내려가면 어디까지 가야 근본 마음이라고 하겠느냐 하는 것을 다루지요.

우리가 눈으로 봐서 저것이 검다, 희다 이렇게 한 것은, 아주 표피에 있는 감각, 그걸 마음이라 하지 않고 식識이라고 합니다. 육식, 영어로 하면 센스sense에 가까운 것이죠. 여섯 가지 식을 "식스센스" 이렇게도 얘기하는데, 다 아주 표피에 있는 그런 대상을 보는 인식이고, 칠식으로 가면은 '마나스manas'라고 얘기하는데, 이것을 '뜻 의意'자로 번역을 하기도 합니다. 유가에서 보는 그것이 이理와 기氣에서 보는 사단칠정, 뭐 이렇게 해서 의식세계를 다루는 것이 좀 다릅니다. 불교에서의 마나스라고 하는 것은 완전한 마음의 상태가 아직 아니에요. 칠식이라고 하는 것이 무의식에 가깝게 보이지만은, 그것도 아직은 근본 마음은 아니고 현상계에 아직도 접촉되어 있는 그런 것이죠.

팔식을 대강 아뢰아식, 함장식이라 해서 그것을 좀 더 근원적인 식으로 보는데, 그것을 대강 마음이다, 심心이다고 합니다. 그런데 팔식도 본마음이 아니다, 더 내려가야 된다고 해서 9식도 만들고 10식도 만들고 해서 백정식이 되어야 된다, 뭐 이렇게 내려갑니다. 그럼 마음의 근원을 어디까지 가야 하는 것이냐? 개유불성皆有佛性이라고 선가에서 많이 그러죠. 그럼 개도 불성이 있어야 되는데 없다고 한 건 뭐냐? 그것은 화두고, 개유불성이면 이 책상에도 불성이 있어야 되는데 이건 어떻게 되는 거냐? 시계에도 불성이 있어야 되는데 이건 어떻게 되는 거냐?

실제로 물物의 이치를 다루는 것을 '물리'라고 그러잖아요? 영어로는 피직Physic이라고 하고. 물의 이치 이상을 '메타피직Metaphysic'이라

해서 형이상학이다, 정신적인 세계다 그렇게 했지만은, 이 피직에 들어가서도 얼마든지 그걸 파헤쳐요. 지금 어디까지 갔냐 하면, 양자역학에서 다루는 그런 데서는 아, 이것이 서로 교신을 해서 저희끼리 부닥치지 않고 하나의 강입자로서 물질을 형성한다. 이렇게 서로 교신을 한다고 하는 것은 무엇으로 봐야 되느냐? 의식으로 봐야 되느냐? 의식이라는 것은 마음의 일종인데 무슨 물질에 마음이 있다는 말이냐? 여기까지 갔지요.

그런데 이게 관찰하는 데 따라서 변한다 이 말씀이에요. 고정되어 있지 않고. 그것도 물질로 보는 것인데도 말이죠. 우리가 그럼 빛을 물질로 봐야 되느냐, 물질이 아닌 걸로 봐야 되느냐? 이렇게 되는데, 빛이 어떤 때는 파장이 되고 어떤 때는 입자로 보이지요. 그럼 이게 어떻게 해서 입자도 되고 파장도 되느냐? 관찰자가 보기에 따라서 그렇게 볼 수 있다는 것이지요. 그렇다면 고정불변의 실상은 뭐냐? 마음이라고 하는 개유불성에서 봤을 때, 이 세계의 총체적인 근원은 어디서 찾느냐? 이것이 이제 오늘날 모든 총체적인 관찰에서의 과제가 되는 거죠.

그것은 심리학적인 것, 생리학적인 것, 문화인류학적인 것, 그 모든 것이 거기 다 통투되서 통합적 사고로 어떻게 서로 상보한 해답을 찾을 것이냐? 과학과 종교, 이것도 이분되지 않고 몸과 마음도 이분되지 않고 물질과 공이라고. 부처님이 색즉시공 공즉시색 했는데, 왜 자꾸 이걸 분리하려고 그러느냐? 공이 곧 물질이고 물질이 곧 공이다. 사실이 그래요. 옛날에는 어디 그럴 수가 있느냐? 했는데 에너지로 볼 때는 그렇습니다.

그러니까 '약간종심'이라고 하는 것을 어떤 눈의 높이에서, 얼마만큼 깨친 밝음에서 보느냐에 따라서 이건 굉장히 여러 가지로 비쳐지게 되죠. 어느 정도 깨달았느냐? 부처님의 이 불안으로 봤을 때에는 이미 약간종심을 실지하고 계신다, 낱낱이 전부 다 알고 통투해 보고 계신다는 겁니다. 부처님의 깨달음, 처음이 뭐예요? 연기거든요. 원래 실체가 없다는 겁니다. 이것이 있음으로 저것이 생겼고, 그렇게 존속하다가 이것이 멸함으로써 저것은 사라진다, 그게 연기법인데, 그럼 이제 고집멸도 했을 때 고집은 뭡니까? 연기법의 생기는 순서가 고로 인해 집이 생겼죠. 생겨서 그대로 계속되는 것은 아니에요. 반드시 그게 멸하게 되어 있습니다. 그래 성주괴멸할 때는 그것하고 대응이 되는데, 그러면 다른 하나는 뭐예요? 사라지는 방향으로 가는 거, 멸도란 말이죠.

또 이렇게 성주괴멸로 돌아가요. 별도 그렇고 모든 천체도 그렇고, 거기 존재하는 모든 색(물질)은 다 그러니까. 거기에서 이 마음이라고 하는 것을 어디까지 마음이라고 해야 되겠느냐? 성리학에서는 이기론 理氣論을 얘기해서 이화理化, 재세이화, 뭐 재세이화는 성통광명性通光明에서 나왔습니다만, 세상을 이치로 화해서 본다는 거죠. 성리학에는 이에 대응하는 것이 기氣입니다. 기가 바로 에너지죠. 그렇게 해서 마음을 풀이하면 그것도 또 굉장히 복잡하지요. 하나는 성품이고 하나는 정이 되지요. 정情은 뭐냐? 느낌이고 감정이고 감성이다. 우리가 느낌이나 감정이나 감성은 이쪽에 있는 이理와 사실상은 같이 이렇게 포괄돼 있으면서도 다소 상반됩니다.

마음이 이걸 하라고 하지만은, 몸이 '난 그거 아닌데. 난 이래야 되겠는데' 하면 어떻게 돼요? 그런데 어떤 때는 몸이 그런 걸 마음이 좇아가요. '나 쉬어야 되겠어. 더 이상 이제 마음 네가 하자는 대로 하다가는 난 망가져. 더 욕심 부리지 않고 난 여기 좀 쉬어가야 되겠어' 하면 마음이 따라가야 돼요. 내(마음)가 사령관인데 하며 채찍을 휘둘러서 '넌 따라와야지' 그래 봐야, 이게 지금같이 상응되어 있어서 그 덩어리 속에서는 같이 조화를 이뤄야 해요. 성과 정이 조화를 이뤄야 된다는 거죠. 그래 이 놈이 덜커덩 고장이 나서 아이고 나 죽네, 그러면 안쪽에 있는 게 떠나야 되잖아요. 떠나면 새로운 어떤 것 속으로 들어가야 되고.

그 다음에는 또 문제가 되니까, 그래서 이 정이라고 하는 것도 사실상은 몸의 어떤 신호들인데, 그걸 그렇게 함부로 무시하면 그것도 곤란하다 그러지요. 물론 그걸 따라가는 것은 잘못하면 높은 세계에서 봤을 때, 시중드는 사람을 따라 다니는 것과 같은 경우가 된다고 해서 문제가 되지만, 조화를 이루어야 된다는 말입니다.

그래서 지정의知情意라고 하는 말이 생기고, 교육에도 원만한 인품을 이루어야 한다, 그런 식입니다. 유가에선 한쪽 이理에는 인의예지가 있고, 한쪽 정情에는 희로애락애오욕이라는 집단이 있습니다. 이걸 통합한 것이 하나의 커다란 의식세계인 상想, 념念, 사思, 려慮, 이 4개의 카테고리를 마음에서 만들어냈지요.

상想이라고 하는 것은 '생각 상'자인데, 이것은 상당히 근원적이고, 념念이란 것은 찰나적, 순간적이죠. 그 다음 사思는 영어에서 think라고 하는데, 분화가 안 돼 있어요. 영어에서는 '념'도 think요 '사'도 think에요. 그런데 그게 조금 다릅니다. 그 다음 '려'는 그것도 좀 바깥쪽으로의

생각들인데 잘못하면 염려스럽다, 불안하다, 뭐 이런 것으로 되는
거죠. 해서 이것들이 모여서 이루고 있는 것이 우리 생각이요, 마음이
라고 한다고 유가의 이기론에서는 이렇게 설정하는데, 부처님은 유식
론에서 그걸 낱낱이 파헤치고 계시지요.

何以故 如來說 諸心이 **皆爲非心**일세 **是名爲心**이니라

왜 그러냐? 여래께서 말씀하신 바 모든 마음이라고 하는 것이
그 마음이 아님일세 그 이름을 마음이라고 하느니라.

　그게 다 분별일 수가 있다 이 말씀입니다. 아주 밝은 당체, 여래의
그 마음이라고 이름 붙일 수 없는 마음, 그 자리가 아니고 그게 다
중생심의 마음의 모습들이다, 그렇기 때문에 이름을 마음이라고 하는
것이다는 거죠. 중생은 그걸 다 마음으로 알고 있는데, 여래께서
보시면 '그게 마음이 아니다. 중생의 네 마음이다'라고 하시겠지요.

所以者何오 **須菩提**야 **過去心不可得**이며 **現在心不可得**이며 **未
來心不可得**이니라

왜 그런고 하니 과거의 마음도 가히 얻을 수 없으며, 현재의 마음도
가히 얻을 수 없으며, 미래의 마음도 가히 얻을 수 없기 때문이니라.

위의 일체동관분에서는 공간을 투시하고 비추어 보는 5안을 말씀하시고, 마지막엔 시간 속에 흐르는 마음의 본체를 불가득이라고 말씀하셨습니다. 그것이 다 여래께서 말씀하신 마음이 아니기 때문입니다.

여기에 대해서는 널리 회자되는 덕산거사와 떡 파는 노파의 선문답이 있지만, 노파의 질문은 사실상 대답이 불가능한 것입니다.

과거, 현재, 미래 3세의 마음이 다 불가득인데 어느 마음에 점을 찍고자 점심을 요구하는가라고 한 방망이를 친 것이지요.

과거, 현재, 미래 속에 존재하는 마음은 어떤 것인가?

이것은 하나의 흐름으로 보는 겁니다. 쭉 흘러가서 강이 지금 이렇게 왔는데, 여기 지금 와 있는 강을 현재라고 할 수가 없잖아요. 이미 흘러가버리죠. 시간도 마찬가지고, 마음도 그렇습니다. 그래서 그건 잡을 수 없는 것이죠. 또 어느 것을 마음이라고 그렇게 할 수가 없습니다. 그러나 우리가 잡아야 될 것은 무엇입니까? 그렇게 흘러가버리는 것이 아니고 그 속에 있는 실상의 이름 붙일 수 없는 마음의 밝은 당체, 그 자리를 잡아야죠.

간디 같은 분은 그걸 진리파지, 사티아그라하satyāgraha로 이렇게 얘기하는데, 진리를 잡으면 그것이 너를 영원케 하리라. 허망하고, 제행무상, 제법무아에서 무엇을 진정 네가 잡아야 될 마음이라고 보겠느냐? 여래께서 보시는 그 마음을 우리가 불가사의 불가칭 이렇게 하지만은, 그러나 여래의 밝은 당체의 그 자리, 이름 붙일 수 없는 그 마음이라고 하는 자리가 있다 이 말씀이죠. 그것을 여러분들이 잘 들여다봐서 찾아내야죠. 여러분 스스로가 깨달아야 합니다.

그러나 수행의 입장에서 보면 백성욱 선생님께서는 항상 '현재,

현재에 진실하라, 현재는 과거의 결과이고 미래의 원인이 되기 때문에'
라고 말씀하셨지요. 과거의 마음은 이미 죽은 것이고 미래의 마음은
아직 오지 않았기 때문에 현재, 현재에 진실하라.

19. 법계를 통하여 교화하신 말씀

*이 분에서는 복덕 무無의 진정한 실상에 대해서 말씀하십니다.

───────────────

須菩提야 於意云何오 若有人이 滿三千大千世界七寶로 以用布施하면 是人이 以是因緣으로 得福이 多不아

수보리야, 그대 생각은 어떠한고. 만일 어떤 이가 삼천대천세계에 일곱 가지 보배를 가득 채워 보시하면 이 사람이 이 인연으로 얻는 복이 많다고 하겠느냐?

이는 아마 보시의 최대치일 겁니다. 그럼 이런 보시의 인연으로 득복得福이 다부多不아? 이렇게 물었죠. 인연이라고 하는 것은 인과라든가 연기라든가 불교에서의 용어에서 다른 표현으로 많이 이루어집니다만, 어떤 원인이 있어서 그 원인이 바깥에 어떤 상관관계를 만나서 맺어지는 생기, 또는 소멸의 전체상을 얘기하는 거죠. 인연은 사람과 사람의 관계만 인연으로 맺어지는 것이 아닙니다.

우주만상에 있는 모든 상호관계가 연기라고 하는, 부처님이 깨달으

신 최초의 연기법으로 이루어져 있습니다. 이것이 있음으로 저것이 있고, 이것이 생함으로 저것이 생한다. 이것이 없음으로 저것은 없고, 이것이 멸함으로 저것은 사라진다. 여기에는 생기에서 생겨서 일어난 것만이 아니고 그것이 어느 시간 동안 현상계에 존재하다가 언젠가는 소멸하게 되는데, 이 소멸하게 되는 데까지를 전체로 보는 것입니다.

사람이라고 하는 수명은 일정해서 어느 정도의 인연 소치가 한 일생에 이루어지는데, 그것이 지속적인 것, 불변적인 것이 아닌 것은 누구나 다 알고 있죠. 그러나 우주제상에 있어서 탄생되는 별과, 별의 소멸에 이르기까지 모든 것은 연기에 의해서 생하고 그렇게 소멸합니다. 옛날엔 우리가 별이 탄생하고 별이 죽는다, 이건 거의 생각하기 힘들었지마는 오늘날 천체 물리학에서는 당연한 것을 말하고 있죠.

어떠한 절대적인 힘이 있어서, 절대적인 초월자가 있어서 그렇게 만드는 것이 아니라, 이 인연과 연기의 법은 부처님이 깨달으신 바 스스로의 원인이 그러한 결과를 만들어 내는 거예요. 인因이 하나의 씨가 된다면 연緣은 그 바깥에 있는 소이연이 되는 것이죠. 씨라고 하는 것이 땅에 묻혀서 그것이 발아할 때까지는 그만한 습도와 온도와 공기와 모든 조건이 맞춰져서 그것이 발아하겠죠. 인만 가지고는 발아하지 않습니다. 반드시 연이 있을 때 그것이 발아하게 되죠. 또 연은 반드시 그 인을 내포하고 있습니다. 그냥 연이 생긴 것이 아니라 그렇게 생기게끔 된 인이 있기 때문에 생기지요.

부처님 깨달으신 연기법에는 12인연이 자세히 나와 있죠. 여기서 12인연까지 다 얘기할 필요는 없겠고. 인연이라고 하는 말은 한자로서 우리가 많이 쓰는 용어지만, 여기에는 불가에서 얘기하는 여러 가지 상관관계가 들어가 있기 때문에 이걸 얘기하는 거예요. 이러한 보시바라밀을 행했을 때, 그 인연으로 얻는 복이 심히 많다고 하지 않겠느냐 하셨습니다.

如是니다 世尊하 此人은 以是因緣으로 得福이 甚多니다

그렇습니다, 세존이시여. 이 사람은 이 인연으로 얻는 바 복이 심히 많다고 할 수 있겠습니다.

須菩提야 若福德이 有實인데는 如來 不說得福德多니 以福德이 無故로 如來說 得福德多니라.

수보리야, 만일 복덕이 실로 있을진데는 여래께서는 복덕이 많다고 말씀하시지 아니 하셨을 것이니, 이 복덕이 없는 연고로 여래께서는 복덕이 많다고 말씀하신 것이니라.

이 무슨 말씀인고 하니, 이 복福이라고 하는 것은 보시바라밀로서 우리가 누리는 어떤 행복이라든가 향수하고 받아들이는 수복이죠. 이 덕德이라고 하는 것은 거기에 비해서 우리가 '공덕' 할 때의 복덕하곤 좀 다르게, 거기 수행하고 닦은 마음에 가까운 것이 될 것입니다. 그 사람이 덕을 갖춘다고 그럴 때는 복하고는 좀 다르죠.

이를 합쳐서 복덕이라고 그냥 붙였는데, 이것은 물질로 이만한 보시바라밀을 해서 얻는 복덕을 부처님께서 비유로 말씀하신 것이지마는, 이건 유량적인 거라 이 말씀이에요. 한계가 있는 것이에요. 아무리 많은 복덕을 지었다고 하더라도 이 복덕은 그걸 꺼내서 쓰는 시간과 양이 다할 때는 소멸된다는 거죠. 우리가 수많은 금액을 저금통장에 넣었다 하더라도 그것을 하나하나 꺼내 쓰면 어떤 시간이 다할 때 그 복덕의 통장은 끝이 나는 거죠. 무량한 것이 아니라 한계가 지어져 있고, 그것이 감소되어 결국 고갈되기 마련이지요.

지금 부처님이 말씀하시고자 하는 것은, 물론 그러한 복덕을 지음으로 인해서 보시바라밀을 통해 탐심을 제거하는 수행으로는 그게 중요하지만은, 그것보다도 근본적인 공덕, 말하자면 마음으로 닦아서 그것이 무량한 어떤 복덕을 말씀하시고 싶으신 거죠. 말하자면 무위복이라고 하는 그것은 아무리 찾아 써도 그것은 끝나거나 고갈되거나 줄어드는 법이 없지요. 그건 뭐 공덕이라 표현하기도 뭐하고, 복덕이라고 표현하기도 뭐한데, 그런 것이 있다는 거예요. 무위복이라고 하는, 유위복하고는 근본적으로 다른.

유위복이라고 하는 것은 많다 적다, 이렇게 표현할 수 있지요. 그 사람 재산이 많다 적다, 그 사람이 아주 거부다 아니다, 뭐 이렇게 표현할 수 있지만은, 무위복에는 많다 적다라고 표현할 수가 없어요. 수량으로 계량할 수가 없어요. 그러니까 여기 복덕이 많으냐? 하고 질문을 했을 때 그 복덕은 많다고 표현할 수가 있죠. 계량화할 수 있는 복덕이니까. 그러나 실로 복덕의 근원인 마음을 닦는 데 밝아져 있는 그런 공덕이라고 할까, 그런 복덕은 많다, 이렇게 표현할 수가 없죠. 그 실로 있을진대(有實) 하는 것은 실상을 애기하는 겁니다.

하루아침에 어떤 재앙이 일어나서 거대한 부를 누리던 것이 허깨비처럼, 물거품처럼 사라지는 예는 얼마든지 있을 수 있어요. 이 물질화되어 있는 색상의 현상계에서는 순간적이에요, 그런 것은. 그럴 때 사람들은 아, 개시허망이구나, 혹은 여몽환포영이구나 하며 유위법에 대한 것을 그때 절실히 느끼게 되는데, 그것이 아닌 것을 닦은 사람에게는 그것을 관조할 힘이 있지요. 아, 그것은 원래가 그런 것이었어. 원래 연기로 인해서 생했던 것이고 그러한 모습이라고 하는 것이 잠시 머물렀던 것뿐이야. 그것은 사라질 것이었어. 이렇게 관한다면 그게 응작여시관이에요.

그러기 때문에 현상에 휘둘리지 않을 수가 있다, 부동이다, 이렇게 마지막 결론부에 말씀하시고 계신 것이죠. '이 복덕이 많다'라고 표현할 수 없는 그런 마음을 닦아서 무위한 밝음의 그 무위법, 이것은 부처님께서 여기 이 마지막 구절에 이 '복덕福德이 무고無故로 여래설如來說 득복덕다得福德多니라' 이렇게 말씀하셨죠. 복덕에 탐착함이 없기 때문에 복덕이 많다는 말씀이죠. 이 점은 무위복에서 봤을 때는 그렇게 보는 거죠. 복덕이 있고 없고, 많고 적고, 이렇게 표현하는 것 자체가 별로 의미가 없다고 보는 것이니까, 복덕이 없는 고로 여래께서는 복덕이 많다고 말씀하신 것이지요.

우리가 상식적으로, 일반적으로는 복덕이 많다고 그냥 그러는 거죠.

실제로 복을 많이 지은 유복한 사람은 그 풍기는 분위기에서 그런 걸 발산합니다. 저절로 그것이 나타나기도 하고요. 복을 많이 지은 사람은 그 앞에 가면 마음이 편안해진다는 그런 말이 있어요. 다 그런 건 아니지만. 그런 사람은 마음까지 많이 닦았겠죠. 복혜쌍수가 돼 있는 사람은 하나하나 여유롭고 너그럽게 사람들을 안정시켜 주는 그런 힘이 있어요.

우리가 지금 『금강경』을 독송한다고 하는 것은 굉장히 높은 고급의 주파수에 우리 주파수를 맞추는 일입니다. 부처님의 그 고급 정신이라고 할까요, 고급 기운의 밝음에 우리 중생의 주파수를 맞추기 때문에 저급 주파수들은 맞아 들어가질 않아요. 그리고 저급 주파수들이 침범하질 못해요. 저급 주파수들은 비켜가거나 마주치지 못합니다. 주파수는 서로 동조가 돼야 상응이 되지요. 주파수에는 사이클이 있어서 그걸 맞추지 않나요? 하나의 채널을 돌리는 것처럼.

『금강경』을 읽는 기운이 높기 때문에, 그렇게 해서 아마 소명태자가 이 부분을 '법계통화法界通化'라고 이름을 붙이지 않았나 생각합니다. 사실 여기는 조계종 표준본대로 하면 '복덕 아닌 복덕'인데, 그러나 그 복덕의 밝은 주파수가 높아져 있다면 그건 법계통화가 될 수가 있죠. 그건 복덕이라고 보기보다는, 이름 붙일 수 없는 밝음의 공덕이라고 볼 수가 있겠지요.

20. 색과 형상을 떠나라는 말씀

*대강 모양으로 되어 있는 우리 현상계는 그게 다 물질적 색으로 존재하고
형상으로 보이죠. 그러나 이것을 떠난다 이 말씀이죠. 여기 집착하지
않는다, 또는 이걸 초월한다.

須菩提야 於意云何오 佛을 可以具足色身으로 見不아 不也니다
世尊하 如來를 不應以具足色身으로 見이니 何以故 如來說 具足
色身은 卽非具足色身일세 是名具足色身이니이다

수보리야, 그대 생각은 어떠한고. 부처님을 가히 구족한 몸뚱이로
써 보겠는가? 아닙니다, 세존이시여. 여래를 구족한 몸뚱이의
모습으로는 볼 수 없겠나이다. 왜 그러냐 하면, 여래가 말씀하신
바 모든 구족한 모습이라고 하는 색신은 즉 갖추어진 몸의 모습이
아님일세 그 이름을 구족색신이라고 할 뿐입니다.

여기 구족具足이라고 하는 건 다 갖추어져 있는 완전한 모습이라고
하는 뜻인데, 이걸 원융圓融이라고도 표현하고, 조금 더 어려운 상위에

서는 원적圓寂이라고도 합니다. 지금 석굴암 본존불의 그 모습을 형용하는 거기에서 원융이라는 말을 썼죠. 구족했다고 하는 건 조금 세간의 그런 표현이고, 다 갖추어져 있다는 게 구족인데, 부처님께서는 마음을 많이 닦으시고 전생에도 한량없는 수행과 공덕과 그런 결과로 이생에 오셨으니까, 뭐 태어나실 때부터 그런 걸 다 갖추신 모습이시죠. 또 왕자로서 출가해서 고행을 하시고 마음의 탐진치를 다 소멸하시고, 정말 어떤 어두운 그림자도 없이 그렇게 밝은 당체에 계합하는 그런 깨달음을 얻고 나서 갖추어지기 시작한 그 색신의 모습은 더 말할 나위가 없겠죠.

같은 쌍둥이라도 여건이 다른 두 환경에 갖다 놓고서 자라게 하면은 모습은 꼭 같지마는 그가 발하는 건 많이 달라집니다. 그 환경에 따라서, 양질의 교육을 받은 사람과 그렇지 못한 사람이 풍기는 분위기, 기운 주파수는 대단히 달라요. 하물며 이 색신의 모습은 굉장히 변하죠. 아이 때도 모습이 몇 번 변해요. 어린아이 때 태어나서 자라는 걸 보면 몇 번 변하고, 또 성장하면서 변하고. 청년기, 장년기, 노년기의 모습이 또 변합니다. 사람이 닦아가는 만큼 모습이 변해요.

그 눈, 코, 귀, 입의 근본적인 모습은 비슷할지 몰라도 전체 용모가 자기 마음 씀에 따라서 그 모습이 변해 가는데, 부처님이 구족색신이라고 하는 외양을 갖춘 것은, 당신이 닦은 만큼의 결과로서 구족색신을 갖추셨겠죠. 여기는 80종호라고 하는 그 모습의 훌륭한 여러 가지 내용을 나열한 것이 있습니다. 맨 처음에 제상이 나오지만은 그 상은 32상이라고 했고, 그 다음에 32상을 다시 내용별로 형용을 한 것이 80종호인데, 여기 아마 구족색신은 80종호까지 다 해당되는 그런

것이겠죠. 모습만이 아니라 여긴 음성까지도 말씀하시고, 또 설법을
하실 때 상대를 따라서 대응해서 설법을 하시는 거기까지도 표현하고
있습니다. 의젓한 풍모, 자세까지도. 생긴 모습만이 전부가 아니에요,
80종호에 들어가게 되면. 또 음성을 어떻게 맞추어서 나투시는가,
거기까지도 나타나고. 아마 음성이 좋으셨겠죠. 1,250인의 제자를
상대해서 법문을 하셨다고 생각한다면 아마 굉장히 좋은 음성이었을
거는 당연하고, 그런 것들이 다 구족돼 있다 이 말씀이에요. 리더로서
의 어떤 자질까지 다 구족돼 있다.

須菩提야 於意云何오 如來를 可以具足諸相으로 見不아

수보리야, 그대 생각은 어떠한고. 여래를 가히 모두 다 갖춰져
있는 모양의 특색으로 볼 수 있겠느냐?

不也니다 世尊하 如來를 不應以具足諸相으로 見이니 何以故오
如來說 諸相具足은 卽非具足일세 是名諸相具足이니이다

아닙니다, 세존이시여. 여래를 모든 모습이 갖추어져 있는 상으로는
볼 수 없으니(여래의 진정한 모습은 바깥으로 갖추어져 있는 그런 특성으
로는 볼 수 없으니), 왜 그런가 하면 여래께서 말씀하신 바 갖추어진
그 모습이라고 하는 것은 그것이 다 갖추어져 있는 외연의 구족이
아님일세 그걸 이름해서 모든 상이 구족했다고 말할 뿐입니다.

여기 이색이상분도 이전에 나왔던 말씀이십니다. 32상으로 여래를 볼 수 있느냐? 했을 때 이미 볼 수는 없습니다. 여래의 진정한 모습은, 바깥으로 드러나 있는 그런 갖추어진 모습으로 여래의 당처를 볼 수는 없습니다. 그런 특별한 위의와 특별한 어떤 구족한 모습이 여래라고만 생각한다면, 특별에 대해서 진실로 당신을 구현시켜 보이고자 하는 그건 만나지 못하는 거죠.

사실은 가장 형상이 없는 형상, 모습이 없는 모습, 거기에 당처가 있는 것이고 밝음이 있는 것이기 때문에, 형상이 있고, 벌써 모습이 있으면 분별심을 일으키게 될 것이고, 아, 저러한 모습이 부처님이시구나, 이렇게 될 거고. 거 사진을 찍을 거 아닙니까, 자기 마음속에. 물론 거룩하신 그런 모습을, 부처님을 표현한 조상 앞에서는 인간의 마음이 그만큼 고양되니까 거기다 예배를 올리고 부처님 대하듯이 하는 그런 법도를 만들었습니다만, 애초에 부처님이 열반하셨을 때에는 그런 걸 금하셨어요.

또 중생이 감히 어떻게 부처님을 모습으로 나타내서 형용할 수가 있느냐? 그건 우리가 할 수 없는 일이다, 이렇게 했었어요. 그래서 맨 처음에 그 설법상을 보면, 보리수나무가 있고 그 앞에 사람들이 듣는 모습이 형용되어 있어요. 상징으로 부처님을 보리수나무로 그렇게 표현을 했어요. 그러다가 열반하신 1~2세기 후에 인도 남쪽에서는 마투라 불상이 조성됐고, 또 알렉산더내왕의 원정이 이루어지면서 그 간다라 지방에 불상이 조성되기 시작했죠.

그네들이 생각하기에는, 희랍의 많은 신들이 전부 형상화되어 있는데, 이렇게 위대한 세존이 부처님이 되셨다면 왜 이걸 형상화하지 않느냐? 그래서 맨 처음에 간다라 불상은 다소 그리스적인 표현을 가졌다고 볼 수가 있습니다. 코라든가 뭐 어떤 부분에서. 그걸 어떤 사람은 일러서 석굴암 불상도 간다라 불상의 영향이 좀 있다고 하지마는, 글쎄 반드시 그렇다고 볼 수는 없고, 불상의 어떤 양식 중에는 간다라 불상이 많은 영향을 미쳤던 건 사실입니다. 그렇게 해서 이제 그것도 시대에 따라서, 그 민족에 따라서 모습을 형용하죠.

예를 들어서 태국에 가면은 불상이 다 태국 사람을 닮았어요. 저쪽 인도네시아 족 자카르타에 보르부드르가 있는데, 그쪽에 가면은 아주 그쪽 사람을 닮았어요. 입술도 이렇게 두툼하고 얼굴 인상이 같죠. 앙코르와트에 가면 또 앙코르와트에서 보는 크메르인을 많이 닮았어요. 그럴 수밖에 없는 게, 조성한 사람이 자기 무의식중에 밤낮 보고 있는 그것이 녹아 있으니까 닮을 수밖에 없죠. 그래서 부처님을 조성하는 사람은 계속 원만하게 잘생겨야 합니다.

부처님을 조성하는 사람을 불부라고 하는데 그 불부의 모습을 닮게 되어 있어요. 한때 어떤 분의 말씀이, 강릉 포교당에 제가 조성한 큰 불상이 있었는데, 딱 저를 닮았다고 해요. 제가 닮게 하기 위해서 그런 게 아니라 분위기가 닮을 수밖에 없어요, 그게. 인간의 무의식중에 일어나는 것의 바깥으로의 표현들인데, 그렇다고 그걸 부처님의 당처로 볼 수는 없잖아요.

여기 지금 구족색신을 말씀하신 구절이니까 이걸 얘기하는데, 당처로 볼 수는 없어요. 그러나 굉장히 심원한 표현에 있어서는 인간의 정신을 고양시키죠. 바로 지금 노벨상을 수상할 때 나타나는 스웨덴 왕의 이름이 누군지 아세요? 구스타프 왕입니다. 그 구스타프 왕이 청년 시절, 왕세자 시절에 여기 서봉총인가 금관총인가 발굴할 때 고고학자로 와서 참여를 했었는데, 그때 석굴암 본존 앞에서 그런 얘기를 했어요. 그분은 불자가 아니고, 물론 그쪽 가톨릭이시겠죠. 그럼에도 불구하고 손수건을 꺼내서 석굴암 본존상의 무릎 위에 올려 놓고 거기 이렇게 손을 올리면서 '어떻게 인류가 이렇게 존엄한 상을 만들 수가 있는지. 나는 인류가 이러한 존상을 표현할 수 있다는 데 대해서 경배를 올리노라. 그 인간정신의 숭고함에 경배를 올리노라' 라고 했어요. 아주 참 좋은 표현이지요.

지금 일본에 국보1호가 뭡니까? 반가사유상인데, 그 반가사유상이 우리 여기 반가사유상과 꼭 닮은 모습입니다. 우리는 주물로, 동상으로 이루어져 있지만은 거기는 목조로 이루어져 있지요. 나무의 재질도 우리나라에 나는 적송에 가깝다고 그러고, 일본에 나는 목재가 아닙니 다. 결국은 우리하고 연관이 되어 있다고 봐야 하는데, 거기에도 아까 얘기한 존상의 분위기가 있기 때문에, 거 말로 표현할 수 없는 그런 숭고함과 우아함과 원융함과 사유의 깊이가 있죠.

로댕의 생각하는 사람은 지옥의 문에서 내려다보면서 지옥으로 떨어지는 사람을 보는 고뇌상이에요. 사실은 '생각하는 사람'이라고 이름 붙였지만은 거긴 좀 고통스러운 고뇌상이고, 반면 반가사유상은 미륵반가사유상이기 때문에 이제 올 세상의 그런 이상세계, 평화의 세계, 풍요와 안정의 세계, 누구에게나 사랑을 교류할 수 있는 그런 부처님의 존상이라. 그러니까 야스퍼스가 그랬나요? 일본열도가 가라 앉는 것보다 그 국보1호가 가라앉을 것이 걱정이로다, 그렇게까지 표현을 했잖아요? 그건 하나의 상이 가지고 있는 정신적 높이를 얘기한 거예요. 그 상이 우리에게 영향 받아서 거기에 있는 것이다, 이렇게 했을 때에는 우리가 구족색신 구족제상에 대해서도 의미와 가치를 부여할 수는 있죠.

그러나 마음을 수행하는 입장에서는 그것은 당처가 아니다. 형용으로 보이는 것은 당처가 아니다. 지고한 그 경지에까지 표현할 수는 있지마는 그것이 여래의 당처라고 볼 수는 없다. 해서 우리 법당에서는 『금강경』을 부처님으로 모시되 그러한 상을 가진 부처님을 모시지 않는다, 이렇게 됐죠. 밝은 법을 닦고 수행하고 그 당처에 이르기까지 백성욱 박사님이 일러주신 그 법이, 그게 바로 이색이상분입니다. 색을 떠나고 상을 떠나라.

21. 말씀하신 바가 아니하심과 같은 말씀

*거꾸로 이걸 풀이하면 말씀하신 바가 말씀하신 것이 아니다, 이렇게도 되죠. 설법이라고 하셨지만은 설법 아닌 설법이다.

────────────────

須菩提야 汝勿謂하라 如來 作是念하되 我當有所說法하라 莫作 是念하라 何以故오 若人이 言如來 有所說法이라하면 則爲謗佛이 며 不能解我所說故니라.

수보리야, 너는 여래가 이런 생각을 짓되, 내가 마땅히 설한 바 법이 있다고 말하지 말라. 그런 생각을 하지 마라. 왜 그러냐? 만일 어떤 이가 여래가 설한 바 법이 있다고 말한다면 곧 부처님을 비방한 것이며 내가 설한 바 뜻을 이해하지 못한 연고니라.

수보리야, 너는 이렇게 말하지 말라. 여기서 물勿은 부정을 얘기합니다. 뒤에는 막莫이 또 나오죠. '막작시념莫作是念하라'에서. 대강 언표 에 대해선 물을 쓴다고 합니다. 이렇게 말하지 말라.

여래가 이런 생각을 짓되 내가 마땅히 설한 바 법이 있다고, 내가 이런 생각을 짓는다고 말하지 말라.

막작시념하라. 그런 생각을 하지 마라. 여기 막작莫作이라고 작이 붙은 것은, 행동으로 대강 금할 때에 '막'자를 많이 붙인다고 합니다.

하이고? 왜 그러냐? 만일 어떤 이가 여래가 설한 바 법이 있다고 말한다면 '즉위방불'이며, 즉 부처님을 비방한 것이며 곧 내가 설한 바 뜻을 이해하지 못한 연고니라. 내가 설한 바의 뜻을 능히 알지 못하기 때문이니라. 여래가 설한 바 본래의 뜻은 그런 언표가 아니라는 이 말씀이죠.

당처를 말씀하시고자 한 것이고 마음을 닦아서 밝아진 그 자체의 길을 말씀하신 것이기 때문에, 그 방법 그것은 바로 맨 앞에 얘기한 벌유자와 같은 것이니까, 이 언표에는 어디까지나 한계가 있다 해서 말씀하신 바가 말씀 안 하신 것과 같다고 이렇게 보는 것인데, 설법이라고 하는 것이 사실은 당처를 완전하게 표현할 수는 없지 않습니까? 해서 마지막에 염화시중의 꽃을 드셨던 것도, 그렇게 해서 이심전심으로 전할지언정 어떤 언표로는 전할 수가 없구나, 그걸 보이신 거지요.

須菩提야 說法者는 無法可說이 是名說法이니라

수보리야, 설법이라고 하는 것은 가히 설한 법이 없음일세 설법이라고 이름하는 것이니라.

그러기 때문에 불국사에 설법당 강당을 무설전無說殿이라고 붙이신 것인데, 저번에 가서도 제가 그 얘기를 했어요. 세상이 강당을 무설전이라고 붙인 걸 이해할까? 다른 데에서는 무설설 하면 잘 못알아듣잖아요? 많은 기독교인들도 그때 왔었고 그랬는데, 설명을 했어요. 우리는 무설설을 설하는 이 법당을 무설전이라고 표현한 것이다. 말할 수 없는 것을 말하는 것이다. 그랬더니 좋다고 하더군요.

爾時에 **慧命須菩提 白佛言**하되 **世尊**하 **頗有衆生**이 **於未來世**에 **聞說是法**하고 **生一信心不**닛가

이때 혜명 수보리께서 부처님께 사뢰어 여쭙되, 세존이시여, 자못 중생이 오는 세상에 이 법을 듣고 믿는 마음을 내겠습니까?

앞에는 장로 수보리로 되어 있죠? 여기 앞에서 혜명 수보리, 그러니까 붙이는 앞 명호가 많은데, 말하자면 elder brother 할 때, 영어에서 맨 위의 형제, 장로라고도 할 수 있고, 연세가 제일 많은 분, 이렇게도 할 수 있는데, 여기에 혜명은 숙혜가 밝으시니까, 수보리 존자에게는 해공제일만이 아니라 제일의 것이 몇 가지가 있습니다. 여기서는 '혜명' 수보리 이렇게 했는데, 용모도 아주 출중하셔서 색상으로도 제일이라고 합니다. 그럴 수밖에 없는 것이 이 앞에 나오는 수달타 장자의 아우 되는 사람의 아들이라고 하니까 가문이 아주 상당히 좋지요. 수보리 존자는 부모가 다 용모가 훌륭하셨겠죠. 어떻게 보면 복혜가 다 갖추어졌던 그런 분이 아니었는가 합니다. 그러나 혜명 수보리는 색상보다 숙혜에 중점을 두신 표현이지요. 그리고 또 공 도리를 깨치기가 쉽지 않은데 해공제일이 되셨으니까, 근원으로는 해공제일이 공덕으로 말하면 무위법의 제일이라고 볼 수가 있죠.

허공에서는 아무리 많은 에너지를 갖다 써도 허공은 그대로입니다. 무위는 허공과 같단 말이지요. 자기 마음이 청정하게 탐진치가 다 비어서 무위의 허공과 같이 됐을 때 거기서 나올 수 있는, 무량하게 발할 수 있는 에너지, 그것은 아무리 써도 줄어들거나 고갈되지 않는다 는 겁니다. 타고난 장자가 거기에까지 이르렀으니까 진짜 복과 혜가 참 두루 갖추어졌다고 볼 수 있죠. 이제 질문을 계속합니다. 세존이시 여, 자못 중생이 오는 세상에 부처님의 이 말씀을 듣고 이 법을 믿는 마음이 생기겠습니까?

佛言하사되 **須菩提**야 **彼非衆生**이며 **非不衆生**이니

부처님이 이르시되, 수보리야, 저는 중생이 아니며 중생 아님도 아니니

부처님의 법안과 불안으로 보실 때는 중생이 중생이 아니겠죠. 중생도 깨치면 다 부처니까. 그저 임시중생이라. 그렇다고 해서 비불중 생이니, 아직 깨치지 못하고 중생 모습으로 있으니 중생이 아님도 아니죠. 안에 있는 내용은 앞으로 다 불佛이 될 소지를 갖추고 있지마는 아직 중생의 껍데기를 그대로 쓰고 있으니까 중생 아님도 아니다.

아직도 탐진치와 미혹과 어두운 그림자를 지니고 있으니까 중생이 아님도 아니라는 말씀입니다.

何以故오 **須菩提**야 **衆生衆生者**는 **如來說 非衆生**이 **是名衆生**이니라.

왜 그러냐? 수보리야, 중생 중생이라고 하는 것은 여래가 말씀하신 바 중생이 아님일세 이름이 중생이니라.

사트바가 중생인데, 보디사트바는 깨달은 중생이고 그게 보리살타, 바로 보살이죠. 그런데 왜 중생이라는 이름이 붙느냐 하면, 보디가 됐는데 중생의 모습을 하고 있으니까요. 여기 제상이나 색신을 다 갖추고 있다고 하더라도 모습은 중생 아닙니까? 부처님도 중생의 모습으로 오셔야 중생을 제도할 테니까요. 중생 속에 있어야 중생을 제도할 수 있는 것이지, 중생의 모습을 안 가지고 어떻게 중생을 제도할 수가 있겠습니까? 방편으로 중생의 모습을 지녀야죠. 그렇다고 해서 내용도 그럼 중생이냐? 중생은 아니잖아요. 이미 깨친 분이고 당처에 이른 분이시지요. 또 밝아서 이미 육신과 이런 경계를 넘어선 분이라고 한다면 내용은 중생이라고 볼 수가 없지요. 그러니까 '여래설 비중생이 시명중생이니라'고 하신 겁니다.

그런데 그렇게까지 이르려면 그게 다 앞의 제19분처럼 법계통화가 돼서 전부 교화가 되어야 할 텐데, 법계 모든 중생들이 다 제도되고 교화되고 멸도되어야 할 텐데, 아직 그렇게 되질 못했기 때문에 이제 또 수기를 받으신 다음 부처님이 오셔서 교화하실 세계, 용화세계를 말씀하셨고, 또 중생은 끊임없이 중생으로 태어나고 죽고 그러니까, 이 육도윤회, 돌아가는 수레바퀴 속에 있는 동안에는 중생의 모습을 지니고 있을 수밖에 없지요.

이걸 다 건져 올려서 하나의 지상정토, 밝은 세계에 이르도록 하는 것이 오실 부처님의 소명이시고 보든 보살마하살의 소명이시겠죠. 중생이 그걸 알아서 정진을 하고 당처에 접할 수 있도록 자기 정신을 정화하고 고양시키고, 그런 고급 주파수에 자기를 동조시킬 수만 있다면 주위는 그렇게 변해갈 것입니다. 고급 주파수에는 아까 얘기한 대로 저급 주파수가 침범하지 못해요. 저절로 고급 주파수에 맞는 발원이 나오게 되고, 그렇게 행하게 되고, 그렇게 생각하게 됩니다. 그것이 바로 여래의 호념과 부촉에 부합되는 일이죠.

22. 가히 얻을 법이 없다는 말씀

須菩提 白佛言하되 世尊하 佛이 得阿耨多羅三藐三菩提가 爲
無所得耶닛가 佛言하사되 如是如是니라 須菩提야 我於阿耨多
羅三藐三菩提에 乃至無有少法可得일세 是名阿耨多羅三藐三
菩提니라

수보리가 부처님께 여쭙되, 세존이시여, 부처님께서 아뇩다라삼
먁삼보리를 얻으신 것은 얻은 바가 없다는 말씀이십니까? 부처님
이 말씀하시되, 그러하고 그러하니라. 수보리야, 내가 아뇩다라삼
먁삼보리에 내지 작은 법이라도 얻은 바가 없음일세 그 이름이
아뇩다라삼먁삼보리니라.

수보리가 부처님께 여쭈어 질문을 합니다. 세존이시여, 부처님이
아뇩다라삼막삼보리에 얻은 바가 아무것도 없다는 말씀이십니까?
그런데 아뇩다라삼막삼보리라고 했을 때 그 밝은 당처의 마음은
마음이라고 꼭 할 수는 없지만은, 그 밝음은 중생이나 범부로 봤을
때는 탐진치가 다 사라진, 텅 비어서 밝은 그 자리니까, 우리가 세간에

서 소득하면 '얻는다'라고 하는 것인데 그런 것과는 다른 것이죠. 보통 우리는 세간살이에서 뭐를 얻는 것을 성취하는 걸로 그렇게 생각을 합니다. 무슨 물질이라든가 또 지식이라든가 명예라든가 어떤 진리라든가, 이런 것을 얻는다고 생각하죠. 얻는다고 하는 것이 소득심이 되겠는데, 이것은 유위법에서, 세간법에서는 살아가는 중요한 하나의 요건이 되기 때문에 사람들이 다 이렇게 생각을 하는 거죠, 뭘 얻은 바가 많아서 그런 밝은 당처가 이루어졌느냐? 사실은 그것은 반대입니다. 있는 모든 것을 비워내서 비워낸 그 자리 밝음을, 그것을 얻었다고 할 수도 없지마는, 얻었다고 한다면 그것은 유위법에서의 밝음을 얻는 법이라고 할 수가 있겠죠.

그러니까 탐진치라고 하는 것은, 세간살이에는 이것이 하나의 살아가는 습성이 되어 있는 그런 삼독인데, 이것이 다 멸진되어서 사라진 것을 열반이라고 하고 해탈이라고 한다면, 그것이 열반에 이르는 해탈된 그 자리는 다시 태어나지도 않고 또 어디로 가는 것도 아닌, 그 자리가 되는 것입니다.

그것이 아뇩다라삼먁삼보리의 밝은 당처다, 그렇게 봤을 때에는 우리가 얻는다고 하는 이 분별은 거기에는 맞지가 않는 것이죠. 그렇기 때문에 이 질문 자체가 바로 그 비어서 밝은 그 자리, 그 자리는 뭘 얻는 것이 하나도 없다는 뜻이니까 밝은 질문을 하게 되는 것이죠. 그러니까 당연히 부처님께서는 '불언하사되 여시여시니라', 즉 '부처님께서 말씀하시되, 그러하고 그러하니라'고 하신 겁니다. 질문 속에 벌써 정답이 있었기 때문에 여시여시니라, 그렇게 말씀하신 것이죠.

　대강 우리가 유루법有漏法과 무루법無漏法으로 나눈다면, 유루법은 대강 유루가 됩니다. 조금 전에 이야기한 바와 같이 소득이 있었다고 하는 것은 그것이 반드시 새어나가게 되어 있고, 어떤 시간이 다하면 소득은 사라지게 돼 있죠.

　그러나 무루법은 무위법이기 때문에, 그걸 출세간법이라고 하는데, 이 무위법의 세계는 역으로 모든 것을 비워내서 그 비워낸 자리는 다시 어떤 시간이 흘러서 탕진되는 자리가 아니라 오히려 차 있는 자리, 모든 것을 거기서 나툴 수 있는 자리입니다.

　마치 노자가 '빈 그릇이 유용하다' 이렇게 비유한 것은, 찬 그릇은 이미 다 차 있으니까 다른 용도로 쓸 수가 없죠. 그러나 빈 그릇은 어떤 것도 채울 수 있으니까 그것은 오히려 비어 있는 그 자체로 유용하다는 것이죠. 역설적이지만 우리가 뭘 안다든가 분별한다든가 가진 것이 많다든가, 이것은 이미 소득심으로 인해서 탐착하게 되고 미망에 젖게 되고, 그것을 유지하기 위한 어떤 고통을 겪게 되죠. 그렇게 해서 무소유를 말씀하신 것입니다.

　왜 그런고 하니, 소유 자체가 나쁜 것이라기보다는 소유 자체가 탐착하게 돼 있는 마음을 불러일으키기 때문입니다. 그래서 백성욱 박사님은 경제생활도 꼭 필요한 것이지마는 그것을 꼭 필요한 것만큼 가지고 더 탐착하지 마라, 남는 것은 남에게 나누어 줘라, 그걸 말씀하셨죠. 우리가 몸뚱아리를 가지고 있다고 하는 자체도 몸뚱아리에 의지하지 않으면 세간에서의 어떤 부처님 시봉하는 일을 할 수 없으니까, 그런 의미에서는 소중하죠. 그러나 이것이 본래 밝은 자리의 본성을 미혹하게 한다면 그거 잘 들여다봐야 될 일이죠. 그것에서부터 나라고 하는 모든 미망이 생기게 된다면 그걸 잘 들여다봐야죠.

그래서 무위법으로서의 어떤 밝음을 부처님께서는 미리 간파하셨기 때문에 왕가에서 출가하셨던 겁니다. 그 유위법의 무상함을 잘 통찰하셨기 때문에 그런 후에 어떤 근원을 밝혀야 되겠다, 그걸 깨달아야 되겠다, 그렇게 해서 출가를 하셨죠. 또 다 버리셨으니까 완전 소득의 세계를 다 일탈하신 겁니다. 벗어나신 겁니다. 그리고 스스로도, 심지어 내 몸을 지탱하기 위해서 먹는다고 하는 거기까지도 걸사의 행위로써 남의 복을 빌어주고, 음식을 공양 받아서 그날그날 아주 철저한 무소유의 삶을 사셨죠. 여기에 지금 '가히 무슨 얻은 법이 있느냐'라고 하는 것은 이미 이 앞의 분에 몇 번 나왔기 때문에 여기는 더 중복해서 말씀드리지 않겠습니다.

23. 깨끗한 마음으로 착한 일을 행하라는 말씀

復次須菩提야 **是法**이 **平等**하야 **無有高下**일세 **是名阿耨多羅三**
藐三菩提니라

다시 수보리야, 이 법이 평등해서 높고 낮음이 없음일세 이 이름이
아뇩다라삼먁삼보리니라.

以無我無人無衆生無壽者하고 **修一切善法**하면 **則得阿耨多羅**
三藐三菩提니라

나라든가 남이라든가 중생이라든가 경험이 많은 숫자라든가, 이
런 것이 없이 일체의 선법(좋은 법)을 닦으면 곧바로 아뇩다라삼먁
삼보리를 얻는 것이니라.

'다시 수보리야, 이 법이 평등해서 높고 낮음이 없음일세.' 이 평등이
라고 하는 이 자체가 굉장히 그때 당시로서는 어려운 말씀입니다.
요즘은 모든 사람들이 다 평등하다고 하는 이 개념이 아주 자연스러운
것이 됐지만은, 당시 계급사회인 인도에서, 더구나 지식계급, 브라만

계급이 상당한 계위를 차지하고 있던 카스트제도의 사회에서 평등이다, 이렇게 말씀하신 것은 대단히 충격적인 말씀인 것입니다.

우리가 아뇩다라삼먁삼보리라고 할 때에는 어떤 지적 수준이 높은 계층에 있는 사람들이 도달할 수 있지 않겠느냐? 대강 이렇게, 그때 당시로서는 생각할 수 있기 때문에 그걸 격파하신 말씀입니다.

높고 낮음이 없다. 실제로 이 아뇩다라삼먁삼보리에서 삼먁이라고 했을 때, 삼먁은 평등을 얘기하고 있는 것이기도 하죠. 그래서 그걸 정등正等이라고 번역을 하기도 합니다만, 누구에게나 아뇩다라삼먁삼보리를 증득해 가질 수 있고, 깨칠 수 있는 그러한 평등, 보편, 그런 것을 말씀하시기 때문에 이 높고 낮음이 없다고 하는 것은 그 자체의 본성이 그러하다 이 말씀입니다. 물론 깨친 그 경지에서는 어떤 계위가 다 있죠. 사과四果가 제9분에 나왔듯이 그 계위가 다 같을 수는 없습니다. 수다원에서부터 아라한까지 사과가 있듯이 또 밝음 자체의 어떤 증득한 계위도 범부의 입장에서 볼 때는 차이가 있죠.

그러나 그 당체의 본성은 이런 높고 낮음이라든가, 계위에 어떤 차이가 없다 이 말씀입니다. 불성의 본체는 밝음 자체이고, 어둠 속에서 한 빛이 비치면 그냥 밝을 뿐이지 어둠은 빛과 함께하지 못합니다. 물론 조금 더 밝고 덜 밝은 그런 밝음의 차이가 있을지 몰라도, 빛의 속성은 밝음 자체입니다. 마음의 본성에도 그것이 있어서 그것은 원래 타고난 어떤 계위의 고하도 없고 깨치는 그 자체의 본성에도 고하가 없습니다.

이 무아·무인·무중생·무수자와 사상의 분별이나 개념이 없이 수일체선법修一切善法하면 일체의 좋은 법, 여기 좋은 법이라고 하면 밝은 법을 얘기하겠죠. 바로 이 아뇩다라삼먁삼보리를 닦아나가는 밝은 법, 일체법이 개시불법이라고 하셨을 때는 이 사상의 분별만 없이 일체의 모든 밝은 법, 혹은 착한 법, 혹은 좋은 법을 닦는다면 즉득아뇩다라삼먁삼보리니라, 곧 '아뇩다라삼먁삼보리를 얻을 것이니라'고 하셨습니다.

須菩提야 **所言善法者**는 **如來說 即非善法**이 **是名善法**이니라

수보리야, 말하는 바 이 선법이라고 하는 것은 여래가 말씀하신 선법이 아님일세 그 이름이 선법이니라.

　선법이 따로 있어서 그런 분별을 낼 수 있는 그런 법이 있는 것이 아니라, 그냥 밝은 좋은 법 그 자체가 분별 없이 선법일세 그 이름이 선법이다.

3부

다함없는 복과 지혜-밝음의 길

24. 복과 지혜는 비교할 수 없다는 말씀

須菩提야 若三千大千世界中 所有諸須彌山王 如是等七寶聚로 有人이 持用布施하고

수보리야, 만일 삼천대천세계 가운데 있는 모든 수미산왕만한 일곱 가지 보배 뭉치로 어떤 사람이 있어 그것을 지니고 보시를 하고

若人이 以此般若波羅蜜經乃至四句偈等을 受持讀誦하야 爲他人說하면

또 어떤 사람이 이 반야바라밀경 내지 네 글귀 게송이라도 받아 지녀서 독송해서 남을 위해서 얘기한다면

於前福德은 百分에 不及一이며 百千萬億分乃至算數譬喻에 所不能及이니라

그 전의 복덕은 백분의 일에도 미치지 못하며, 백천만억분의 일에도 미치지 못히며, 내지 산수로 비유할 수 있는 것에 능히 미치지

못하니라.

복과 지혜라고 하는 이 양자는 앞의 분에도 여러 가지 비유로 말씀을 하셨습니다만, 우선 탐진치 중에 탐심을 닦기 위해서 복을 많이 지어야 됩니다. 그래야 지혜도 밝아질 수 있지요. 그러나 근본적인 자리에서 복과 지혜는 비교할 수가 없습니다. 아까 말씀드린 복은 유위법의 유루요, 지혜는 무위법의 무루입니다.

복은 함이 있는 세계에 한정되고, 새나가고, 끝이 있을 수 있는 것이지만, 지혜는 함이 없는 세계에 한량이 없고 끝이 없는 그런 세계라. 그래서 삼천대천세계 가운데 모든 수미산왕 크기만한 일곱 가지 보배로 보시한다고 비유하셨습니다. 삼천대천세계는, 천이 세 개인 대천이 되면 약 10억 가량의 숫자가 되는데, 거기에 수미산이라고 하면 각 세계 하나마다 수미산이 있으니까, 가운데 있어서 해와 달이라든가 그렇게 생각을 했기 때문에, 수미산도 그렇게 되면 10억 개가량이 되는 셈이죠. 이렇게 수미산왕 했을 때는 가장 큰 산이기 때문에 그렇게 표현을 했겠죠. 그만한 양과 크기의 일곱 가지 보배 뭉치를 가지고 보시를 한다는 것은 표현할 수 있는 물질 보시로서의 최대치입니다. 그러나 이 최대치라고 하더라도 역시 이것은 계량할 수 있고, 측량할 수 있고, 또 한계가 있는 그러한 세계죠. 형용할 수 있고 한계가 있는 것은 반드시 변이 있고 끝이 있습니다. 모양의 변두리가 있죠.

그러나 형용할 수 없는 세계는 불가측량不可測量이라고 하는데, 그 양을 표현할 수가 없죠. 영어로 하면은 우리가 계량을 할 수 있는 것을 measurable, 계량할 수 없는 세계를 immeasurable, 이렇게 표현을 합니다. 어떤 영역권에 보면 immeasurable Budda라고 표현을 했는데, 바로 무량수無量壽부처님, 무량광無量光부처님이에요. 무량수나 무량광은 원어로 보면 아미타(한계가 없는)부처님이시죠. 무량세계의 부처님이다, 모든 부처님이 다 그러하지만 형용할 수 없는 세계다, 끝이 없고, 우리 분별로 측량할 수 없는 그런 세계, 이 세계는 사량세계와는 다르지요

약인若人이 이차반야바라밀경내지사구게등以此般若波羅蜜經乃至四句偈等을 수지독송受持讀誦하야 위타인설爲他人說하면
또 어떤 사람이 이 반야바라밀경 내지 네 글귀 게송이라도 받아 지녀서 독송해서 남을 위해서 얘기한다면

이 부분은 작게 보면, 공덕이라고 하는 것은 반야바라밀경을 잘 수지 독송하고 닦아서 남을 위해서 얘기를 해준다, 이 정도가 되겠지만, 이 밝은 자리 자체가 무위 세계이기 때문에 여기에는 측량할 수 있는 어떤 한계가 없다, 형용할 수 있는 그런 숫자적인 분별도 있을 수가 없고 숫자에 대한 비유로써 이건 소불능급所不能及이니라, 이렇게 표현을 하시게 되는 것이죠.

이것이 바로 이제 지혜를 닦는다는 바로 이 세계죠. 앞에 칠보로 보시하는 것은 복을 짓는다고 했는데, 이 지혜라고 하는 것은 유위세계에서 대강 지식이라고 합니다. 영어로 하면 Knowledge, 이렇게 되는데, 무위에 가까운 것은 지식이라고 하지 않고 지혜라고 하는데,

영어로 wisdom이라고 표현을 합니다.

지식과 지혜는 같은 뿌리인 것 같지만 조금 양상이 다르죠. 우리가 금강반야바라밀 했을 때 반야는 지혜에 가까운 세계이기 때문에 이 세계는 다소 무위에 가깝다, 유위인 지식과는 다르다, 그렇게 해서 Prajñā를 반야라고 그대로 음사해서 썼던 겁니다. 이 지혜에 의해 밝아지는 세계는 바로 아뇩다라삼먁삼보리와 연결이 되고, 또 부처님이 '아개영입무여열반我皆令入無餘涅槃하야 이멸도지而滅度之하리라 하라' 하신 그 세계와 연결이 되고, 또한 해탈, 멸도, 열반의 세계와 가까워지는 것입니다.

말하자면 나고 죽고 윤회하고, 이런 데로부터의 자유로워짐, 그것을 해탈이라고 하는데, 끊임없이 기계적으로 반복되는 그 생에서부터 벗어나서 자유로워진다는 것입니다. 오늘이 가면 내일이 오고, 또 한 달이 가면 다음 달이 오고, 일 년이 가면 다음해가 온다, 그것을 기계적인 반복으로 봤을 때는 그냥 세월이 흘러가는 것이죠. 그렇게 해서 되풀이된다면 그 자체에는 의미 가치가 무엇이냐? 이게 반복되는 것의 삶을 어떻게 봐야 되느냐? 왜 이러한 삶을 살아야 되느냐? 그러나 여기에는 다소 근본적인 물음이 이제 대두되게 됩니다마는, 바로 부처님이 이 물음에 대한 것으로 인해서 이건 의미가 없지 않으냐? 내가 비록 한 생을 왕위를 계승해서 멋지게 산다고 하더라도 이게 뭐냐? 그 질문에서부터 출발을 하는 겁니다.

그래서 무엇인지 근원에 이르러서 그렇게 계속되는 반복의 생이 아닌 참다운 나의 시간, 나의 존재, 나의 모습을 찾아 나서겠다, 이렇게 되셨는데, 거기에서 이제 열반에 이르시고 해탈을 맛보셨을 때, 그 깨달음은 바로 그러한 것으로부터 벗어난 대자유의 그 본모습이라고 볼 수가 있죠. 그것이야말로 여기 지금 복을 누리는 것과 지혜를 닦아서 누리는 것은 비교할 수 없는 그러한 세계인 것입니다. 그걸 '백분의 일, 백천만억분 내지 산수 비유에 미치지 못하는 그러한 세계다' 라고 표현하신 것은 서로 비유할 수가 없는 세계라는 말씀이지요.

25. 교화해도 교화한 것이 없다는 말씀

*교화를 한다고 하더라도 교화하고 제도한다는 자체의 근거가 없다는
말씀입니다. 화化라고 하는 것이 교화라고 표현을 해야 되겠지만 사실은
제도죠. 불법의 입장에서 본다면 제도인데, 제도를 한다고 하지마는
사실은 제도할 근거가 없다.

───────────────

須菩提야 於意云何오 汝等은 勿謂하라 如來 作是念하되 我當度
衆生하라 須菩提야 莫作是念하라

수보리야, 그대 뜻은 어떠한고. 너희들은 여래가 이런 생각을
짓되, 내가 마땅히 중생을 제도한다고 말하지 마라. 수보리야,
그런 생각을 짓지 마라.

물위勿謂라고 하는 것은 '이렇게 말하지 마라' 그런 뜻입니다.

何以故오 **實無有衆生**을 **如來 度者**니라

왜 그러냐? 실로 중생이라고 하는 분별 없이 여래는 제도하는 것이니라.

실로 중생이라는 분별 없이 여래는 제도한다. 그러므로 여래가 제도한 중생은 실로 없는 것이니라. 실재로 없는 것이다. '실무유중생實無有衆生을 여래도자如來度者니라' 그래야 화무소화化無所化가 되죠.

若有衆生을 **如來 度者**인데는 **如來**도 **則有我人衆生壽者**니라

만일 중생이 있어서 여래가 제도를 했다면(만일 여래가 제도할 중생이 있다면) 여래도 아·인·중생·수자가 있는 것이 되느니라.

중생을 제도했다면 여래도 아·인·중생·수자가 생긴 것이 되니라 하는 것이니까, 여래는 아·인·중생·수자가 없잖아요. 무아이신데 제도한 내가 있고 제도받은 중생이 있다면, 밖에서 보면 아·인·중생·수자가 있는 것 같이 되잖아요. 당처는, 하는 것도 있는 것도 없다 이 말씀입니다.

須菩提야 **如來說 有我者**는 **卽非有我**언마는 **而凡夫之人**이 **以爲**

有我하나니라

수보리야, 여래가 말씀하신 바 나라고 하는 것은 곧 내가 아니언마는, 범부의 사람이 내가 있다고 하나니라.

'여래가 말씀하신 바 나라고 하는 것은 곧 내가 아니언마는'은 당연하신 말씀인 것이, 무아無我이시라는 것이죠. 무아로서의 나, 그런데 그것을 범부가 보는 유아로 봐서는 안 되겠죠. '즉비유아卽非有我언마는 이범부지인而凡夫之人이 이위유아以爲有我하나니라.' 곧 내가 아니언마는 범부의 사람들이 그것을 나라고 하느니라. 내가 있다고 하는 것이니라. 이는 제도를 하신 여래가 계신다고 보는 것이죠.

須菩提야 **凡夫者**는 **如來說 卽非凡夫**가 **是名凡夫**니라

수보리야, 범부라고 하는 것은 여래께서 말씀하신 범부가 아님일세 그를 이름해서 범부라고 하느니라.

이름이 범부일 뿐이니라. 이 말씀은 범부도 부처님이 보시기에는 앞으로 깨달을 사람들이고 밝아질 그런 사람들이니까, 부처님이 보시는 모든 대상은 다 부처님이시죠. 범부가 보는 모든 대상은 범부지만은. 그러니까 여래께서 보시는 범부는 다 장래 부처다 이 말씀이죠. 지금은 깨치질 못했으니까, 범부로 있으니까 그냥 이름을 범부라고 해두자는 겁니다.

여기서 제도를 한다고 하는 것은, 무명에서 하염없이 반복되는 그런 어두운 미혹의 순환을 계속하는데, 이건 밝지 못해서 그럴 뿐이다. 원래 당체가 밝은 것을 깨치면 그것이 다 해탈이 될 텐데, 또 깨칠 수 있는 모든 요인이 안에 다 갖추어져 있는데 그것을 자기가 자각하지 못해서 그럴 뿐이다. 그러니까 부처님이 제도를 한다, 교화를 한다, 멸도를 한다고 하는 것은 원래 그러한 본원의 밝음을 그대로 지니고 있는 상태로 둬서는 이게 계속 그렇게 흘러갈 테니까 하시는 말씀이지, 그 자체가 교화할 수 없는 대상을 가지고 교화하는 것은 아니라는 말씀입니다. 또 멸도할 수 없는 대상을 멸도한 것도 아니고, 또 제도할 수 없는 대상을 제도하신 것이 아니기 때문에 화무소화化無所化라고 하신 겁니다. 교화하고 멸도하고 제도하는 그러한 근거가 사실은 없고, 그것은 그 자체가 밝아질 수 있는 것이라는 말씀입니다.

26. 법신은 모습이 없다는 말씀

*법신이라고 하면 원래 여래의 몸을 말씀하시는 것이니까, 석가모니부처
님은 몸으로 오셔서 화신이라 하시지만, 원래 근원은 법신이시죠.

───────────

須菩提야 於意云何오 可以三十二相으로 觀一如來不아

수보리야, 네 뜻은 어떠하냐. 가히 서른두 가지의 모습으로 여래를
보겠느냐?

須菩提言하되 如是如是니다 以三十二相으로 觀一如來니이다

수보리 말씀드리되, 그러하고 그러합니다. 서른두 가지의 모습으
로 여래를 보겠습니다.

　지금 여기 와서는 그 전에 이미 이색이상분 같은 곳에서, 또는
그 전에 여래를 형상으로, 모습으로는 볼 수 없다고 여러 번 말씀하셨는
데, 서른두 가지 모습으로 여래를 볼 수 있겠느냐? 하는 부처님의

질문에 수보리 존자가 느닷없이 '그러하고 그러합니다' 이렇게 대답을
했어요. 전에 대답으로 보면 당연히 그렇지 않습니다, 서른두 가지
모습으로는 여래를 볼 수 없습니다, 이렇게 대답을 마땅히 해야 할
텐데, 이게 무슨 연고냐? 아마 구마라집께서 의역을 하실 때 여기
다시 한 번 비상非相을 강조하는 입장에서 중생의 무명을 철저히
파쇄시키기 위한 그런 방편으로, 이런 표현으로 일단 긍정을 시키고
나야 다시 또 부정을 하게 될 테니까 이렇게 하시지 않았나, 이렇게
봅니다.

佛言하사되 須菩提야 若以三十二相으로 觀―如來者인데는 轉輪
聖王이 則是如來니라

부처님이 말씀하시되, 수보리야, 만일 서른두 가지 모습으로 여래
를 볼진데는 전륜성왕이 곧 여래이겠구나.

　전륜성왕도 서른두 가지 모습을 부처님과 같이 갖추었다고 합니다.
바깥 모습으로 보면 전륜성왕도 여래라고 할 수 있겠구나, 그런 말씀이
십니다. 전륜성왕은 큰 바퀴를 굴려서 모든 나라를 평정하고 또 밝은
법을 전하는, 이러한 성스러운 왕이라. 전륜성왕(Cakravarti-raja)의
이 윤보輪寶라고 하는 것은 아마 전쟁 때 큰 수레바퀴가 있어서 요즘
막강한 전차와 같이 굴러가면 대항할 수 없도록 한 거실 거예요.
실제로 인도에 이런 큰 수레바퀴를 제가 본 적이 있는데 상당히 큰

규모에요.

물론 이 이후에 아쇼카왕이 인도 전체를 통일하고, 통일한 것은 일단 무력으로 통일을 했지만, 그 이후에 부처님의 법을 펴는 데 있어서는 바로 이 법의 바퀴를 굴려서 불법이 아주 융성하도록 그렇게 하셨기 때문에, 어떻게 보면 아쇼카왕도 전륜성왕에 해당되는 것이 아닌가, 그렇게 연루가 되죠. 대체로 무력으로 통일을 한 왕이 성왕이 되기가 쉽지 않습니다. 진시황이 통일을 했다고 해서 진시황을 성왕으로 보지 않잖아요. 그러니까 큰 수레바퀴를 돌려서 무력으로 통일을 한 이력만 가지고는 성왕이 되질 않죠.

그러니까 앞으로 밝은 법을 펴는 그러한 지도자가, 성왕에 준하는 그런 분이 나타나서 전법의 수레바퀴를 밝게 굴릴 때, 아마 지상에 상당히 밝은 안정과 평화의 그런 세상이 오지 않을까요.

그런데 우리는 세종대왕에게서도 거의 성왕에 가까운 면모를 볼 수가 있죠. 대왕이라고 하지만 인도식으로 하면 마하라자, 이렇게 되고, 알렉산더도 대왕이라고 부르지마는 대왕이 반드시 성왕은 아닙니다. 알렉산더를 일러 성왕이라고 그러지는 않죠. 상당한 꿈과 야심과 희망을 동서를 통해서 심으려고 큰 원정을 하고 그랬지마는, 무력에 의해서 그것을 통일하는 동안은 성왕까지 이르기가 어렵죠.

성왕이라고 할 때는 어떤 이상적인 정치가를 말하죠, 공자께서 수레를 굴리면서 여러 왕을 찾아가서 자기 이상을 말했지만 가는 데마다 거의 실패를 했죠. 자기 얘기를 처음에는 듣다가 마지막에는 실현되는 것이 없자, 나중에는 그것을 하나의 글과 말씀으로 남기게 되었지요.

불교방송에서 '생각하는 사람'을 비교하는 것을 잠깐 들었는데, 로댕의 생각하는 사람은 다 아시다시피 지옥의 문 위에서 지옥으로 떨어지는 사람을 내려다보고 있고, 우리 한국의 생각하는 사람이라고 하기에는 뭐하지만은, 우리에게는 미륵반가사유상이 있지 않습니까? 사유상이라고 하면 생각하는 상이라는 말입니다. 로댕의 생각하는 사람은 아주 머리를 숙여서, 물론 아래로 떨어지는 지옥 중생을 어떻게 구제할까 하는 생각까지 할 수 있을는지 모르겠지만, 고뇌의 상인데 비해서, 우리 미륵반가사유상은 한쪽 볼에 닿을 듯 말 듯 한 손가락을 갖다 대고 한쪽 무릎을 올렸기 때문에 반가상이라고 하는데, (이렇게 앉은 것은 대강 결가부좌고) 의자에 앉은 상태에서 한쪽 다리(무릎)를 올리면 반가상이 되는데, 그 자세에서 많이 구부리지 않고, 그냥 조금 숙여서 어떻게 하면 참나의 세상, 열반의 세상, 자유와 해탈의 세상을 구현시킬 수가 있을까를 사유합니다.

바로 미륵존여래불이 이제 오실 세상에 주세불로서의 수기를 받으시고 세상을 구하신다고 한다면, 당연히 그런 생각을 하시겠죠. 그 사유상에는 정일한 미소가 함축되어 있고, 사람의 마음을 안정시키는 그런 평화로움이 있습니다. 그래서 그걸 진여를 바라보는 그런 모습이다, 이렇게 간단히 해석해 버리기에는 좀 아쉬움이 있구나, 그런 생각을 했어요. 전륜성왕이 만약 등장해서 그러한 세상을 다스린다면 그런 상에 가까운 용모를 하지 않을까요? 그 얼굴을 바라만 봐도 마음에 화평이 올 수 있는.

전에 아이젠하워 대통령이 우리나라를 방문했을 때가 있었습니다. 카퍼레이드를 하는데, 미소를 짓고 웃으면서 손을 흔드는 그 모습을 보고, 어떻게 저렇게 밝고 평화로울 수가 있을까? 아이젠하워도 맥아더 장군 아래서의 장성 출신인데, 일단 대통령이 되고 나서는 그러한 군인의 어떤 딱딱한 모습은 전혀 없고, 아주 평화롭고 밝은, 그런 환한 모습만 봤어요. 그런 것들이 참 좋다, 그런 생각을 한 적이 있어요. 그러니까 바깥 모습으로는 그러하지만은 안의 밝은 내용을 여래하고 비교한다면 여래하고는 다르겠죠. 우리 마음에 있는 그 탐진치를 완전히 다 해탈해서 평화에 이른 내용의 그런 실상이 아니기 때문에 어느 정도까지 근사치는 같죠. 그런 모습으로 여래를 생각한다면 그 본연의 실상은 아니라는 말씀이죠.

須菩提 白佛言하되 世尊하 如我解佛所說義로는 不應以三十二相으로 觀ー如來니이다

수보리 부처님께 여쭙되, 세존이시여, 제가 부처님의 말씀하신 바 뜻을 이해하기로는 서른두 가지의 모습으로는 응당 여래를 볼 수 없겠습니다.

爾時에 世尊이 而說偈言하사되

이때 세존이 게송으로 말씀하시되

若以 色見我커나 以音聲求我하면
是人은 行邪道라 不能見如來니라

만일 바깥으로 나타나 있는 형상(색)으로 나를 보려고 한다거나 음성으로 나를 구한다면 이 사람은 사도를 행하는 것이라, 능히 여래를 볼 수 없을 것이니라.

법신 여래의 참 모습은 바깥 형상으로 볼 수 있는 것이 아니라는 게송이신데, 여기에 대해서 조계종 해설서에는 이 게송 뒤에 원래 게송이 더 있다며 그것을 소개하고 있습니다. 그러니까 산스크리트 본문과 의역분에는 게송이 둘인데 반해서, 구마라집 역본에서는 한 개만 존재한다는 거죠. 두 개의 본문에 있는 원서를 옮겨 보겠습니다.

법으로 부처님들을 보아야 한다.
참으로 스승들은 법의 몸이기 때문이다.
법성은 알려지는 것이 아니다. 그것은 알 수 없는 것이다.

이 구절을 현장 스님은 이렇게 번역을 했습니다.

마땅히 부처님을 법성으로 보라 (應觀佛法性)
부처님은 법신의 몸이다 (卽導師法身)
법성은 앎의 대상이 아니다 (法性非所識)
그것은 능히 알 수 없는 것이다 (法彼不能了)

법성은 앎의 대상이 아니기 때문에 분별의 대상이 아닌 것인데,

이걸 알려고 한다고 알게 되는 대상이 아니죠. 지견으로 생각하는 것인데, 이렇게 되니까 자연히 형상에 나타나 있는 모습으로 부처님을 관상한다거나 연상한다는 것은 더구나 거리가 멀어지겠죠. 단지 앞에서 말씀드린 바와 같이 그 나타난 평화와 안정의 모습으로 우리가 마음의 안정은 어느 정도 얻을 수 있습니다. 방편으로 말이죠. 그러나 정말 법신의 참 경지는 그렇게 해서 볼 수 있는 것은 아닙니다.

27. 끊을 것도 멸할 것도 없다는 말씀

*끊어 버리고, 없애 버리자 하는 그런 생각을 하지 말라. 단절할 것도 없고, 소멸할 것도 없다.

지금 여기까지 부처님이 말씀하시는 중에 여러 곳에서 일단 부정을 하시고 참 모습을 보도록 이렇게 하시기 때문에, 자꾸 그것을 끊고 멸하고 그래야 되는가, 이렇게 생각을 하다가 다시 제27분에서는 그것이 법의 참 모습이 아니다, 이렇게 말씀하시는 것입니다.

─────────────

須菩提야 汝若作是念하되 如來 不以具足相故로 得阿耨多羅三藐三菩提하라

수보리야, 내가 만일 이런 생각을 짓되, 여래께서는 구족상을 갖추지 않은 연고로 아뇩다라삼먁삼보리를 얻었다고

須菩提야 莫作是念하라

수보리야, 이런 생각을 짓지 마라.

如來 不以具足相故로 得阿耨多羅三藐三菩提니라

여래께서는 구족상을 갖추지 않은 연고로 아뇩다라삼먁삼보리를 얻은 것이겠구나 하는.

그런데 이 해석을 어떤 이는 '불不'자를 전체 부정에 넣습니다. 그렇다면 어떻게 해석이 되는고 하니, '여래께서는 구족상을 갖춘 연고로 아뇩다라삼먁삼보리를 얻은 것은 아니구나'라고 해석됩니다. 실제로 다른 의역본에서는 불不자가 들어가지 않습니다. 무슨 말씀인고 하니, 구족상을 갖춘 그것으로 특별한 닦음을 해서 아뇩다라삼먁삼보리를 얻었다고 하는 긍정적인 상태에서 말씀을 하고 계시는 그런 분分이 나타나죠. 그렇다고 해서 해석을 '구족상을 갖추지 않은 연고로' 이렇게 표현하지 않는다고 하는 것은, 여기 지금 단멸상을 다시 한 번 파쇄하는 거기에는 적당하지가 않죠.

그래서 이젠 문장 그대로 이것도 구마라집이 용의주도하게 다시 한 번 생각의 관념, 여태까지 분별상을 파쇄시켜주는 그러한 방편으로 이렇게 쓰신 것 같습니다. 그러기 때문에 앞에 있는 많은 부분이 구족상을 갖추어서 모습이 있는 여래를 볼 수 없다면, 구족상을 갖추지 않은 모습으로 여래를 볼 수 있지 않겠느냐 하는 생각이 중생심으로 나올 수 있죠. 그걸 다시 부셔주시는 모습이에요.

구족상을 갖춘다는 것은 누구나 인격을 자꾸 닦아 가면 어느 정도의 원만상을 갖추게 됩니다. 마음이 스스로 안정돼서 정일하고 평화롭고 다투기 싫어하고, 또 자유와 그런 화평의 마음을 가진다면 그 사람

앞에 가기만 해도 마음이 편안해집니다. 굳이 구족상을 쳐다보지 않아도 분위기가 편안하지요. 한 마디 한 마디 얘기도 자연히 나올 테니까요. 그런데 그것으로만 그 사람의 어떤 정신을 전부 다 평가할 수는 없는 것이죠. 그렇다면 역으로 구족상과 상관이 없는 그런 모습으로 여래를 보려고 하면은 되지 않겠느냐는 역의 발상이 나올 수 있단 말씀이에요. 그걸 다시 부셔주는 분입니다.

여기가 그러기 때문에 구마라집의 의역은 이 흐름에 있어서는 자연스럽게 부정을 다시 부정해주는 그런 중요한 몫을 차지하지요. 그것이 바로 단멸상이라고 하는 생각을 짓지 마라, 이렇게 하지 말아야지, 이런 생각은 버려야지, 이건 끊어야지, 이렇게 하는 것이 반드시 밝은 법의 전 모습은 아니다, 참 모습은 아니다, 그것은 방편으로 그렇게 하는 것이고 밝은 모습을 회복해 가기까지 하나의 과정으로 하는 것이지, 그렇게 되는 전부가 여실한 참 모습이라고 생각하지 마라, 법은 그런 것이 아니다, 이 말씀을 하시기 위한 것입니다.

須菩提야 汝若作是念하되 發阿耨多羅三藐三菩提心者는 說諸法에 斷滅하라 莫作是念하라

수보리야, 네가 만일 이런 생각을 짓되, 아뇩다라삼먁삼보리의 마음을 발할진데는 모든 법에 단멸하라, 이런 생각을 짓지 말라.

何以故오 發阿耨多羅三藐三菩提心者는 於法에 不說斷滅相이

니라

왜 그러냐? 아뇩다라삼먁삼보리의 마음을 발한 사람은 이 법에 단멸상을 얘기하는 것이 아니니라.

아뇩다라삼먁삼보리심이라고 하는 것을 수행하는 제23분(정심행선분)에는 '이무아무인무중생무수자以無我無人無衆生無壽者하고 수일체선법修一切善法하면 즉득아뇩다라삼먁삼보리則得阿耨多羅三藐三菩提니라'라고 나옵니다. 그러니까 아·인·중생·수자의 사상이 없이 일체의 좋은 법을 닦으면 곧 아뇩다라삼먁삼보리를 얻을 것이라는 겁니다. 여기는 부정적인 요소가 하나도 없죠. 대단히 긍정적이고 순리적이고 쉽습니다. 자꾸 부처님께서 혹시 중생심이 그늘을 드리울까봐 염려하셔서 자꾸 파쇄시킨 것은 중생심 자체에 아·인·중생·수자가 있고, 아·인·중생·수자가 나타난 탐진치가 그대로 있기 때문에 그걸 절대 파쇄시키지 않고서는 아뇩다라삼먁삼보리의 본모습을 기대하거나 얻게 하기가 힘들겠구나, 그런 말씀에서 나온 것이에요.

삼먁삼보리 할 때 삼먁三藐을 한자로 번역하면 정등正等, 보편일 수도 있고, 다른 모두의 일체에 다 적용되는 법일 수도 있는데, 오늘날 민주주의 입장에서 본다면 평등이에요. 무유고하無有高下. 누구나 지도자를 뽑을 투표권이 딱 한 장씩 주어지는 거예요. 옛날에는 식견이 있고 뽑을 만한 사람에게만 자격이 주어졌어요. 여자에게도 안 주어지고. 그렇게 되면 평등의 어떤 대보편성에는 어긋나지요. 오늘날의 평등, 여기까지 오기에도 상당한 시일이 걸렸죠.

삼보리三菩提는 바른 지혜인데, 바른 지혜가 너희의 속박과 갈등과 어둠을 해방시켜 줄 것이다. 이것이 뭐예요? 바른 자유입니다. 그냥 자유가 아니라 올바른 자유다. 올바른 자유가 바로 해탈이고 열반입니다. 여기에 이르게 되면 스스로가 스스로를 묶었던 밧줄, 속박, 이런 데서 풀려나요. 모든 업장의 밧줄에서부터, 업보의 그런 밧줄에서부터 스스로가 해방되지요. 자유는 그냥 얻어지는 것이 아닙니다. 상당한 수련을 닦아서 탐진치를 다 녹여 없애고, 아·인·중생·수자를 다 해탈해서 그래서 얻어지는 것이 참 자유입니다.

그 다음에 나오는 것이 삼매인데, 삼매가 바로 평화에요. 평등, 자유, 평화. 오늘날 우리가 이상으로 삼는 가장 중요한 요체들이 이 속에 숨어 있습니다.

사마디라고 하는 삼매에 이르게 되면 정일하게 안정되어서, 정말 무쟁삼매죠. 다투기를 싫어하는 것이 아니라 다툴 필요와 이유가 없다는 말입니다. 아·인·중생·수자가 없으니까 다툴 이유가 없죠. 다툼의 근본이 다 사라졌기 때문에 마음속에 그대로 평화로 가득 차게 됩니다. 평화 속에 무엇이 깃들게 되나요? 자애가 깃들고, 사랑과 모든 사람을 유익하게 하고자 하는 보살정신이 깃들게 돼요. 모든 사람이 그러한 요체를 습득해서 발하게 될 때 그 세계는 정말 살 만한 세계가 될 것입니다. 그것이 바로 사바정토가 이룩되는 그러한 모습이라고 볼 수가 있어요.

아뇩다라삼먁삼보리 속에 현대적이고 미래지향적인 모든 요체가 다 숨어 있어요.

그런데 여기서 '발아뇩다라삼먁삼보리심자는 어법에 불설단멸상이 니라'고 했어요.

이렇게 긍정적이고, 환희로운 그런 마음의 세계에서 무슨 그늘이 있겠어요? 단멸이라고 하는 그런 것은 존재하지 않습니다. 이러지 못했기 때문에 우리가 자꾸 규제를 받고, 스스로 컨트롤하고, 이렇게 하지 마라, 이렇게 하게 되면 진흙탕에 빠지게 되고 스스로 다치게 되고, 네가 다치면 못쓰게 된다는 등 이러한 이유들로 그것을 규제하는 것이지, 이것이 점점 다 성숙해져서, 익어져서 이 세계에 이르게 되면 단멸상은 애기하는 것이 아니라는 것이죠.

28. 받지도 탐하지도 말라는 말씀

*받지도 않고 탐하지도 않는다는 말씀으로, 복덕에 대한 말씀입니다.

─────────────────

須菩提야 若菩薩이 以滿恒河沙等世界七寶로 持用布施하고 若復有人이 知一切法無我하야 得成於忍하면

수보리야, 만일 보살이 항하 모래수만한 세계에 칠보를 가득 채워서 보시를 하고, 만일 어떤 이가 있어서 일체법에 내가 없는 도리를 알아서 그것이 습관이 된다면

항하사 모래수만한 세계에 일곱 가지의 보배를 채워서 보시한다는 것은 삼천대천세계에 칠보로 보시한다는 비유로도 여러 번 나왔고, 또 우리가 물질적 보시로서 행할 수 있는 최대치 형용의 여러 가지 비유로써 말씀하셨습니다.

그런데 만일 어떤 이가 '지일체법무아知一切法無我하야', 즉 일체의 법에 내가 없는 도리를 알아서 제법무아諸法無我와 통달무아법자通達無我法者가 된다면, 제17분에 '여래설명진시보살如來說名眞是菩薩'이

라는 결론을 내리셨죠. 그래서 일체법에 내가 없는 것을 안다면 '득성어인得成於忍'이 되는데, 여기 인忍은 그대로 보면 인욕바라밀의 참을 인忍자죠. 인을 이루게 된다는 말을 한자대로 해석을 하게 되면 인욕바라밀을 성취하게 된다, 이렇게 보이는데, 그것이 닦아가면서 모든 일상생활이 그렇게 된다면 그것이 하나의 습관이 된다, 그런 뜻이지요.

어떤 처소에서만 자기가 한 마음을 안정시켜서 무아가 된다면 일상생활에 나갔을 때는 거기 휘둘려서 여러 가지 탐진치가 발동하게 되고, 화를 내게 되고 스스로 마음을 상하고 다치게 된다면, 그렇게 바람직한 것은 못될 거예요. 일체법에 적용이 된다면 일상생활이 그렇게 돼야 된다, 이것이 하나의 습관이 되어야 한다고 하는 것이 바로 우리가 이 마음을 닦는 것의 중요한 요체죠.

우리가 마음을 닦아가는 이 공부는 이것이 아주 급박한 상황에서도 요긴하게 적용될 수 있게 하기 위함입니다. 좋을 때야 마음을 닦지 않아도 좋으니까 마음 쓸 게 없잖아요. 그대로 잘되고 있구나, 좋구나, 이렇게 방일한 마음을 갖게 돼요. 그런데 이것이 어려운 상황에 처하게 되면 그 사람의 낱낱 습성이 거기서부터 돌출하게 돼요.

앞에서도 말한 것처럼, 그 사람을 알려면 여행을 같이 해봐라, 여행을 일주일만 하면 그 사람의 모든 마음의 숨어 있는 낱낱 모습을 보게 될 것이다 하는데, 상당히 일리가 있는 얘기라고 생각을 합니다. 평소에 다 좋게 잘 지내다가 여행을 갔다 와서 서로 싸워서 말도 안 하는 그런 사람도 생기거든요. 그것이 어떤 긴장된 상황, 여러 가지 어려운 고비의 상황, 그런 데서 마찰을 빚게 되는 겁니다.

그러기 때문에 득성어인得成於忍이라는 구절은 대단히 중요합니다.

사람들이 다 좋아 보이지만 어려운 고비를 당해봐야 알아요. 어려운
거를 회피해서 자기만 안일한 데로 가는 그런 사람이라면 어려운
상황에 뭐 필요하겠어요? 어려울 때 그 사람이 어떻게 하는가를 잘
보세요. 그러면 그 사람이 쓸모가 있는 사람이구나 하고 비로소 인정할
수가 있습니다.

此菩薩은 **勝前菩薩**의 **所得功德**이니

(일체법무아가 돼서 득성어인이 된) 이 보살의 얻는 바 공덕은 (항하
모래수만한 세계의 일곱 가지 보배로 보시한) 앞 보살의 얻은 바
공덕보다도 월등하게 나은 것이니

何以故오 **須菩提**야 **以諸菩薩**이 **不受福德故**니라

왜 그러냐? 수보리야, 이 모든 보살이 복덕을 받지 않는 연고니라.

須菩提 白佛言하되 **世尊**하 **云何菩薩**이 **不受福德**이니잇고

수보리 부처님께 여쭙되, 세존이시여, 어째서 보살이 복덕을 받지
않는 것입니까?

須菩提야 **菩薩**의 **所作福德**을 **不應貪着**일세 **是故**로 **說不受福德**
이니라

수보리야, 보살이 지은 바 복덕에 탐착하지 않음일세 이런고로 복덕을 받지 않는다고 말씀하시는 것이니라.

복덕을 지은 것은 안 받을래야 안 받을 수가 없습니다. 그러나 탐착하지 않는다, 그 복덕에 탐욕을 낸다거나 집착하지 않는다는 말입니다. 그리고 또 '밝은 이'들은 백성욱 박사님 수행대로 하면은, 즉 다음과 같습니다. '복덕을 자기보다 못한 사람에게 나눠주고자 한다. 그 사람에게 회향해서 모든 중생의 그 복덕을 골고루 돌려주고자 한다. 그런데 자기보다도 불행한 사람을 증하게 되면 자기 필름에 불행한 사람을 찍으니까 잘못하면 자기가 불행한 사람이 되기 쉽다, 그러지 말고 부처님 시봉하기 위해서, 부처님을 즐겁고 기쁘게 하기 위해서 그것을 불행한 사람에게 나눠준다고 생각한다면, 부처님을 증했기 때문에 자기에게 불행한 일은 없을 것이다, 그것이 바로 불수복 덕의 방법이니라.'

이렇게 방법(method)까지 말씀해주셨어요. 이건 다른 책에는 이런 해설이 없습니다. 백 선생님의 밝은 법에만 이런 해설이 있어요. 이 방법이 대단히 훌륭한 방법이구나. 우리가 바치는 법에서 이 방법이 잘 실현되는 것을 봅니다.

29. 위의가 적정하다는 말씀

*조용하게 안정되었다 이 말씀인데, 바로 오고감이 없는 여래를 형용하는
 말씀입니다.

———————

須菩提야 若有人이 言如來 若來若去若坐若臥라하면 是人은 不
解我所說義니 何以故오 如來者는 無所從來며 亦無所去일세 故
名如來니라

수보리야, 만일 어떤 사람이 말하되, 여래께서 오고 가고 앉고
누우신다고 한다면 이 사람은 내가 설한 바 뜻을 이해하지 못한
연고니, 왜 그러냐? 여래란 어디로부터 온 바가 없으며, 또 어디로
간다고 하는 것이 없음일세 이름해서 여래라고 하느니라.

　여래의 원어인 범어 타타가타tathāgata의 뜻은 '이렇게 왔다 또 이렇
게 간다' 그런 것이 이중적으로 다 포함돼 있죠. 우리는 이렇게 간다는
여거如去는 생략하고 여래如來만 표현을 합니다. 중생들은 오는 것을
좋아하지 가는 것을 별로 좋아하지 않고, 또 가는 것까지 포함을

안 해도 여래께서 오시는 것만으로도 좋다, 그래서 원어에 있는 오고감이 오는 것만으로 표현이 됐지만은, 사실 여래의 당처는 오고감이 없습니다. 그래서 여래께서 온다거나 간다거나, 또 여래께서 화신여래로 오셨기 때문에 앉는다거나 눕는다거나, 이렇게 보는 것은 여래의 당처의 본 진여의 모습을 보는 것은 아니죠.

여래라고 했을 때는 밝은 당처를 얘기하는 것이기 때문에 우리가 부처님께서 상호를 지니신 석가모니부처님의 10대 명호 중의 여래는 가장 근본적인 것이죠. 그래서 '여래의 당처는 좇아서 온 바가 없으며, 또 어디로 간다고 하는 분별이 없음으로 여래라고 하는 것이니라'고 했습니다.

'무소종래無所從來며 역무소거亦無所去일세 고명여래故名如來니라.'

한 편의 아름다운 시구와 같습니다. 내가 어디서부터 왔으며, 어디로 갈 것인가? 많은 사람들이 그걸 시적 낭송으로 하게 되죠. 그런 대중가요도 있잖아요. '어디로부터 와서 어디로 가는가.'

이는 중생의 하나의 커다란 의문인데, 이걸 이렇게 '무소종래며 역무소거일세 고명여래니라'고 했습니다. 왜 그런고 하니, 앞의 아뇩다라삼먁삼보리에서 삼보리가 지향하는 바를 제가 현대어로 대자유라고 그랬죠. 모든 속박과 구애와 그런 세간의 어떤 법칙에서부터도 다 초탈되어 있는 대자유, 니르바나, 열반, 적멸, 그 모습이 다 적정이에요. 위의적정威儀寂靜. 그러므로 그 자유의 모습에서는 와서 머무른다, 왔기 때문에 어디로 간다, 이러한 분별 관념은 이미 없지요. 그것이 여래의 참 모습입니다.

이 광대한 우주가 법신여래의 몸이라고 보는 분도 계시지요.
그런 면에서 저의 시 월인을 소개합니다.

월인月印

깨고 보니 없는 몸
몸이 꿈을 꾸었다
수억만 년을 몸이 나인 줄 알고
내가 몸속에 들어가는 꿈을 꾸었다
달은 천강에 비쳐 밝을 뿐인데

여기에 이르면 몸도 결국 상징입니다.

30. 이치와 모양으로 하나라는 말씀

須菩提야 若善男子善女人이 以三千大千世界를 碎爲微塵하면 於意云何오 是微塵衆이 寧爲多不아

수보리야, 만일 착한 남자와 착한 여인이 삼천대천세계를 부셔서 티끌을 만든다면, 네 뜻은 어떠하냐. 이 티끌들이 얼마나 많다고 하겠느냐?

여기 대답이 나오겠습니다마는, 삼천대천세계를 다시 부순다면 이것은 다 미진이 되겠는데, 미진을 아주 작은 단위의 가루라고 본다면 우리말로는 티끌, 먼지, 이렇게도 표현을 할 수 있겠는데, 오늘날 현대 과학에서 지극히 작은 세계를 말할 때는 마이크로micro라고 해서, 마이크로 세계에서 제일 작은 것은 무슨 입자다, 이렇게 표현을 하죠. 말하자면 원자라든가 그 이외의 소립자라든가, 이런 표현을 합니다.

극미의 세계를 어떤 세계의 구성분자로 보기보다는 여기서는 마음을 닦아가는 그 과정에서 이런 티끌의 무리들, 미진중을 어떻게 생각해야 될 것인가, 여기에다 초점을 맞추는 것이죠. 우리가 지금 물리학에

서 얘기하고 있는 그런 극미 세계와 대조되는 것을 매크로macro라고
해서 극대의 우주론들을 내놓고 있는데, 그런 세계에 대한 구성분자로
서 미진을 말씀하시고자 하는 것은 아닐 것입니다.

그러나 일단은 한 덩어리라고 하는 우리 현상계의 보이는 모든
모양들을 부수었을 때는 하나의 먼지와 티끌들이기 때문에, 이것은
항상하는 것이 아니고 하나의 화합으로 뭉쳐져 있는 가상假相들이죠.
영원히 뭉쳐져 있는 것은 없습니다. 모든 것은 그렇게 생겨났다가
어느 정도 시간을 지속하다가 그 다음에 부스러지기 시작해서 그
다음에 멸하고 맙니다. 이를 성주괴멸成住壞滅이라는 한자로 표현을
합니다만, 그럴 때에 이 삼천대천세계라고 하는 이 광대한 세계같이
보이는 그것이 티끌무리들로 구성되어 있다면, 이것을 들고 부수었을
때 티끌들이 얼마나 많다고 하겠느냐는 말씀입니다.

須菩提言하되 甚多니다 世尊하 何以故오 若是微塵衆이 實有者
인덴 佛이 則不說是微塵衆이니

수보리 답하되, 심히 많습니다, 세존이시여. 왜 그런고 하니 만일
이 티끌들이 실제로 있는 것일진데는 부처님이 이 티끌들의 무리를
말씀하시지 않으셨을 것이니

所以者何오 佛說微塵衆이 卽非微塵衆일세 是名微塵衆이니이다

왜 그런가 하면 부처님이 말씀하신 바의 티끌들이 곧 티끌들이

아님일세 그 이름이 티끌들입니다.

　여기 미진중微塵衆이라고 하는 것은 티끌의 무리, 뭉치, 이렇게 했지만 복수로 봐서 티끌들, 먼지들, 가루들, 이렇게 표현할 수가 있죠. 그런데 미진중이라고 하는 자체를 부처님이 말씀하시고자 한 게 아니기 때문에 그 티끌들의 무리라고 하는 것이 그냥 이름이 티끌들일 뿐이고, 실제의 티끌들이 아니다 이 말씀이죠. 물론 모든 물질의 구성분자가 있고, 그걸 이루는 최소한도의 단위들이 다 있죠. 원자라든가 양자역학에서 말하는 여러 가지 극미 세계들이 있습니다. 어떤 이들은 극미를 일곱 배로 나누면 미진이 되고, 또 미진을 다시 일곱 배 더 나누면 금진이 된다, 이렇게 표현하는 분도 있습니다만. 그렇게 되면 금이 가장 미세한 하나의 단위로서 그만큼 불변하는 것이죠. 그 금의 공간마저도 통과할 수 있는 그런 것을 금진이라고 한답니다.

　그런데 사실상 우리가 오늘날 양자물리학에서의 원자핵이라든가, 전자라든가 구성분자를 표현할 때는 그 정도가 아니죠. 마이크로의 세계도 한량없이 작아져 가는데, 이 세계는 사실상 확대해 보면 극대의 세계와 구성의 모양은 거의 같다고 합니다. 그래서 학술회의에서는 아주 극미한 세계를 다루는 학자와 그 우주 전체의 극대세계를 다루는 학자를 같이 한 자리에 앉혀놓고 서로 비교해서 발표하게 합니다. 그걸 내가 참가해서 보니까 두 양반이 하는 얘기도 비슷해요. 그것이 상관관계를 갖기 때문에 우리가 표현하는 것은 극대와 극미이지만 구조의 원리는 거의 같은 모양입니다.

　여기 일합이상―合理相이라고 했을 때 이理는 이치의 어떤 것을 표현했는데, 그런데 '떠날 리離'자로 표현한 데가 있어서 한때 제가 모양을 떠난 일합이 아닌가? 이렇게 생각을 했습니다마는 '일합이상'이라든가 이런 것은 해인사 『금강경』 본에는 제목이 안 들어가 있습니다. 그걸 찾아보려고 상당히 노력을 한 결과, 거기에는 소제목, 소명태자가 붙인 소제목은 들어가 있지 않아서, 그렇다면 여기에 지금 통용되고 있는 이치의 모양 이렇게 보는 것이 보편적이겠다고 생각했습니다. 물론 이치를 떠난 모양으로서의 일합을 생각할 수 있습니다. 그래서 이제 부처님이 티끌의 무리를 얘기하시고자 해서 거기에 초점을 둔 것이 아니기 때문에, 그 구성분자로서 미진중이라고 하는 것은 어떤 실상이 아니고 가상이니까 이름을 그냥 미진중이라고 했을 뿐이죠.

世尊하 如來所說 三千大千世界가 卽非世界일세 是名世界니

세존이시여, 여래께서 말씀하신 바 삼천대천세계가 곧 세계가 아님일세 그 이름이 세계니

何以故오 若世界가 實有者인덴 則是一合相이니 如來說 一合相은 卽非一合相일세 是名一合相이니이다

왜 그런가 하면 만일 세계가 실로 있는 것일진데는 곧 한 덩어리의 모양일 것이니, 여래가 말씀하신 한 덩어리의 모양이라고 하는 것은 곧 한 덩어리의 모양이 아님일세 그를 이름헤서 일합상이라고 할 뿐이니이다.

모든 유위세계에 있는 것은 전부 다 인연 화합의 모습으로 존재하고 있습니다. 우주의 모습마저도 그러한 인연화합의 모습이고, 또 그 인연화합은 까르마(업)에 의해서 그렇게 다 될 수가 있죠. 인연화합이라고 하는 그 가상은 앞과 뒤에 다 나옵니다만, 실상은 아니죠.

제5분에서 '범소유상凡所有相은 개실허망皆是虛妄이라' 했을 때 그것은 가상을 말씀하신 것이라 볼 수 있고, 맨 뒤에 나오는 '일체유위법一切有爲法이 여몽환포영如夢幻泡影이며 여로역여전如露亦如電이니 응작여시관應作如是觀이니라'는 그것도 유위세계의 실상이 아닌 그러한 모습을 표현하신 것입니다.

그러니까 여기 지금 이치와 모양으로는 한 덩어리지만은, 이것이 과연 모양을 떠난 한 덩어리, 이것을 얘기할 때는 시명일합이라고 하더라도 그 일합의 어떤 실상을 얘기할 수가 있죠. 우리나라 원고대경전에 천부경天符經이라고 하는 경이 있는데, 거기에 일에 대한 것을 잘 표현하고 있어요. 일시무시일一始無始一에서부터 시작해서 일종무종일一終無終一로 끝나는데, 그 일은 본래부터 있었던 일이기 때문에 시작이 없는 일이고 또 끝이 없는 일이다, 그것을 현대, 오늘날 말로 잘 표현한 것이 있는데 마음을 닦는 입장에서 소개합니다.

천부경 뒷부분입니다. (앞부분은 생략)

마음의 근본과 우주 만물의 근본이 하나로 통할 때 일체가 밝아진다.
이렇게 마음을 밝힌 사람에게는 하늘과 땅이 하나로 녹아들어가 있다.
우주 만물은 하나로 돌아가고 하나에서 끝이 나지만
이 하나는 하나라고 이름 붙이기 이전의 하나이며 끝이 없는 하나이다.

이렇게 됐을 때 일합이라든가 하나의 모습은 어떤 모양의 일합이 아니라는 걸 알 수가 있습니다. 모양의 일합이라고 하는 것은 늘 현상계에서 변전하는 모습이기 때문에 우리가 마음을 닦아가는 데 있어서는 그렇게 중시할 그런 모습들이 아니죠.

단지 우리가 법신여래의 견지에서 봤을 때 하나라고 하는 것은 대단히 귀중합니다.

만법萬法이 귀일歸一이요 일귀하처一歸何處인고?

이건 대체로 선가에서도 화두로 쓰고 있는 말입니다만, 하나로 돌아가는 자리 그것이 이제 우리가 마음의 근본자리라고 봤을 때, 그 자리는 대단히 밝은 자리, 여래의 당처일 것입니다. 밝은 당처, 그랬을 때의 일합은 바로 뒤에 나오는 불가설不可說입니다. 우리가 애기할 수 없는 것이죠.

須菩提야 **一合相者**는 **則是不可說**이언마는 **但凡夫之人**이 **貪着其事**니라

수보리야, 이 한 덩어리의 모양이라고 하는 것은 곧 말로 표현할 수 없는 것이언마는 단 범부의 사람들이 여기에 탐착하는 것이니라.

이 부분을 자세히 이렇게 관해 보면, 모양과 합해져 있는 일합의 이 모습이라고 하는 것은 우리가 설명할 수 있는 것이고, 또 어느 정도 우리가 사량할 수 있는 것이죠. 그러나 모양이 아닌 근본자리인 일합, 이것은 불가설이다, 우리가 사량해서 가닿을 자리도 알 수 있는 자리도 아닙니다. 설명할 수가 없는 자리이기 때문이지요. 그러나 많은 범부의 사람들이 여기에 탐착을 한다 이 말씀이에요.

부처님이 말씀하시고자 하는 그 일합은 과연 무엇이었을까?

이것은 제가 『금강경』을 오랫동안 강해를 했습니다마는 이 강해의 결말은 아직도 나지 않을 뿐만 아니라, 앞으로도 이것은 여러분들이 닦아 나가야 될 그런 과제고, 우리가 밝혀 나가야 될 그러한 과제가 되죠. 그래서 그걸 탐착하지 말고 한 마음을 밝혀서 거기다 지견을 붙이지 말고, 뭘 알겠구나 하는 그 생각을 (바로 뒤에 나옵니다마는) 거기다 붙이지 않았을 때 일합은 저절로 드러나는 것이 되겠죠. 그래야 여기 지금 천부경에 얘기한 것처럼, 그 일합이 자기 마음속에 녹아들어서 그것과 함께 밝아진 사람이 될 것이다 이 말씀입니다. 대단히 참 밝은 표현의 말씀입니다.

위의 천부경 뒷구절도 단지 일종무종일로 끝난다면, 해석을 하지 않고 우리말 풀이를 하지 않고 끝나 버린다면 뭐, 여러 가지 자기 마음대로의 지견을 붙이겠죠. 자기가 사량한 만큼의 생각을 할 겁니다. 그러나 풀이가 아주 잘 되었기 때문에 소개한 것입니다.

여기에서 부처님이 분명히 세계의 어떤 이런 구성요소나 분자로서의 세계라든가, 미진이라든가 이것을 말씀하고 계신 것이 아니고, 우리가 한 마음을 닦아가는 데에 대한 하나의 방편과 예로써 설하고 계신다, 이것을 이해하면 되겠죠.

여기서 원효스님의 화쟁사상和諍思想을 소개하지요.

신라가 통일을 이루었는데, 그때 그 전체를 아우르는 위대한 사상이 원효의 화쟁사상입니다. 백제에서는 유민들이 탈출해서 일본으로도 가고, 저쪽 중국 쪽으로도 가고 그랬죠. 또 일단 무력으로 통일을 한 다음의 뒷수습이란 것은 그렇게 간단하질 않았죠. 하나로 합친다는 것이 말이죠. 그럴 때 원효스님은 이렇게 얘길 하셨어요.

둘을 융합하되 하나로 만드는 것이 아니다.

융이이불일融二而不一이다.

무슨 말씀인고 하니, 둘이 그냥 서로 잘 조화되게 하는 것이지, 이것저것 떼어서 이것을 합쳐 가지고 통일해서 여기에 따라라 하는 그 하나가 아니다, 그렇게 하면 하나가 자연스러운 것이 못 된다는 것입니다.

오늘날 우리 문화를 다문화라고 그래요. 또 다종교 시대라고 그럽니다. 이것들을 다 하나하나씩 통일시키는 하나를 만들자, 이렇게 해서는 난리가 날 겁니다.

또 유네스코에서 세계문화유산을 지정하는 것을 잘 보세요. 잘 보시면 그것이 어떤 세계적 잣대에 맞추어서 지정하는 것이 아닙니다. 그 지역 나름의 어떤 우수성, 보존해야 될 가치성, 의미성을 지니고 있을 때, 거기다 지정하는 거예요.

그러기 때문에 모든 것은 모든 것대로의 의미가 있다. 가치가 있고 다 소중한 것이다. 그러나 이것을 '쟁諍'이라고 하는데 이게 뭐예요? 다툴 쟁諍자죠. 여기 앞에 무쟁삼매라고 나왔는데, 무쟁삼매가 뭡니까? 다툼이 없는 삼매다, 그게 바로 아란나입니다. 란나(다툼)가 내 속에 없다, 내 속에 갈등이 없다, 쟁투가 없다, 싸움이 없다는 빌이죠.

그러면 화쟁했을 때는 다툼을 화합해서 전부를 아우른다, 단지 그런 조화의 의미가 있는 것이지, 양자택일로, 하나로 강압적으로 합쳐버리는 것이 아니고 묘합의 의미를 거기다 둔다는 표현입니다. 그러기 때문에 원효사상이 그때부터는 삼국의 후유증을 없애는 데 크게 기여를 했다, 그렇게 평가를 받는 거예요. 우리가 우수하니 너희는 무조건 우리를 따라야 되고 너희 문화는 다 척결해야 된다, 이렇게 하면 안 되는 거죠. 백제는 백제 나름대로 우수성이 있었죠. 그걸 인정해주고, 고구려는 고구려 나름대로 문화의 우수성이 있었고, 다 장단이 있는 법이니까. 학 다리가 길다고, 중간 다리에 맞추느라고 자르지 말라는 얘기가 있잖아요.

짧은 다리 길게 늘인다고 될 일도 아니고, 그건 나름대로 다 의미가 있는 거니까 소중히 해서 조화되게 하면 된다는, 그런 의미에서 일합은 그 해석을 어떻게 하느냐에 따라서 대단히 소중합니다.

지금 중국이 자꾸 소수민족들 합쳐가지고, 말하자면 미국의 유나이티드united라든가, 저쪽 영국의 유나이티드 킹덤이라든가, 유나이티드를 만드는 거예요. 옛날 소련연방국도 유나이티드죠. 그런데 중국은 처음엔 소수민족을 잘 다룬다고 구제를 많이 했어요. 너희는 아이를 둘 낳아도 되고, 둘 낳는 데 맞추어서 교육카드와 배급카드를 지급할 것이다, 우리 한족은 인구가 워낙 많으니까 하나씩만 낳아라, 소수민족은 우대해준다, 이렇게 했는데 자꾸 시간이 가다 보니까 교육에 차이가 많이 생긴단 말예요.

지금은 한족도 다 어느 정도 잘 살게 됐으니까 꼭 카드에 의존하는 것이 아니지만 맨 처음엔 그랬어요. 그런데 이것이 점점 지금 여러 군데서 불만의 소리가 나오고, 아무리 그렇게 해봐야 한족이 우월하고 다른 소수민족이 그보다 열등하다는 식의 관념을 깨뜨리지 않기 때문에 몽고에서 그런 데모가 나왔고, 티베트에도 상당한 물질적 지원을 했습니다만 근본적으로 대접을 한 게 아니잖아요. 이런 것들이 점점 어느 정도 되면, 아까 원효스님이 말씀하신 화쟁이 안 됐을 때 문제가 일어납니다. 융화된 일합이 제대로 되기 힘들지요.

31. 알아가지고 소견을 내지 말라는 말씀

須菩提야 若人이 言佛說我見人見衆生見壽者見이라하면 須菩提야 於意云何오 是人이 解我所說義不아

수보리야, 만일 어떤 이가 말하되, 만일 부처님이 아견·인견·중생견·수자견을 설했다고 얘기한다면 수보리야, 네 뜻에 어떠하냐. 이 사람이 내가 말한 바의 뜻을 이해했다고 하겠느냐?

不也니다 世尊하 是人은 不解如來所說義니 何以故오 世尊하 說我見人見衆生見壽者見은 卽非我見人見衆生見壽者見일세 是名我見人見衆生見壽者見이니이다

아닙니다, 세존이시여. 이 사람은 여래가 말한 뜻을 이해하지 못한 것이니, 왜 그런가 하면 세존이시여, 아견·인견·중생견·수자견을 설하신 것은 아견·인견·중생견·수자견이라고 하는 어떤 실체가 있어서 그런 것이 아님일세 그 이름을 아견·인견·중생견·수자견이라고 할 뿐입니다.

아견·인견·중생견·수자견에 대한 말씀을 부처님이 이 앞에서도 많이 하셨고, 이미 제3분에서도 이것에 대한 해설이 나왔죠. 그런데 이렇게 자꾸 하다 보니까 부처님이 아견·인견·중생견·수자견이라고 하는 어떤 실상이 있어서 이것을 이야기한 것처럼 이렇게 이해하기가 쉬우니까, 이게 내가 말한 뜻을 제대로 이해했다고 하겠느냐는 질문을 하시는 거고, 당연히 수보리 존자는 아니라고 답하신 것입니다.

여래께서는 아상이 없으시고 무아이시니까 여래이시고, 또 다 멸도가 됐으면 아견·인견·중생견·수자견은 없어야 그것이 보살인데, 아견·인견·중생견·수자견이라고 하는 것은 중생이니까 이게 있는 것이죠. 다 몸뚱아리를 타고 났으니까. 우선 몸뚱아리에 대한 게 아견의 가장 기본이 됩니다. 여기 물질세계를 제30분에 얘기했지만은, 물질화된 내가 여기 존재한다고 하는 것처럼 아·인·중생·수자에 초월하기 힘든 요건은 없죠,

내 몸뚱이가 없으면 난 어떻게 되는 것이냐? 이 몸뚱이에 대한 탐착은 모든 생명체가 기본으로 다 갖고 있는 것인데, 아무리 자기가 이성과 지성이 높아지고 수양이 커졌다 하더라도 이 탐착은 가볍게 제할 수가 없는 것입니다. 여기 '항하사 등신명으로 보시'하고 이런 예를 앞에 말했지만, 항하사 등신명으로 보시한다고 하는 것은 물론 아·인·중생·수자가 다 사라진 사람이 그렇게 보시할 수가 있겠죠.

세존께서도 전생에 배고픈 호랑이를 위해서 몸을 던져서 보시하는 모습이 돈황 막고굴에 가면 벽화로 그려져 있습니다. 실제로 그러한 보시를 행할 수 있다고 하는 것은 몸뚱아리에 대한 탐착을 완전히 멸도했다, 이렇게 볼 수가 있는데 범부로서는 거의 행하기 힘든 일이죠.

물론 위급한 상황에서 옆에 있는 동료를 구하기 위해서, 혹은 자기 자식을 구하기 위해서, 열차가 지나가는데 거기 뛰어 들어가 구해낸다거나, 불이 타고 있는 집에 들어가 구해낸다거나, 이러한 살신성인의 예는 종종 있습니다.

순간적으로 자기를 초탈할 수 있는 어떤 보리심이 자기 속에 숨어 있던 것이 발로되면서 자기도 모르게 그렇게 행하는 그러한 것이 있습니다. 사람의 어떤 고귀한 심성이라고 볼 수가 있죠. 그것은 이미 남을 위해서 희생한다는 그 생각조차도 없이, 순간적인 어떤 그러한 본능적 자기 무아에서의 행위입니다.

그러나 우리가 평상시 자기 인식으로서의 나라고 하는 이 개념은, 탐진치에서 첫 요건인 탐의 깨기 힘든 어떤 강한 인습을 가지고 있죠. 참 초월하기 힘든 그런 인습을 가지고 있습니다. 그래서 물론 내가 몸을 지니고 태어난 이상, 나는 건강하고 이 몸을 지니고 많은 일을 할 수 있도록 어떤 소명을 갖고 있어요. 몸뚱이를 소홀히 하면 안 됩니다. 몸을 신주 모시듯이 할 것은 아니지만, 몸에 대한 책임은 자기 스스로의 사령관인 이 머리와 마음에서부터 잘 조화시키고 통제해야 돼요.

고장이 나거나 잘못된 것은 사령관의 책임이에요. 이 60조의 병졸이 내 하나의 마음에 따라서 기뻐하거나 슬퍼하거나 화내거나 이러기 때문에, 내 모든 60조의 세포는 항상 거기에 지배를 받습니다. 앞에서도 말씀드렸지만 미진이 합쳐진 것이 삼천대천세계라고 하는 하나의 우주적 표현이 되지만, 사실 내 몸뚱이로 봤을 때의 이 하나는 우주적인 자아입니다.

　우리 지구의 인구가 60억에서 얼마 안 가면 70억으로 간다고 하지만, 이 세포의 숫자는 60조 내지 80조라고 합니다. 자기가 자기 자신의 병졸을 다 파악하고 있질 못해요. 그런데 이 병졸은 그렇지 않아요. 갑자기 천둥이 치고 홍수가 쏟아지고 벼락이 나고 그런가 하면, 아주 평화롭고 환희롭고 아름다운 그런 세계에서 즐거움을 누리기도 해요.

　이 사령관이 한 번 생각하는 것에 따라서 지배받는 60조의 세계는 우주적입니다. 우리가 지금 여기 앉아서 어디에서 지진이 났다든가 화산이 폭발했다는 이 정도 가지고 수많은 사람들이, 수십만 명이 떠내려갔다고 생각해 보세요. 우리 하나는 60조니까 거기에 한번 그런 재앙이 닥쳤을 때는 60조에서 상당한 부분이 대책 없이 천재지변을 겪는 겁니다. 그렇게 되면 자기가 가지고 있는 세포에서 변이가 일어나요. 그것이 암입니다. 외부의 어떤 세균이 침식해서 암이 되는 것이 아니잖아요. 자기 세포에서부터 변형이 일어난다고 합니다.

　그러기 때문에 신체를 잘 들여다봐서 이 하나하나의 고등 분자를 어떻게 다루어야 될 것인가를 생각해야 합니다. 이게 나이면서도 내가 아닌 요소들이 참 많이 있어요. 이 속에는 독립국들이 많습니다. 전에도 예를 들었지만, 심장이라든가 많은 내장 기관들이 독립기관들입니다.

　참 그걸 보면, 오장육부가 서로 화합을 이루어서 이 거대한 우주를 운행시킨다고 하는 것이 굉장한 일이에요.

　우리가 몸뚱이에 대한 것을 우선 잘 공부하고 닦아야 합니다.

　아견이라고, 맨 처음에 우리가 닦아야 될 것이 탐심이죠. 탐심에도 8만 4천의 분별이 있어서 탐심을 잘 닦으면 등각이라고 부르셨어요.

탐심을 다 닦으면 10가지 좋은 상호가, 32상 중에 10가지가 탐심을 닦은 데서부터 나온답니다. 그 다음에 자연히 몸뚱이를 해한다거나 방어수단에서 남과의 관계가 껄끄럽게 됐을 때 진심이 나오죠. 화가 나고, 화가 나면 맨 먼저 다치는 것은 자기 자신입니다.

앞에서 사례로 말씀드렸지만, 독소를 분비하게 되는데 그 독소의 분비물이 자기까지 다치게 합니다. 뱀 같은 경우는 그래서 자기 침샘에 나오는 급작스런 독소 분비물을 다른 중화액이 몸에서 나와서 그걸 중화시키기 때문에 안 다치는 정도에서 그친다고 합니다.

그런데 사람이 한 번 화를 내면 얼마나 많은 병사들이 다치겠어요. 자기 60조의 병사 중에 상당한 부분이 다칠 거예요. 화를 낼 때 무슨 날벼락이 쳤는데, 이게 무슨 벼락인지 감당할 수 없구나, 그러면 그대로 고장이 나는 거예요.

치심은 참 이게, 바로 지견불생知見不生이라고 하는 게 치심을 말씀하시는 게 아닌가 싶어요. 뭘 알면 안 만큼 알았다고 지견을 붙여가지고 내가 알았네 이러고, 이제 상을 내는 것이죠. 그것이 대강 수자상에도 해당이 되겠는데, 이거 참 제일 떼기가 힘든 게, 사실 눈에 보이지도 않고 또 상당히 수양이 되었다고 하더라도 자기 속에 깊이 숨어 있어요. 자기도 모르게 숨어 있어요. 왜 그런고 하니 뭐 많이 지혜를 닦으면 어차피 지견이 생기죠.

부처님 지견이 있습니다. 중생 지견과 부처님 지견이 다르다고 하는데, 꼭 그렇게 부정적인 것만은 아니에요. 불지견佛知見이라고 하는 게 있습니다. 지견이 없으면 이 사물을 판단 내지 비판(critic)을 못하잖아요.

칸트가 얘기한 3대 주저가 바로 비판(critic)이에요.

Kritik der reinen Vernunft은 『순수이성 비판』인데, 이성 비판에서 두 번째가 『실천이성 비판』이고, 마지막에 『판단력 비판』이 바로 미학에 관계되는 것인데, 그걸로 아름다움이라고 하는 기준을 우리가 판단한다는 겁니다. 아름다움을 인정하고 느끼고 아름다움에서 순화되는 그것을 갖게 된다는 거죠. 색지견인데, 이게 뭐예요? 꼭 그걸 지견이라고 말씀할 수는 없지만, 일종의 그걸 비판하고 있는 이 두뇌의 어떤 판단력이, 이것이 어떤 미혹되지 않고 아주 높은 경지에서 이루어져야 된다는 겁니다.

불지견에 이르게 되면 실지실견하시는 것이니까, 실지悉知하시는 동안 그대로 실견悉見하셔서 '여시여시구나', 이렇게 대처해서 제도해야 되겠구나, 이렇게 딱 나오시겠죠.

그러나 중생과 덜 닦은 사람의 지견은 자기 생각에 집착해서 자기 스스로 하나의 틀을 만들고, 그 틀로 하여금 굳어진 자기의 어떤 관념을 만들어서 그 관념에서 벗어나지 못하고, 그 벽을 뚫고 나오질 못해요. 그 성곽 속에서 안주하게 되는 이게 대단히 위험하고 좋지 않다고 보는 것이지요.

뒤에 그것이 법상이라고 하는 걸로 표현이 됩니다만, 이 아견·인견·중생견·수자견이라고 하는 실체는 사실상은 밝은 그 당처와 그런 해탈의 세계에서는 없는 것입니다. 이게 우선 멸도가 돼야 될 구류중생과 함께 우리, 나 본위에서 봤을 때 없어져야 될 그런 상들이죠. 그러니까 아상은 아견에서 생기는 거예요.

또 견이라고 하는 것이, 내가 있구나 하는 걸 우선 봐야 내가 있다는 상이 생길 거 아닙니까? 그러니까 이 상 이전에 있는 견까지 다 녹여 내야죠. 그걸 없애 버려야죠. 그것은 실체의 근거가 없는 것입니다.

이제 이것이 『원각경』에 들어가게 되면 '너의 몸을 잘 살펴봐라'고 나옵니다. 견이 있고 관이 있는데, 마음으로 보면 대강 관觀이라고 하고 견見보다는 조금 상위에 두죠. 견見은 Seeing, 즉 눈으로 직접 보는 것이지요. 사대와 오온으로 된 몸뚱이에 대한 탐착이 과연 이것이 어떤 관념에서부터 출발한 것인가? 실상을 잘 봐라. 그러니까 사대로 흩어져 있는 것을 하나하나 관찰하게 합니다. 지·수·화·풍에 해당되는 요소가 몸속에 다 있고, 거기에서 무상을 보게 하지요.

그러나 저는 실제의 몸도 잘 관하면 자연과 다르지 않다는 것을 알 수 있다고 봅니다. 몸속에는 실개천에서부터 급류로 흐르는 폭포도 있고, 몸속에 큰 미시시피 강도 있어요. 수많은 터널이 있고 운하(canal)가 있는데, 그대로 코 안의 동공을 네이즐 캐널이라고 표현을 해요. 비루관鼻淚管이 있어서 눈물이 바깥으로 쏟아져 나오지만 운하를 통해서도 나옵니다. 이 혈로, 구멍으로 나오는 게 뭐예요? 체루비읍할 때 코를 자꾸 풀게 되잖아요. 왜 그런가 하니, 눈물이라는 것이 위로만 나오는 게 아니에요. 다 안이 통해져 있기 때문에. 이걸 뭐라고 표현하는지 아세요? 눈을 안이라고 하잖아요. 눈 주위에 움푹 들어간 이걸 안와眼窩라고 합니다. 와는 라틴어로 포사fossa라고 합니다. 포사는 분지盆地의 뜻입니다.

저번에 장흥에 무슨 조각 초대를 받아서 갔는데, 초대실에서 바라보니 한 100만 평이 된다던가, 어마어마하게 큰 아득한 분지인데, 밸리valley라고 표현을 했어요. 밸리는 계곡이라는 뜻이죠. 그래서 아트밸리 이렇게 했는데, 제가 이왕이면 밸리라고 하지 말고 포사라고 그러십시오 했어요. 왜 그런고 하니, 밑에 있는 하나의 계곡을 표현하는데, 하늘과 맞닿은 수많은 스카이라인에 조형물들을 세우고 이 전체 분지가 하나의 덩어리가 될 수 있는 원대한 구상을 해 보십시오 그랬더니, 어떤 이는 조금 과하다고 표현을 하고, 대단히 좋은 발상이라고 찬성을 하는 이도 있고 그러는데, 포사라는 말은 잘 모르잖아요. 밸리라는 말은 다 알죠. 그러니까 대중적인 말을 써야 되겠죠.

그런데 신체의 모든 구조도 지형의 어떤 모양과 같은 용어를 다 씁니다. 뒤에 만지면 추골椎骨이 삐죽삐죽 나와 있죠. 목 7번째 있는 걸 융추(隆椎, prominentia)라고 그래요. 왜 그런고 하니 뒤로 뾰족 나와 있는 것이 만져지거든요. 아주 뾰족 나온 거는 극棘이라고 표현합니다. spine이라고, 이게 전부 다 실제 우리가 형용할 수 있는 형태학(morphology)에서부터 전이를 해서 쓰이곤 해요. 내가 '이게 거대한 하나의 우주다'라고 한 것은 실제로 그렇습니다. 거기다 표현할 수 있는 인체의 모든 것을 다 대입할 수밖에 없어요. 다른 걸로는 우리가 상상이 안 되니까.

그런데 그걸 잘 활용하면 『원각경』에서 말씀하신 마지막 경계, 이것이 다 허무하고 무상하고, 유위세계가 다 부서져버릴 이런 티끌들로 구성되어 있는 것을 확실히 알고 깨치고 보게 되면, 그 다음에는 절대로 티끌로 부서지지 않고 항상하는 세계가 그 다음 세계에 열리게 돼요. 그렇게 돼서 안이비설신의라고 하는 육근이 색성향미촉법이란 여섯 경계에 가득 찬 불세계를 환희롭게 만들어 나가게 됩니다. 부처님 세계가 그 다음에 나오는 것은, 전부 우리가 부정했던 그 세계가 긍정의 세계로 바뀌는 환희의 세계가 나와요.

제14분에서 말한 것처럼, 신심이 청정하야 즉생실상하면, 즉 내 마음이 조촐하고 깨끗해져서 실상을 보게 되면(실상과 하나가 되면) 그런 환희작약의 부처님 세계와 한 덩어리가 된다, 그게 진짜 일합이죠. 하늘과 땅이 내 속으로 녹아들어서 내가 그 우주와 하나가 되는 그러한 자리, 그렇게 되면 얼마나 좋겠습니까. 그래서 아견·인견·중생견·수자견이 이름일 뿐이다. 중생들이 아직도 어두워서 내는 하나의 소견일 뿐이다.

須菩提야 發阿耨多羅三藐三菩提心者는 於一切法에 應如是知며 如是見이며 如是信解하야 不生法相이니라

수보리야, 아뇩다라삼먁삼보리의 마음을 발할진데는 일체의 법에 응당 이러히 알며, 이러히 보며, 이러히 믿고 이해해서 법상을 내지 말 것이니라.

하나의 관념을 붙이지 말고 제 생각에 지견을 내서 요것이구나 하는 알음을 거기다 내지 말라. 분별의 법상을.

須菩提야 所言法相者는 如來說 卽非法相이 是名法相이니라

수보리야, 말한 바 이 법상이라고 하는 것은 여래가 말씀하신

법상이 아님일세 그 이름을 법상이라고 하는 것이니라.

물론 '불법자佛法者는 즉비불법卽非佛法'이라는 표현도 하셨지만, 불법에는 다르마dharma라고 하는 법을 부처님은 상相 위에 두셨어요. '나에게 귀의하지 말고 법에 귀의하라.' 여기서 법은 법상法相의 법은 아니죠. 이 법상은 자기가 상을 낸 관념의 테두리 안에서 자기가 분별해낸 법상입니다.

이런 법상은 장애가 된다. 그래서 그냥 법상이라는 것도 이름을 법상이라고 해두자는 것입니다.

32. 응신 화신은 참이 아니라는 말씀

*부처님 밝으신 공덕이 응신과 화신으로 나타나시는데, 그러한 몸이라
 할지라도 참된 법신의 몸은 아니라는 말씀이다.

───────────────

須菩提야 若有人이 以滿無量阿僧祇世界七寶로 持用布施하고
若有善男子善女人이 發菩薩心者 持於此經에 乃至四句偈等을
受持讀誦하야 爲人演說하면 其福이 勝彼니 云何爲人演說고 不
取於相하야 如如不動이니라

수보리야, 만일 어떤 이가 있어서 무량한 아승지 세계에 일곱
가지 보배를 채워서 보시를 하고, 또 선남자 선여인이 있어서
보살의 마음을 발하여 이 경 내지 네 글귀 게송이라도 받아 지녀서
독송하고 남을 위해서 연설하면 그 복이 더 나은 것이니, 남을
위해서 어떻게 연설할 것인가? 상을 취하지 아니해서 흔들림
없이 있는 그대로 말할지니라.

여기 직역을 하면 그렇습니다만, 이 말씀이『금강경』의 종결 부분에서 전체 대미를 이르는 말씀의 앞부분입니다.

'수보리야 만일 어떤 이가 있어서 무량 아승지 세계에.'

아승지라 했지만 아승지가 바로 숫자로 헤아릴 수 없는 그런 형용이기 때문에 그것이 바로 무량입니다. 그러나 아승지라고 하는 무량 숫자가 있다고 하니까, 그 두 가지를 합쳐서 양이 없는 아승지 세계에 일곱 가지 보배를 채워서 보시를 한다. 이 형용은『금강경』을 설하시는 가운데서 많은 비유로 말씀을 하신 바고, 물질적 보시로는 최대의 형용을 하신 거죠.

그런데 이제 어떤 남자와 여인이 선근을 지니고 있는 그런 사람으로서 보살심을 발한다. 보살심을 발하는 것은 바로 이 경의 내지 네 글귀 게송을 받아 지녀 독송해서 남을 위해서 연설하는 그 보살심을 발하는 것이죠. 이 앞의 구절은 아뇩다라삼먁삼보리의 마음을 발한다, 이렇게 되어 있는데, 여기서는 그것을 축약해서, 물론 보살심 안에 그 마음이 있겠습니다마는, 남을 위해서 연설한다고 하는 그 마음을 보살심으로 형용했습니다. 그러니까 그렇게 물질의 최대치로 보시한 그 복보다도 오히려 보살심을 발해서 이 경 내지 네 글귀 게송이라도 남의 마음을 밝혀주겠다고 하는 연설을 했다면 그 복이 더 나은 것이니, '운하위인연설云何爲人演說고 불취어상不取於相하야 여여부동如如不動이니라.' 어떻게 남을 위해서 연설할 것인가?

여기에서 '설해주신다', 위타인설爲他人說한다고 하는 그런 말씀이 나왔는데, '연설演說'이라는 형용을 쓰신 것은 그냥 설하시는 것보다도 그 많은 말씀을 방편을 써서 다 한다 하더라도 어떤 관념을 취하지

아니해서 내가 그렇게 연설한다라든가 또 남을 위해서 이러한 것을
마음 밝혀준다라든가 상을 취하지 아니해서 여여부동이니라.

여여부동如如不動이라고 하는 것이 바로 멸도를 해서 적멸에 이르는
그러한 경지, 그러한 형용과 유사하지 않을까 그렇게 보는데, 우리가
여시여시라든가 여여라든가 이런 말은 앞에 많이 나왔죠. 여如가
두 번 있습니다. 있는 진여 그대로 또 유위가 아닌 진실 그대로,
그렇게 상을 취하지 않고 남을 위해서 마음을 밝혀 준다면 그 자세는
부동이다.

어떤 외경에 휘둘린다거나 흔들림이 없다. 이것이 무위의 어떤
자세가 아닐까 보는데, 한다는 관념 없이 어떤 일을 한다, 이것이
바로『금강경』의 삼법인 중에 제법무아의 도리이겠죠. 일체법에 내가
없는 그런 도리를 알아서 행한다는 그런 법인데, 그렇게 되면 한다고
하는 그런 상이 없는 여여부동입니다.

何以故오

왜 그런고?

一切有爲法이 如夢幻泡影이며
如露亦如電이니 應作如是觀이니라

일체 함이 있는 법이 꿈과 같고 환상 같고 거품 같고 그림자 같으며
이슬 같고 번개 같으니, 응당 이러히 볼지니라.

일체 함이 있는 모든 법이란, 말하자면 이 현상적인 그런 법을 다 유위법이라고 할 수 있겠는데, 우리가 살고 있는 현상계 자체가 모두 이와 같다는 말씀입니다.

여기 비유가 여섯 가지가 나와요. 꿈과 같고, 환과 같고. 환이라고 하는 게 없는 것을 있는 것으로 보니까 허깨비라고도 번역을 하기도 하고, 영어로 하면 일루젼illusion이죠. 영影이 나오지만은 환영이라. 우리가 스크린에 비쳐진 영상을 볼 때도 그걸 환으로 보지만은 실제로 인식을 하면서 보는 거죠. 실제는 환이지만.

그 다음에는 거품에다도 비유를 하셨어요. 어떤 이는 인생 전체를 한 번 일어나는 포말泡沫의 거품에다 비유한 분도 있습니다. 파도가 치면 파도의 끝에 무수히 일어나는 포말이 있는데, 그런 것은 금방 꺼져버리고 사라져버리고 없어져버리죠. 영影이라고 하는 것은 실체가 아닌 그림자죠. 사람의 몸에도 그림자가 붙어 있지만, 어떤 호숫가라든가 잔잔한 수면에도 위에 있는 산의 그림자, 허공의 그림자가 소소히 비칠 때는 그것도 영이라고 볼 수 있죠.

또 '여로역여전如露亦如電이니.' 이슬과 같고 번개와 같으니.

아침 이슬은 영롱하고 햇빛에 반짝입니다만, 아마 아침에서 어느 정도 정오로 가기 전에 곧바로 증발해버리고 사라져버릴 것이죠. 그래서 이슬에다 비유를 하는데, 사람의 인생 전체도 거기다 비유하는 경우도 있습니다. 또 여기는 전기 할 때의 전電자를 썼습니다만 번개를 형용하는 것이겠죠. 그때 당시로서 번쩍 하고 일어나는 번개와 같은 것이니. 원본에는 그것 말고도 별, 등불, 구름을 비유해서 9가지로 유위법에 대한 것을 비유하고 있습니다. 구마라집께서는 이걸 축약해서 6가지로 비유하고 4구게로 응축해서 아름다운 시구와 같이 만들었습니다.

'응작여시관應作如是觀이니라.' 응당 이러히 볼 것이니라.

이러히 보면 그것에 크게 집착하지 않고 그것으로 인해 크게 고통받지 않고 그걸로 인한 괴로움이 덜할 것이다. 그러니까 유위법에 속해 있는 나라고 하는 것이 응작여시관이 될 때는 바로 앞 구절에 나오는 여여부동의 그런 마음과 자세가 나올 수 있지 않겠느냐? 여여부동은 위인연설할 때의 자세도 되지만 일체 현상계를 보는 마음의 자세도 되지요.

여기까지 『금강경』을 마치는 내용으로 봤을 때, 불교의 삼법인으로 제행무상諸行無常, 제법무아諸法無我, 열반적정涅槃寂靜을 드는데, 이 삼법인이 『금강경』 속에는 적절하게 잘 응축되어 있다고 봅니다.

'제행무상'은 제5분에 나오는 '범소유상凡所有相은 개시허망皆是虛妄이라 약견제상若見諸相이 비상非相이면 즉견여래則見如來니라'란 말씀에 잘 드러나 있습니다. 물론 여기에서 범소유상은 구마라집께서 제행무상을 전체 현상계로 확대해서 번역을 했습니다. 실지 원본의 내용은 부처님이 나투고 계신 형상에 대한 형용을, 어떤 특징을 갖추고 계시니까 그것으로 여래를 봐서는 안 된다 그런 말씀이지만, 이것을 확대해서 '범소유상은 개시허망이라' 이렇게 표현을 하시고 보니까, 바로 불법의 제행무상의 첫째 삼법인이 적절하게 배합이 되죠. 제행이 무상인 줄을 알면 곧바로 여래를 볼 것이니라. 이렇게도 설명을 할 수가 있어요.

제행무상은 제32분에 와서 유위법에 다시 적용이 됩니다. 이걸 받아주는 전체 4구게가 바로 제32분의 사구게인데 '여몽환포영如夢幻泡影이며 여로역여전如露亦如電이니 응작여시관應作如是觀이니라.' 이것은 유위법에 대한 적절한 제행무상을 표현한 것이죠. 물론 모든 인연소치로 생긴 것들은 전부 어느 정도 머물다가 그 다음에는 부서지기 시작해서 사라지고 멸하는 것이 성주괴멸이 되겠는데, 그것은 이 현상계에 어쩔 수 없는 하나의 유위법이라는 말씀입니다. 그것은 참된 것이 아니다. 그것이 진실로 참된 것이라면 그렇게 무상하지 않아야 할 것이고, 멸하지 않아야 할 것이고, 그러면 그 무상하고 멸하지 않을 수 있는 진실된 것이 있을 것이 아닌가? 그게 이제 불법의 근원에서 바라보는 바가 있는 것이죠. 바로 '응화비진' 하고 소명태자가 표현했을 때는 응신과 화신이라도 진신은 아니다라는 것이죠.

석가모니부처님은 화신이십니다. 일단은 사람의 몸으로 오셔야 되기 때문에 중생을 제도할 수가 있는 것이고, 또 당신이 그 몸으로 오셨기 때문에 새로운 정진을 하셨고, 몸으로 최대의 역경을 다 이겨내셨지만 그것이 꼭 진이 아니다는 말입니다. 중도를 깨치신 거죠. 그렇게 해서 다시 몸에 대한 모든 인식을 인위적으로 다스린 다음에 진실된 세계를 보시게 되죠. 그것이 12연기법 중에 잘 나타나 있습니다. 12연기를 깨치신 다음에, 그 다음에 이제 이 제행무상과 삼법인의 두 번째 '제법무아', 참 나라는 것은 어디에 있는가? 참 나는 무엇인가를 관하게 되시죠.

제법무아를 『금강경』에 가장 잘 강조한 분分은 제17분으로 '구경무아'라고 소명태자가 소제를 달았고, 마지막 구절은 '통달무아법자通達無我法者인데는 여래설명진시보살如來說名眞是菩薩이니라' 이렇게 귀결을 지으셨죠. 그러나 무아에 대한 것은 이미 여러 부분에 나오고 있습니다.

제28분에 '지일체법무아知一切法無我하야 득성어인得成於忍하면' 이렇게 나오게 되죠. 무아가 습관화돼서 모든 제행무상 속에 제법무아가 그대로 자기의 일상화되는 훈습이 된다면, 인忍이 된다면 불취어상해서 여여부동이 되겠죠.

세 번째 법인인 '열반적정'이 불교의 하나의 마지막 목표라고 할 수 있습니다.

제3분에 '아개영입무여열반我皆令入無餘涅槃하야 이멸도지而滅度之하리라하라   여시멸도무량무수무변중생如是滅度無量無數無邊衆生하되 실무중생實無衆生이 득멸도자得滅度者니라.' 사실은 이 무여열반과 멸도에서 말씀은 끝난 것입니다만, 왜 그러냐? 멸도가 그러냐? 이것이 '약보살若菩薩이 유아상·인상·중생상·수자상有我相人相衆生相壽者相이면 즉비보살則非菩薩이니라' 하는 토를 다셨어요. 아·인·중생·수자가 있기 때문에 하나의 중생 노릇을 하는 것인데, 이것이 멸도되면 바로 삼법인에 무여열반해서 이멸도지가 된 열반적정에 이르게 되는 것입니다. 열반적정이 바로 여여부동의 자리입니다. 우리가 세간에서의 행복이라고 일컫는 모든 것이 일체유위법에 해당이 된다면 응작여시관 할 일이고 진실로 자기 불변의 행복과 불변의 가치와 불변의 의미를 되찾은, 그런 본래의 자기가 있다면 열반적정의 자기입니다.

우리가 자꾸 정진을 하는 것은, 한 번 그런 이치를 알면 되지 자꾸 그렇게 또 공부를 해서 정진을 하느냐 하지만은, 이 몸을 지니고 있는 이 자체가 우리가 유위의 세간법 속에 있기 때문에 이치를 아는 것만으로 되지 않아요. 또 한 번 깨달았다고 되는 것이 아니고. 그래서 우리는 신명身命이라고 부르는데, '신명을 바쳐서' 이런 말을 쓰죠. '신'할 때는 몸 신身자니까 body를 생각하겠지만, '명'할 때는 목숨 명命자니까 근원적인 걸 생각해야 됩니다.

우리가 마음과 정신을 닦아가면서 이 몸으로 화하는 훈습이 다 합일이 되지 않으면 언젠가 그것이 괴리가 되고 서로 분리가 돼요. 몸의 훈습에 잘못하면 끌려들어가게 돼요. 그래서 그것을 성명쌍수性命雙修라고 부르는데, 성은 본성에 대한 것이고, 명은 '신명'할 때 명을 얘기하는 것입니다. 그래서 우리는 몸으로 닦아 나가야 됩니다.

그래서 백 선생님께서는 백 일씩 공부를 해서 세포가 그렇게 정화되고, 또 뼈가 정화되고, 골수가 정화될 때까지 근 30여 년의 세월이 필요하다, 하루아침에 그것이 다 정화되는 것이 아니고 30여 년이 필요하다고 하셨어요.

만일 서른에 시작했다면 60이 돼서 정화가 다 이루어질 것이고, 생이지지生而知之로 몸을 타고 났다면 몸을 타고난 걸로 일단 훈습이 됐으니까, 타고 났을 때는 상당히 전에 밝은 훈습이 남아서 연결이 되지만은, 점점 아상이 생기기 시작하고 자기 투쟁이 생기고 탐착이 생기고 불평이 생기고 이렇게 돼요. 그러면 그때부터 한 세 살이나 다섯 살에 시작을 했다면 서른 살이 지나서, 최소한 35세쯤에 가서 돼야지요. 골수까지 정화가 돼야지요.

그래서 어떤 이가 꼭 그렇게 생긴 것은 부모 탓만은 아니다. 30년이 지나서도 그 모양을 하고 있다면 부모의 탓이 아니다. 독립된 개체로서 그 사람의 소행과 용심이 빚어낸 결과의 탓이다. 그러나 꼭 그것을 다 섭수하기는 어려우니까 백 일씩 백 일씩 해서 점검을 해봐라.

그렇게 해 나가면서 마음을 닦는 동안에 심신이 함께 밝게 변한다.

신지학파에서 그러는지 다른 단체인지 정확하지는 않은데, 유체이탈을 실험하는 데도 있고, 영체를 실험하는 데도 있어요. 아스트랄astral 체라고 하는데 은색으로 밝은 영체가 있다고 해요. 점점 몸에 있는 명이 그러한 영체를 형성해 갔을 때는 그가 내뿜는 기운은 거기에 근접되는 주위를 밝힐 수가 있는 거죠. 사실상 위인연설이라고 표현했지마는 연단에 올라가서 웅변하듯 하는 연설은 아닐 테니까, 이 연설이야말로 그런 자기 속에 있는 밝은 기운을 상대에게 전해서, 그 기운으로 인해서 정화된 말과 함께 밝아지도록 해야 되겠죠. 그렇게 하면 마음이 편안해지고 밝아지고 자기의 본성의 밝음을 회복해 가질 수 있다. 그렇게 됐을 때 공덕이 된다면 될 것이니라. 그렇게 되려면 끊임없이 삼법인의 요체를 『금강경』에서 다시 한 번 밝혀 가지고 실천하고, 실행하고, 현실에 적용시키고 그렇게 해야 되지 않을까요.

佛說是經已하시니 長老須菩提와 及諸比丘比丘尼優婆塞優婆夷一切世間天人阿修羅 聞佛所說하고 皆大歡喜하야 信受奉行하니라

부처님이 이 경을 설해 마치시니, 장로 수보리와 모든 비구, 비구니, 우바새, 우바이, 일체세간의 하늘, 인간, 아수라들이 부처님 설법을 듣고 모두 크게 환희하여 믿고 받아 받들어 행하였느니라.

'일체세간一切世間의 천인아수라天人阿修羅.' 여기서는 데바를 천天이라고 번역했는데, 어떤 사람은 천인이라고 이렇게 붙여서 생각을 하는데, 천 자체가 천인을 거기다 함축한 겁니다. 인人은 우리 사람을 얘기하는 거예요. 천인이 아니고 천신(하늘에 있는 사람, 天神)이라고 해야 될까요? 그리고 우리 인간, 아수라(수라가 없다고 해서 아수라). 아수라가 싸우기를 좋아하지마는 『금강경』을 공경해서 『금강경』이 있는 곳에는 꼭 예불을 한다고 하니까, 여기 위 등급까지가 우리가 『금강경』의 밝음을 그대로 자기가 섭수해서 정진하고 밝아질 수 있는 계층입니다.

『금강경』을 다음 생에도 접해서 밝은 공부를 계속하려면 최소한도 여기 3계층에는 다시 환원돼야지, 이 아래로 내려가게 되면 『금강경』과는 거리가 멀어지겠죠. 육도중생 중에 물론 아귀계나 지옥에 떨어지면 고통스러워서 말도 못하겠지만, 하여튼 사람 몸 받고 부처님 법 만나서 이 『금강경』의 밝은 도리를 접하고 실행을 한다고 하는 이 고마움과 감사를 회향을 잘해야 되겠죠.

'문불소설聞佛所說하고.' 부처님이 설하시는 바를 듣고.

'개대환희皆大歡喜하야 신수봉행信受奉行하니라.' 모두 다 크게 기쁨을 내서 믿고 받아 지녀 받들어 행하니라.

신수봉행信受奉行을 참 잘 번역하셨어요. 원본에 있는 번역대로 어떤 이는 '크게 모두 환희심을 내었습니다' 하고 끝낸단 말예요. 환희심을 내는 것으로 끝내도 됩니까? 그걸 믿고 받아 지녀서 봉행한다고 하는 이 봉행, 그냥 행이 아닌 받들어 행한다는 봉행, 행이 없으면 안 되지요. 이 행은 실천이고, 우리가 일상생활에 적용하고 살려내서 자기 스스로가 밝아짐과 동시에 주위를 이롭게 하는 그게 보살행이죠.

위이익일체중생爲利益一切衆生한다는 것이, 일체중생을 이롭게 한다는 것이 대강 보살의 마음이고 행원이겠지만, 보현보살 행원과 같이 거기까지는 못 간다 하더라도, 최소한도 자기 주위에 있는 인연 닿는 사람이라도 이익을 줄 수 있고, 그 이익은 바로 밝음을 줄 수 있고. 그 사람에게 진정한 마음의 본체를 찾아서 행할 수 있는 연을 만들어 주는 것이, 그것이 상당히 소중합니다. 그렇게 했을 때 아마 그 다음 생에 사람으로 나더라도, 자기는 늙어서 죽었지만 그렇게 연을 만든 사람은 또 살다가 연을 만들고 그렇게 되겠지요. 연기가 되어 그 다음에 자기가 아기로 나서 자랄 때는 어떻게 될 겁니까? 연을 만든 거기에 다시 보를 받는 겁니다. 그런 연을 하나도 안 만들어 놓으면 연이 없으니까 어렵지요. '종선근種善根이라, 삼사오불이종선근三四五佛而種善根이라.' 주위에 있는 자기 인연 닿는 모든 사람에게 연을 만들어서 밝혀줄 수 있는 자기 최대의 노력을 해야 할 것입니다.

물론 여기 불법에는 유통분이 따로 있어서 이렇게 유통시켜라 하는 것이 없지만은, 부처님께서 부촉을 하셨단 말예요. 호념護念하고 부촉付囑하신 게 맨 처음에 나오죠. 어떻게 제보살을 잘 호념하시고 잘 부촉하십니까? 하고 질문을 했을 때 이 부촉이라는 말은 대단히 중요합니다. 부처님 십대제자 중에는 부처님보다 먼저 돌아가신 분이 계시죠. 연로하기도 했지만 목건련, 사리불 두 분이 먼저 돌아가셨죠.

부촉이라고 하는 것이 가섭파, 수보리, 아난에게 내 법이 잘 부촉되서 여러 사람에게 유통될 수 있도록 당부한다, 너희에게 이 법을 잘 부탁하노니 너희가 이 법을 밝게 잘 전파되도록 당부한다는 말씀입니다. 유통분이 따로 없어요. 여기 호념과 부촉에 이미 유통의 말씀이 함축되어 있는 겁니다. 부처님이 부촉하신 그 법은 그 이후 오늘날까지, 2,555년이 되었습니다마는, 인도 땅에는 많이 쇠퇴해서 그 다음에 북방과 남방으로 퍼져 나갔고, 면면히 그것을 발전시키고 집대성하고 더 세분화시키고 더 심화시키고 확대하고, 그런 작업이 여러 번 계속되었죠. 북방으로 와서 중국에는, 육바라밀 중에 선정이 있습니다만, 따로 선이라고 하는 것을 굉장히 강조해서 그 나름대로의 훌륭한 조사도 생겼지만 복잡한 계보가 생기게 됐고, 지금 우리나라 불교의 대표라고 볼 수 있는 조계종도 선종을 계승해서 섬기고 있는 그런 입장이라고 봐야죠.

또 남방불교로 건너간 그쪽은 맨 처음 초기의 아함 경전(니까야)이 여러 가지로 번역이 되는데, 아함부를 잘 생활화해서 자기 마음을 들여다보고 자기 행위를 잘 관찰하고 깨어 있는 그런 것을 강조하고, 그래서 요즘은 오히려 남방불교에 있는 그런 방법을 이쪽으로 가지고 와서 수행하는 스님들이 이렇게 마음 공부하는 것도, 화두를 들어서 참선을 하는 것 못지않게 생활에 유용하다, 이렇게 말하고 있는 입장입니다.

불법이 그렇게 각 지역으로 퍼지면서 그 지역에 맞도록, 예를 들면 티베트는 티베트대로 바르도라고 하는 하나의 의식세계를 심화시켜서 바르도가 깨어날 때 어떻게 다음 생으로 연결이 되는가? 그래서 밀교를 심화시키고 밀교의 어떤 근원을 깊이 있게 했는데, 물론 여러 가지 방법으로 중생에게, 그 나라에, 그 지역에 맞도록 그것이 개발되고 적용되고 심화되고 발전되고 이렇게 되겠습니다마는, 그러나 그 요체는 삼법인 속에 있어요. 그리고 그 삼법인이 『금강경』에 잘 녹아 있어요. 『금강경』을 자꾸 독송 정진하면 자기도 모르게 삼법인에 계합되게 되어 있습니다. 그러나 바르도라고 하는, 『티벳 사자의 서』라든가 그런 데서는 바르도 의식이 굉장히 발달되어 있어요. 죽는 사람에게 꼭 읽어줘서 사후 세계에 나타나는 그대로를 잘 파악하고 인지하도록 해서 어긋나지 않게, 헛길로 가지 않게 게송을 바르게 읽고 인도하도록 해라 하는데, 좋은 의식입니다. 그러나 부처님의 밝은 기운은 바르도 이상이니까 『금강경』을 읽어 드리는 것이 더욱 좋겠지요.

여기 제32분을 왜 '응화비진應化非眞'이라고 했는지 잘 아셔야 해요. 물론 진眞을 어떤 이는 법신이요, 비로자나불로 봅니다. 여래장 속에 녹아 있는 밝은 당처, 그 법신여래의 응현이 응신이고 보신불이라고 할 때, 우리는 노사나불을 들고, 화신불은 석가모니부처님, 역사상으로 그렇게 오신 거죠. 그 다음에 점점 법신사상이 발전된 것도, 그 이후에 화엄학의 확장과 함께 법신여래가 큰 역할을 하게 됩니다.

그래서 대적광전이 생기게 되고, 지권인 수인이 생기게 되어 하나로 돌아간다고 하죠. 물론 여기에서 어떤 호념을 받으시면 제일 좋겠지만, 잘 관하시면 그런 여러 빗살 중에 한 파장이라고 하는 것을 감지할 때가 있습니다. 수많은 생명체들이 다 그래요. 누구누구가 그런 것이 아니라. 그걸 모르고 있을 뿐이죠. 여래장 사상인데, 여래라고 하는 그 당처는 법신이라고 해도 좋고 그냥 여래라도 해도 좋고, 뭐라고 표현할 수가 없으니까 여여라고 그랬어요.

그래서 여여부동이니라. 여여하다고 할 수밖에 없어요. 뭐라고 이름을 붙이면 '시명이름'이 되기 때문에 그러한 당처의 한 파장이 감히 모든 중생이라고 그렇게 여길 수가 있습니다. 그래서 즉비중생即非衆生이라고 하셨지요.

그런데 중생 아님도 아니니까 비불중생非不衆生,

지금 그걸 모르고 있으니까 중생은 중생,

거기에서 당처가 밝아지는 어떤 호념과 부촉에 선현이 어떻게 기청을 해서 물음을 물었고, 간절히 물었고, 그것이 중생에게 잘 유통될 수 있도록 여래께서는 잘 설명해주셨느니라. 이게 『금강경』의 전체 흐름입니다.

『금강경』을 마치고 회향 올리고 잘 정진하는 이 고마움은, 사실은 석가모니부처님 당처의 은혜라고 할 수가 있죠. 그러나 이 은혜를 다음 수기를 주신 부처님께 회향을 하셨기 때문에 우리가 거기다 바치는 정진을 하는 것이고, 실은 당처는 석가모니부처님 당처입니다. 여기에 응축된 기운이 『금강경』에 그대로 녹아 있기 때문입니다.

금강송

작사 류종민
작곡 박범훈
노래 김성녀 外 합창

1

여래의 밝은 달이 천강에 비쳐
세상에 모든 만상 아름다워라
어렵고 힘든 여울 지나온 강이
부처님 밝은 빛에 거울이 되어
원래 없는 자기를 비추고 있네

인생은 꿈, 인생은 이슬, 인생은 그림자
고요한 마음속에 달은 가득히
한량없이 빛나는 부처님 사랑

2

중생의 옷을 입고 가는 나그네
갈 길은 멀고 어둠이 와도
여래의 밝은 달이 길을 비추니
부처님 밝은 빛이 기쁨이 되어
이 밤이 두렵고 외롭지 않네

인생은 꿈, 인생은 이슬, 인생은 그림자
고요한 마음속에 달은 가득 차
한량없이 빛나는 부처님 세계

강해 ● **류종민**柳宗旻

서울대 미대 조소과 및 대학원을 졸업하고, 중앙대 조소학과 교수, 예술대학장을 역임하였으며, 현재는 명예교수로 있다.

백성욱 박사님이 주석하신 금강경독송회 혜화법당에서 시작하여 현 성북법당에 이르기까지 20여년 동안 청년법회와 보살법회에서『금강경』강해를 하였다.

한국교수불자연합회 회장시 논집『불교문화유산의 보존과 전승』을 간행하였고, 불교문화와 유산 및 조형예술에 대한 다수의 논문이 있다.

시집으로『천강의 달 그림자』,『달 항아리』,『빛의 길』을 상재했다.

유나방송(una.or.kr)의 지난 방송에 12회의 금강경 강독이 들어 있다.

오늘의 금강경

초판 1쇄 인쇄 2012년 3월 27일 | **초판 1쇄 발행** 2012년 4월 3일

강해 류종민 | **펴낸이** 김시열

펴낸곳 도서출판 운주사

(136-034) 서울 성북구 동소문동 4가 270번지 성심빌딩 3층

전화 (02) 926-8361 | 팩스 0505-115-8361

ISBN 978-89-5746-307-9 03220   값 15,000원

http://cafe.daum.net/unjubooks 〈다음카페: 도서출판 운주사〉